Se lancer en affaires

Les
PUBLICATIONS
DU QUÉBEC

Se lancer en affaires

Les étapes
pour bien structurer
un projet d'entreprise

Québec ✚✚
✚✚

Le contenu et l'édition de la présente
publication ont été réalisés à la
Direction générale des publications
gouvernementales.

Recherche et rédaction:
Élaine Dupont
Huguette Gaulin

Graphisme et illustrations:
Francine Taschereau

Les personnes handicapées qui ne
peuvent se servir de l'imprimé
courant à cause d'une déficience
visuelle ou motrice peuvent se
procurer cet ouvrage sous forme
de livre-cassette en s'adressant à :
LA MAGNÉTOTHÈQUE
1030, rue Cherrier, bureau 304
Montréal, Qc, H2L 1H9
Tél.: (514) 524-6831
(sans frais) 1-800-361-0635

© Gouvernement du Québec, 1986

Dépôt légal — 1er trimestre 1986
Bibliothèque nationale du Québec
Bibliothèque nationale du Canada

ISBN: 2-551-09144-6

Avertissement

Dans le but de ne pas alourdir le texte, la forme masculine a été privilégiée.

Le contenu du guide «Se lancer en affaires» était à jour le 1er décembre 1985. En aucun cas, ces renseignements ne remplacent les textes de loi; ils n'ont donc pas de valeur juridique.

Remerciements

La réalisation de cet ouvrage a bénéficié de la collaboration d'un certain nombre de personnes et d'organismes qui ont accepté de relire et de valider les textes.

Pour ce travail grandement apprécié, merci:

- aux gens qui ont fait partie de la table d'experts,

    Messieurs Guy Bérubé
    Louis Faucher
    Jean Fauteux
    Pierre Jasmin
    Raynald Rossignol, tous du *ministère de l'Industrie et du Commerce*
    Robert Bilodeau, de *Robert Bilodeau & associés*
    Robert Dainow, de l'*Université Concordia*
    Dominique Desrochers, du *ministère de la Justice*
    Yvon Gasse, de l'*Université Laval*
    Douglas Lajeunesse, de la *Fédération canadienne de l'Entreprise indépendante*
    Robert Lilkoff, de l'*Université Laval*
    Jean Paquet, de *Cardinal, Paquet, Racine, Brodeur & associés*
    Jean Robidoux, de l'*Université de Sherbrooke*
    Jean-Marie Toulouse, des *Hautes Études commerciales;*

- à nos premiers lecteurs,

Monsieur	Pierre Caron,
Madame	Christine Demers,
Monsieur	Marcel Gilbert,
Madame	Hélène Hudon,
Monsieur	Robert Talbot;

- aux autres collaborateurs suivants,

    Messieurs   Gilles Boulianne, de l'*Université du Québec à Trois-Rivières*

                        Marc Trudeau, du bureau de consultation de l'*Université McGill*

ainsi que les étudiants du bureau de consultation de l'*Université Concordia* et l'entreprise *Meublapar inc.*

Nous tenons également à remercier toutes les personnes que nous avons contactées à l'étape de la recherche de ce guide.

Les rédactrices,

Élaine Dupont
Huguette Gaulin

Sommaire

Chapitre premier

Se lancer en affaires... pour le meilleur et pour le pire

Devenir entrepreneur, c'est...

Qui n'a pas un jour, ne serait-ce que l'instant d'une rêverie, caressé l'idée de se lancer en affaires?

Vous vous imaginez...
- être votre propre patron;
- être la personne qui prend les décisions;
- faire beaucoup d'argent;
- pouvoir vous écarter du train-train quotidien;
- participer à de longs dîners d'affaires pour discuter d'un dossier important... devant un petit verre de vin;
- avoir une jolie plaque d'identification sur laquelle on peut lire: directrice générale ou directeur général.

Bref, c'est comme si la sécurité financière, l'autonomie et le prestige vous attendaient.

Voilà un bien beau rêve... et de plus, il est réalisable. Toutefois, ces plaisirs ne s'acquièrent qu'au prix de nombreux efforts. Il faudra travailler, bûcher, piocher.

La décision de vous lancer en affaires sera l'une des plus importantes de votre vie. Tout le monde espère devenir riche: certains tentent d'y parvenir en achetant des billets de loterie, d'autres préfèrent les affaires. Toutefois, s'il vous est facile de voir les avantages de cette solution, il vous faut aussi regarder les inconvénients. En fait, la vie d'une femme ou d'un homme d'affaires n'est pas aussi rose qu'on peut le croire.

Pensez-y avant de faire le saut, car vous devrez:
- consacrer beaucoup de temps à votre projet;
- investir de grosses sommes d'argent dans l'exploitation de votre entreprise;
- avoir les nerfs solides devant les pressions continuelles et accablantes;
- faire des concessions: famille, amis et... loisirs;
- être à la fois généraliste et expert, c'est-à-dire, pouvoir gérer tous les secteurs de votre entreprise pour en maintenir le contrôle.

Ces contraintes peuvent sembler exigeantes mais, hélas, elles sont souvent bien réelles. Malgré tout, dites-vous bien que d'être en affaires vous apportera beaucoup de satisfaction et bien des avantages.

Tout le monde peut-il devenir chef d'entreprise?

Tout le monde peut devenir chef d'entreprise, mais tous n'échappent pas à la faillite. Pour réussir, il y a certes des trucs, des astuces, des tours de passe-passe mais ce sont là des éléments secondaires au succès d'un entrepreneur. La réussite d'une entreprise dépend beaucoup de la personnalité de l'entrepreneur, de sa préparation, de sa formation et des moyens qu'il utilise pour démarrer.

À propos des PME... ces petites et moyennes entreprises

Saviez-vous que les petites et moyennes entreprises sont d'une grande importance pour notre économie?

Saviez-vous que les PME, et particulièrement les nouvelles entreprises, sont génératrices d'un bon nombre d'emplois?

Saviez-vous aussi que la majorité des PME font faillite au cours des premières années d'opération? Que la grande majorité des faillites sont attribuables à un problème de gestion et à un manque d'expérience de la part des dirigeants?

Laissons parler les chiffres

Au Canada...

- il existe 750 000 entreprises dont 97 % sont des PME (moins de 200 employés);
- les PME sont responsables d'un volume de vente de plus de 138 milliards de dollars, soit 23 % du chiffre total;
- les PME procurent 40 % des emplois dans le secteur privé.

Au Québec...

- sur 170 000 entreprises, 10 000 sont des entreprises manufacturières;
- en 1982, il y a eu 19 629 incorporations.

Au Québec et au Canada...

- le nombre d'entreprises qui ont dû fermer leurs portes depuis 1976 a augmenté considérablement, notamment au cours de la crise économique.

Vous pouvez éviter de tomber dans le même piège.

Avant de penser à l'entreprise elle-même, il importe de considérer la personne qui la dirigera, en l'occurrence, VOUS!

Chaque chose en son temps; avant de vous lancer tête première dans les affaires, évaluez objectivement le type de personne que vous êtes. Vos chances de succès reposent sur votre caractère, vos habitudes, votre formation, votre dynamisme, votre expérience et tout ce qui constitue votre vraie personnalité. Considérez les traits de votre personnalité en regard de l'entreprise que vous avez choisie.

Évaluez vos aptitudes à devenir entrepreneur

Test d'auto-évaluation

	Normalement	Quelquefois	Rarement
Je possède l'énergie nécessaire pour travailler de longues heures.	☐	☐	☐
J'ai confiance en mes aptitudes.	☑	☐	☐
Je peux prendre des engagements à long terme et travailler en vue d'atteindre des objectifs lointains.	☐	☐	☐
L'argent est un objet de grande motivation pour moi.	☐	☐	☐
Je me sens apte à régler des problèmes; j'aime travailler à des tâches difficiles.	☐	☐	☐
Je suis capable de me fixer des objectifs qui offrent des défis mais qui sont réalistes.	☑	☐	☐
Je ne déteste pas prendre des risques calculés.	☐	☐	☐
Au lieu de me laisser décourager par les échecs et les revers, je peux au contraire en retirer quelque chose.	☑	☐	☐
Je connais mes limites; je suis prêt à demander conseil lorsque cela est nécessaire.	☐	☐	☐
Je prend naturellement les devants et j'assume la responsabilité de toutes les tâches que j'entreprends.	☐	☐	☐
J'accorde plus d'importance à la réussite personnelle qu'à la sécurité personnelle.	☐	☑	☐

Test d'auto-évaluation (suite)

	Normalement	Quelquefois	Rarement
Mon seuil de tolérance est élevé dans les situations ambiguës et incertaines.	☐	☐	☐
Je m'efforce de respecter les normes que je me suis imposées.	☐	☐	☐
Je peux changer mes objectifs immédiats selon la situation.	☐	☐	☐
Je m'engage à fond dans tout ce que j'entreprends.	☐	☐	☐
Je suis en mesure de trouver des solutions originales à des problèmes.	☐	☐	☐
Je m'entends bien avec les gens; je peux les motiver à travailler pour moi.	☐	☐	☐

Ce test d'auto-évaluation peut vous aider à déterminer si vous possédez certaines caractéristiques personnelles pour réussir en affaires. Si vous avez répondu «normalement» à la plupart des questions, vous avez sûrement des aptitudes pour devenir entrepreneur. Vous devrez toutefois les exploiter au maximum. Par contre, si vous avez répondu «quelquefois» et «rarement» à la majorité des questions, vous ne possédez peut-être pas toutes les qualités personnelles requises pour réussir en tant que chef d'entreprise, mais la partie n'est pas perdue pour autant. Vous possédez sans aucun doute d'autres aptitudes professionnelles que vous devrez mettre à profit et ce test vous aura permis de déceler certaines faiblesses qu'il vous faudra combler.

Voici les atouts recherchés chez un entrepreneur:

- Une **VOCATION DE CHEF**: il s'agit bel et bien d'une vocation, d'une attirance... vers le travail. Les entrepreneurs ne sont jamais satisfaits tant qu'ils n'ont pas entièrement leur sort en main. La personne qui démarre sa propre affaire en devient évidemment le «boss». Mais «être patron» signifie assumer la direction de l'entreprise, prendre de bonnes décisions, être impartial, donner le bon exemple, avoir un rendement constant, établir de bonnes communications et détenir la solution miracle à tout problème, ou sembler la détenir.

• La **LARGEUR DE VUE D'UN GÉNÉRALISTE**: un bon entrepreneur doit maîtriser tous les aspects de son entreprise, tant au point de vue technique qu'administratif.

• Un **CERTAIN GOÛT DU RISQUE**: l'entrepreneur approuve le vieux proverbe qui dit «Qui risque rien n'a rien», mais il est aussi conscient qu'en prenant un risque, il doit en assumer les conséquences.

• Une **APTITUDE SUPÉRIEURE À RÉSOUDRE LES PROBLÈMES**: un bon chef d'entreprise doit avoir du flair, doit pouvoir identifier les problèmes rapidement — souvent même avant qu'ils n'apparaissent — et savoir les résoudre grâce à des solutions originales.

• Une **GRANDE CONFIANCE EN SOI**: certains problèmes peuvent paraître insurmontables à l'entrepreneur peu sûr de lui. Par contre, ils seront résolus avec succès par le chef d'entreprise persuadé qu'une solution existe.

• Une **FORTE MOTIVATION**: rien ne doit distraire le chef d'entreprise du but qu'il poursuit. De plus, il doit être capable de susciter la motivation chez ses employés.

• Une **FACILITÉ À COMMUNIQUER**: le dirigeant d'entreprise a intérêt à entretenir de bonnes relations avec ses collègues et les intervenants du milieu.

• De l'**ÉQUILIBRE**: un entrepreneur doit savoir réagir positivement au stress et avoir un bon contrôle de soi.

• Une **BONNE SANTÉ**: pour traverser la difficile période de démarrage, le chef d'entreprise doit posséder une bonne santé. Rappelez-vous, la réussite n'est pas l'effet du hasard; elle est le résultat d'un effort intense et prolongé qui exige beaucoup d'énergie.

Vous ne possédez pas toutes ces qualités... Vous n'êtes sûrement pas le seul. Ne vous inquiétez pas, votre carrière n'est pas ruinée pour autant. Comme la plupart des gens, vous avez décelé chez vous un ou deux points faibles. C'est alors qu'il devient utile, pour ne pas dire essentiel, de vous imposer une discipline appropriée ou de trouver un ou des associés pour renforcer ces points faibles. Quelqu'un qui aura des qualités complémentaires aux vôtres, bref quelqu'un qui vous permettra de former une équipe solide. Tout le monde n'est pas technicien, administrateur, vendeur et bâtisseur en même temps!

La carrière d'entrepreneur vous semble exigeante? Vous n'avez pas tout à fait tort. Avoir sa propre affaire est un défi, un défi que vous pouvez relever.

Une entreprise taillée sur mesure...

Vous avez évalué vos aptitudes à devenir entrepreneur. Vous jugez, après mûre réflexion, que vous avez les capacités pour devenir un gestionnaire dont les affaires iront comme sur des roulettes. Toutefois, s'il est primordial d'évaluer le potentiel du futur entrepreneur, il ne faut pas omettre l'entreprise comme telle. Être l'entrepreneur idéal c'est bien, mais encore faut-il avoir l'entreprise «idéale»... si une telle chose existe!

Même si vous êtes un entrepreneur hors pair, averti, consciencieux, votre succès n'est pas assuré pour autant. Votre projet doit être bien structuré et original. Si vous pensez ouvrir une buanderie dans votre quartier où on en compte déjà deux en offrant les mêmes services, aux mêmes prix et surtout aux mêmes personnes que vos compétiteurs, vous devrez certainement réviser certains points.

Si vous désirez gérer une entreprise prospère, il faut choisir attentivement votre type d'entreprise en fonction de:

- vos goûts;
- votre expérience;
- votre formation;

- vos moyens financiers;
- la rentabilité du projet;
- la facilité de réalisation.

Assurez-vous, dans la mesure du possible, que votre entreprise vous fait «comme un gant», qu'elle est «taillée sur mesure».

Ce n'est pas le choix qui manque, il existe plusieurs secteurs d'activités.

Vous pensez au secteur manufacturier...

L'idée de transformer, façonner, modifier une matière pour en faire un produit fini vous intéresse? Vous pensez peut-être à...

- une entreprise dans le domaine du meuble: des meubles de maison, en bois ou rembourrés, ou bien des meubles de bureau en métal ou encore des meubles de jardin...
- une entreprise dans le domaine de l'informatique: la fabrication de disquettes, de pièces d'ordinateur, de systèmes informatiques, de mobilier ergonomique...
- une entreprise dans le domaine des produits métallurgiques: la fabrication de casseroles pour les cuisines industrielles, de ferblanterie, d'ornements en cuivre...

Il y a aussi les industries dans le domaine du textile, des matériaux de transport, des produits électriques et électroniques, de l'alimentation, du bois, de la machinerie et d'autres encore.

Vous pensez au secteur primaire...

Votre amour de la nature vous attire vers...

- l'agriculture: l'élevage de veaux, de vaches, de porcs, la culture de pommes de terre, de fraises, de plantes, de légumes, la culture en serre, l'apiculture...
- la pêche: une pisciculture, la pêche en eau salée ou en eau douce...

- l'exploitation forestière: une pépinière, une érablière, une sapinière...

Sans oublier les carrières, les sablières, les mines, etc.

Vous pensez à une entreprise commerciale...

Il existe deux types de commerce: le commerce de gros et le commerce de détail.

- Le commerçant en gros, appelé communément le grossiste, vend des produits en grande quantité aux détaillants. Le commerce de gros s'applique à différents secteurs tels que les produits agricoles, les produits alimentaires, les vêtements, les chaussures, les articles ménagers, les véhicules automobiles, les articles de quincaillerie, le matériel de plomberie, de chauffage, de construction, etc.

- Le commerçant de détail, appelé aussi le détaillant, vend un ou des produits à l'unité aux consommateurs. Il traite directement avec ces derniers. Il existe plusieurs types de commerce de détail notamment dans le domaine de l'alimentation: épicerie, boulangerie, pâtisserie, boucherie, confiserie, poissonnerie, ALOUETTE! Finalement, tous les magasins imaginables ou inimaginables tels ceux où l'on vend des chaussures pour hommes, pour femmes, pour enfants, des vêtements, des tissus, des appareils électroniques, des bateaux, des motos, etc.

Vous pensez à une entreprise de services...

Dans ce cas, il ne s'agit pas directement de biens de consommation, de biens matériels, mais plutôt d'expertise, de savoir...

Vos connaissances peuvent vous permettre d'ouvrir:

- un bureau de placement, un salon de coiffure, un bureau d'experts-comptables, une agence de publicité, un bureau d'ingénieurs, d'architectes, d'avocats, de notaires, de conseillers en gestion, etc.

Un mariage de coeur... ou d'affaires?

Il est certain que vos chances de réussir seront meilleures si vous vous engagez dans un secteur d'activités qui vous est familier, car, dit-on, l'expérience instruit plus sûrement que le conseil. Souvenez-vous que, à titre de propriétaire-dirigeant, vous serez responsable de tous les aspects du fonctionnement de votre entreprise: détermination des prix, approvisionnement, marketing, financement, comptabilité, personnel, fabrication, distribution, publicité, etc.

Votre expérience vous aidera:

- à éviter des erreurs;
- à anticiper les conséquences de certaines mesures;
- à prévoir des solutions de rechange;
- à évaluer vos ressources et à en tirer parti.

Mais s'il faut choisir son entreprise en fonction de ses goûts, de ses expériences et de sa formation, il faut aussi se préoccuper de la rentabilité de son projet. Si le secteur d'activités qui correspond à vos goûts n'est pas rentable, ce ne sera guère plus avantageux!

Ainsi, si vous désirez vous lancer en affaires...

Préparez-vous:

- réfléchissez bien à votre projet (après, il sera peut-être trop tard);
- laissez mûrir l'idée;
- assurez-vous que votre projet correspond à ce que vous voulez être et voulez réaliser.

Informez-vous:

- écoutez les mises en garde et les conseils des autres (jusqu'à un certain point, car ils peuvent devenir une lame à deux tranchants);
- obtenez le plus d'informations possible sur le produit ou les services que vous aimeriez offrir.

Formez-vous:

• complétez votre formation par des cours, des séminaires, des colloques appropriés;
• tentez d'obtenir de l'expérience au sein d'entreprises bien gérées oeuvrant dans le même domaine que celle que vous voulez fonder ou acquérir.

Entourez-vous:

• comme nous l'avons vu précédemment, nul ne peut prétendre posséder toutes les connaissances et habiletés nécessaires à la gestion d'une entreprise (gestion, production, finances, fiscalité, droit, etc.).
Si nécessaire, n'hésitez pas à vous associer ou à consulter des firmes spécialisées. À chacun son domaine!

Soyez patient, «on n'a pas bâti Rome en un jour»!

Un premier conseil

Si vous décidez de vous lancer en affaires, il vaut mieux partir du bon pied. Cela vous évitera bien des pas inutiles, peut-être même de sombrer à la première tempête. Partir du bon pied signifie effectuer une planification adéquate: structurez votre entreprise, dressez votre plan d'affaires, ébauchez une politique de gestion, définissez vos objectifs de mise en marché, etc.

Rappelez-vous, le temps que vous consacrez maintenant à l'organisation de votre entreprise peut se révéler un placement très rentable. Vous éviterez ainsi de payer cher un manque de planification.

«Pour progresser, il ne suffit pas de vouloir agir, il faut d'abord savoir dans quel sens agir.»
G. LeBon

Hoplab: une entreprise en santé

«Une PME a les caractéristiques de son propriétaire. Quand l'atelier est mal tenu, il y a de fortes chances que l'entrepreneur n'ait pas d'ordre!» déclare Paul-Henri Fillion, le PDG de Hoplab, une entreprise québécoise de 30 employés spécialisée dans la fabrication d'appareils de nettoyage et de décontamination d'instruments et d'équipement hospitaliers.

Né à l'Ile d'Orléans en 1930, Paul-Henri Fillion a fait ses études comme ingénieur et se retrouve, à l'âge de 27 ans, à la tête d'un bureau de génie-conseil. Son tempérament fonceur et son goût du risque l'amènent à acquérir en 1967, une petite entreprise au bord de la faillite qui deviendra Hoplab. Et son ascension dans le monde des affaires commence...

Son expérience le place aujourd'hui au rang des entrepreneurs dignes de mention. M. Fillion a été un des fondateurs du Groupement québécois d'entreprises en 1974 et président de cet organisme en 1984. Actuellement, il en dirige le conseil d'administration. Il a de plus été commissaire à la Commission québécoise sur la capitalisation des entreprises et il fait partie du conseil d'administration de la Société de développement industriel (SDI).

Sa grande motivation et la confiance certaine qu'il porte autant à son produit qu'à ses capacités continuent à le guider: en juillet 1984, il réussit à convaincre son principal concurrent américain (3 600 employés, la plus grosse partie du marché mondial) d'adopter sa gamme de produits et d'abandonner la sienne. En conséquence, le chiffre d'affaires de Hoplab passera de deux à six millions de dollars en deux ans.

Selon Paul-Henri Fillion, le succès que connaît Hoplab est principalement dû au fait que la compagnie, malgré son humble envergure, est structurée à l'image des entreprises ayant 10 ou 20 fois sa taille. En effet, outre un produit de qualité, Hoplab possède des cadres hautement qualifiés, un système de prix de revient, un système de contrôle de la qualité, un plan de marketing, un système d'étude des valeurs qui garantissent son bon fonctionnement.

Conscient de l'importance de la dimension humaine, M. Fillion croit davantage aux individus qu'en l'équipement. En ce sens, il n'hésite pas à déléguer une grande partie de ses responsabilités et à offrir des cours de formation à son personnel. Informés et consultés, les employés participent même à certaines décisions telles l'aménagement de leur aire de travail.

Au milieu des siens, Paul-Henri Fillion fait en quelque sorte figure de chef d'orchestre. Il voit à la planification et à la gestion des activités de l'entreprise dans son ensemble et dans ses parties: il sait combien lui coûte chaque machine, chaque opération, chaque contrat; il voit au contrôle de la qualité des produits et en ce sens, aucune machine ne quitte l'usine sans avoir passé un test de vérification; il révise tous les six mois le plan de marketing, ce qui l'oblige à définir la position de l'entreprise, ses forces, ses faiblesses, ses chiffres de vente, son territoire, ses objectifs et sa concurrence. Hoplab a une stratégie qui s'étend sur trois ans. Et le PDG peut prévoir trois mois d'avance s'il va respecter ou défoncer sa marge de crédit.

Si Hoplab a franchi les frontières canadiennes et est aujourd'hui solidement et sainement implantée, c'est que les efforts qui ont été investis n'ont pas été comptés, qu'on a su prendre les bonnes décisions au bon moment, bref, que le maître d'oeuvre s'est voué corps et âme à la réalisation de son projet.

Source: revue *Entreprise*, mai 1985.

Chapitre 2
Se lancer en affaires... en partant de zéro

Trois, deux, un, ZÉRO... Partez!

Vous venez de franchir la ligne de départ et votre course vers le «sommet» commence.

Vous vous demandez déjà: «Quelles sont mes chances de réussite?» Grandes ou petites, quelles que soient vos chances, vous devez faire l'impossible pour les augmenter. En tant que dirigeant de l'entreprise, vous devez vous rappeler que vous en êtes le facteur de réussite le plus important. Puisque la responsabilité de l'ensemble des décisions repose sur vos épaules, il est important d'avoir l'oeil ouvert sur tout!

Regardez autour de vous, cherchez à savoir. Des statistiques ont révélé que, la plupart du temps, ce sont les entreprises de moins de 5 ans d'existence qui font faillite. Dans la majorité des cas, ces faillites sont attribuables à un problème de gestion ou à un manque d'expérience des dirigeants. Pour éviter le même sort, étudiez les causes d'échec et de réussite des autres et documentez-vous. «Une personne avertie en vaut deux».

Il y a trois façons de se lancer en affaires:

1. **En partant de zéro**

   Certaines personnes décident, un jour, de se lancer en affaires en fondant leur propre entreprise. Ils doivent alors tout penser, tout constituer puisque rien n'existe. Cette façon de lancer une entreprise peut même naître d'une invention à la suite d'une idée originale.

2. **En achetant une entreprise existante**

   Bien des gens choisissent ce chemin pour débuter en affaires. Cette façon a l'avantage de fournir des éléments déjà établis sur lesquels les nouveaux propriétaires peuvent se baser pour organiser leur entreprise.

3. **En achetant une franchise**

   Acheter une franchise, c'est acheter un concept, un droit, un produit ou un service qui existe déjà. De prime abord, la formule de la franchise peut sembler invitante. Toutefois, avant de prendre une décision finale, assurez-vous d'en connaître toutes les modalités.

Quelle formule devez-vous privilégier? Peut-être y avez-vous déjà pensé depuis quelque temps et que votre décision est prise. Quoi qu'il en soit, ce chapitre et les deux suivants vous apporteront sûrement des éléments d'information additionnels qui, s'ajoutant à vos ressources personnelles, à vos objectifs et aux possibilités qui existent dans votre région, deviendront des facteurs déterminants dans votre choix.

Pensez-y sérieusement, c'est à vous de faire l'analyse de ces possibilités...

Partir de zéro: le pour et le contre

Fonder sa propre entreprise comporte des étapes, des avantages et des inconvénients que vous devrez connaître avant de vous y lancer.

Le projet que vous caressez est emballant, vous en êtes fier et vous estimez qu'il en coûterait moins cher de partir de zéro que d'acheter une entreprise existante ou une franchise. Vous n'avez peut-être pas tort. Toutefois, gardez-vous bien de tenir cela pour acquis... un projet grossit quelquefois très vite et ses prévisions budgétaires aussi!

Sachez qu'en partant de zéro, il vous faudra fournir plus d'efforts, posséder des techniques particulières, que vos risques d'échec seront plus élevés et, qu'au début, vous devrez envisager des pertes, ou des revenus très faibles.

Malgré tout, votre nouvelle entreprise a de bonnes possibilités de réussir si vous savez faire face à la concurrence. Toutefois, sa survie ne pourra être assurée que si les produits ou les services que vous offrez répondent aux besoins d'un marché et surtout, si vous savez garder votre clientèle.

Voici certains facteurs qui peuvent s'avérer des atouts de réussite:

- vous pouvez offrir un service, un produit ou des prix plus intéressants que d'autres entreprises du même secteur d'activités;
- vous vous lancez dans un domaine où la fidélité et les habitudes des clients importent peu (ex.: vous offrez vos produits ou vos services de porte à porte);
- contrairement à l'exemple précédent, vous vous lancez dans un domaine où l'allégeance du client est importante mais votre projet vous assure une clientèle déjà existante et pour qui votre produit est indispensable;
- le marché est suffisamment vaste pour qu'une nouvelle entreprise s'installe, et cela sans affecter en rien les ventes des concurrents.

Si vous êtes à court d'idée...

Vous êtes peut-être le type de personne qui voudrait bien se lancer en affaires, qui possède une ou plusieurs des caractéristiques indispensables au bon gestionnaire, mais vous ne savez trop où vous orienter.

Vous avez beau vous torturer les méninges afin de trouver un produit ou un service qui répondrait aux besoins d'un marché, mais tous vos efforts sont vains. Vous êtes à court d'idée. Quoi faire?

Peut-être cherchez-vous ailleurs ce qui se trouve à vos côtés? Prenez un temps d'arrêt et essayez de voir, parmi tout ce qui vous entoure, des occasions d'affaires.

Soyez attentif. Les idées se trouvent là, dans votre vie de tous les jours. Elles sont partout.

Dans les discussions quotidiennes: en réunion, à la pause ou encore après le travail, avec des amis, soyez à l'affût de tout ce qu'on dit. Vos collègues expriment souvent des désirs, livrent des besoins qui, quelquefois, sont partagés par bien d'autres gens...

Dans votre expérience de travail, de loisir: votre expérience personnelle est souvent la meilleure source d'idées. Il n'est pas rare de voir des gens lancer leur propre entreprise après s'être familiarisés pendant un certain temps avec le secteur d'activités qui les intéresse.

Dans l'évolution de la société: le monde change, les mentalités et les besoins également. De nouveaux produits ou services pourraient devenir la clé du succès si vous preniez la peine d'étudier les grandes tendances actuelles. À titre d'exemple, voyez combien d'entreprises de logiciels et de vidéocassettes ont vu le jour ces dernières années et comment la population accorde une importance grandissante aux loisirs.

Dans les actions gouvernementales: plusieurs projets d'envergure subventionnés par les gouvernements offrent l'occasion de lancer des nouvelles entreprises. Ainsi, le gouvernement a favorisé en 1985 des projets reliés aux jeunes dans le cadre de l'Année internationale de la Jeunesse. Surveillez aussi les appels d'offres du gouvernement qui paraissent régulièrement dans les journaux; vous pourriez y déceler une forte demande pour certains secteurs d'activités.

Dans l'activité des grandes entreprises: plusieurs entreprises ont vu le jour en produisant en sous-traitance des pièces pour un gros fabricant.

Dans vos voyages: bien des gens ont rapporté de leurs voyages des idées qu'ils ont exploitées et qui ont connu le succès.

Dans la substitution des produits importés: une entreprise québécoise pourrait facilement fabriquer un produit qui jusqu'alors n'était manufacturé qu'à l'étranger.

Dans la modification ou l'utilisation nouvelle de vieux produits ou de vieux procédés: la tendance vers le retour aux sources des dernières années a suscité une demande accrue pour la fabrication de poêles à bois, de meubles à l'ancienne, de maisons d'après la technique ancestrale de pièce sur pièce, de pintes de lait décoratives suivant le modèle d'antan, etc.

Dans les inventions des autres: si l'envie d'une visite à Hull vous venait, profitez-en pour vous rendre au Bureau des brevets canadiens et consultez, sans frais, les brevets qui vous intéressent. La date de protection de plusieurs d'entre eux est expirée[1]. Ces trouvailles pourraient connaître une nouvelle existence grâce à vous. De plus, si une invention vous semble particulièrement intéressante, vous pourriez vous entendre avec l'inventeur pour commercialiser son produit.

Bureau des brevets canadiens
60, rue Victoria
Place du Portage, Phase I
Hull (Québec)
K1A 0E1
Tél.: (819) 997-1936

Dans différents répertoires: le fait de feuilleter certains répertoires peut faire naître des idées ou vous faire connaître des produits ou des entreprises dont vous ignoriez l'existence. Vous pouvez consulter notamment:

- *Répertoire des produits fabriqués au Québec 1985* publié par le Centre de recherche industrielle du Québec (CRIQ); vous pouvez vous le procurer au coût de 42 $ en contactant le CRIQ, dont vous trouverez les coordonnées à l'annexe 1;

- *Scott's Répertoires Directories. Fabricants du Québec/Quebec Manufacturers.* Cet ouvrage dresse la liste des entreprises du Québec par région ainsi que celles des régions suivantes: Ontario, Atlantique et Ouest canadien. Il est disponible dans la plupart des bibliothèques municipales, les centres de main-d'oeuvre et à la bibliothèque du ministère de l'Industrie et du Commerce du Québec.

---

1. La durée d'un brevet est de dix-sept ans à compter de la date de sa délivrance.

Dans les journaux: ce média est une source intarissable d'informations générales sur une foule de sujets d'où peuvent surgir des idées. Bien qu'il s'agisse d'informations disponibles à tous ceux qui parcourent le même journal que vous, il faut savoir les interpréter: tout est dans la lecture qu'on en fait.

Dans les revues spécialisées: ces revues sont indispensables pour quiconque désire se documenter sur un secteur en particulier. Vous y trouvez des informations sur les compétiteurs, les problèmes majeurs d'un secteur donné, les nouveautés, les opportunités, les besoins à combler, des prévisions pour les années futures, etc. Il existe plusieurs revues intéressantes sur le marché, telles le journal *Les Affaires,* le magazine *Affaires,* la revue *Commerce,* le magazine *Venture,* le magazine *Entrepreneur,* la revue *Finance,* etc.

Au sein d'organismes reconnus: dans toutes les régions du Québec, il existe des groupements tels les Chambres de commerce ou les associations sectorielles. Ce sont des endroits privilégiés qui favorisent non seulement un bon échange d'idées mais aussi qui représentent une banque de ressources tant humaines que financières.

Peu importe l'idée que vous retiendrez, assurez-vous que le domaine dans lequel vous vous lancez n'est pas saturé, et que la demande est suffisamment forte pour vous accueillir. Le gouvernement favorise les secteurs d'activités les plus prometteurs par le biais de subventions au détriment d'autres domaines (à moins que vous ayez une idée très originale!). Pour savoir si le secteur que vous privilégiez est prometteur, contactez un conseiller en développement industriel à l'une des directions régionales du ministère de l'Industrie et du Commerce (voir l'annexe I), ou encore un commissaire industriel en passant par l'Association des commissaires industriels du Québec (ACIQ) (voir l'annexe III). Ces personnes ont accès aux avis sectoriels du gouvernement et peuvent ainsi obtenir les informations qui vous intéressent.

Osez et créez!

Il se peut que même en étant attentif à tout ce qui se passe autour de vous, vous manquiez d'inspiration ou d'imagination. En faisant preuve de créativité, peut-être aurez-vous plus de succès...

Vous pouvez être créatif à plusieurs niveaux:

- création d'idées: conception de nouveaux slogans, de messages publicitaires, de noms d'entreprises ou de produits, etc.;
- recherche de nouveaux produits, de nouveaux services ou amélioration de produits existants;
- création de nouvelles structures au sein d'une entreprise;
- recherche de nouveaux principes techniques ou de nouvelles utilisations de produits existants;
- etc.

La créativité est cette aptitude à imaginer des choses qui n'existent pas et à mettre en relation des faits, des idées, des phénomènes pour faire surgir de nouvelles idées qui donneront naissance à des produits, des services, des concepts nouveaux.

La créativité peut donc vous servir si vous partez de zéro, mais elle peut également s'avérer très utile en d'autres circonstances.

Les techniques de créativité

On peut développer l'aptitude à imaginer ou à créer par des techniques de créativité. Il en existe plusieurs dont certaines sont assez simples (brainstorming ou remue-méninges), et d'autres plutôt complexes (approche analogique).

Quelques techniques de créativité

- Le «brainstorming» ou le «remue-méninges»
  Il s'agit de produire le maximum d'idées dans un temps donné. Dans une première étape, chaque participant émet ses idées, même les plus saugrenues, et personne n'a le droit de critiquer. On sélectionne ensuite les ou la meilleure.

- Les techniques associatives
  Il s'agit de mettre en relation des éléments différents afin qu'émergent des idées de solution.

- Le concassage
  Cette technique consiste à isoler un problème et à lui faire subir diverses modifications en réduisant, agrandissant, supprimant, inversant la situation. On peut donc voir le problème sous des angles différents.

- L'approche analogique
  Cette technique comporte deux étapes: dans un premier temps, on élargit le problème en l'appliquant à d'autres domaines. Dans un deuxième temps, on extrait de cette masse d'analogies les solutions applicables au problème de départ.

Quelles que soient les techniques utilisées, elles ont des points en commun:

- **Le groupe**

  Il risque d'émerger plus d'idées d'un groupe que d'une seule personne. Un groupe composé de personnes qui ont des compétences différentes fera naître des idées plus variées.

- **Le potentiel imaginatif**

  Chaque personne possède un fort potentiel imaginatif mais très souvent, cette capacité à imaginer est endormie. Les techniques de créativité peuvent être un moyen d'éveiller ce potentiel.

- **Le rêve**

  Dans une recherche d'idées en groupe, il faut laisser son esprit vagabonder, sortir des sentiers battus, et éviter d'être trop «sérieux» ou de se contraindre à dire des paroles «sensées»; la logique fera après le tri dans l'insolite et le farfelu.

- **Le maximum d'idées**

  Ce qui est recherché en premier lieu, c'est le maximum d'idées: à cette étape, toutes les idées sont permises et elles ne doivent pas être critiquées. On évite ainsi de bloquer l'imagination. Une fois trouvées, on passe ensuite à l'évaluation de ces idées.

- **Les détours**

  Contrairement aux méthodes traditionnelles qui nous font partir d'un problème pour arriver directement à une solution, la créativité fait passer par des détours: on part d'un problème, on cherche ce qu'il évoque dans des domaines qui lui sont complètement étrangers et ce qui en ressort est ensuite relié à la situation initiale. Par exemple, on cherchera ce qui nous fait penser à la notion de roulement: des roues, des billes, des roulades au sol, un cerceau, etc. De nouvelles idées surgiront qui seront ensuite appliquées au problème initial.

Si vous voulez être plus créatif

Si vous désirez accroître votre potentiel créateur, vous devez exploiter votre imagination, l'exprimer pleinement. Pour ce faire, il importe de:

- la provoquer;
- l'activer;
- la secouer.

Permettez-vous donc:

- des tentatives d'essais et des erreurs;
- des formulations incertaines;
- des lapsus;
- de l'imprévu;
- de l'insolite;
- des hésitations;
- des spéculations.

Une des premières règles à suivre pour ouvrir la porte à la créativité, c'est de bannir certaines expressions telles:

«il faut que...»;

«à quoi bon...»;

«oui mais...»;

«non...»;

«peut-on»;

«pourquoi».

et de les substituer par celles-ci:

«faisons comme si...»;

«pourquoi pas?».

Il était une fois...

une femme qui, fascinée par les traits du visage des gens, se demandait jusqu'à quel point la physionomie pouvait influencer les employeurs.

Elle fit donc un sondage dans le milieu du travail pour constater qu'effectivement, cet aspect physique jouait dans 95 % des cas d'embauche.

Afin d'aider les personnes en quête d'emploi, elle inventa le «callimètre», un instrument servant à déceler les traits du visage susceptibles de déplaire à l'éventuel patron.

Elle obtint donc son brevet d'invention d'Ottawa, et son petit chef-d'oeuvre fut commercialisé. Succès!

Cet instrument miracle lui permit de fonder sa PME à propriétaire unique. Au bout de quelque temps, le callimètre se vendait si bien qu'elle dut songer à grossir son entreprise: après avoir consulté son comptable et son avocat, elle forma une compagnie. Avec une bonne gestion, tout continuait à bien fonctionner.

Un jour, les médias se mirent à parler de l'inventeure. On constata que le taux de chômage n'avait jamais été aussi bas depuis que le monde est monde et cela était sans doute dû au «callimètre». L'économie était florissante comme jamais: pour répondre à la demande des gens, des entreprises spécialisées virent le jour. On fonda des «nasaleries» (pour corriger le nez), des «mentonneries» (pour le menton), des «buccalleries» (pour la bouche), des «oreilleries» (pour les oreilles), etc.

Et, miracle, tout le monde était heureux: les gens étaient si beaux, si rayonnants qu'ils respiraient la joie de vivre!...

Eurêka, j'ai trouvé!

Enfin, vous avez trouvé votre idée «de génie». Vous vous lancez en affaires. Si vous ne savez trop comment vous y prendre pour bâtir votre projet, les organismes qui suivent pourront vous aider.

• Le **ministère de l'Industrie et du Commerce (MIC)** compte onze directions régionales réparties dans l'ensemble du territoire québécois. Les conseillers en développement industriel de chacune de ces directions peuvent vous apporter de l'aide, que vous partiez de zéro ou que vous achetiez une entreprise existante ou une franchise. Ils peuvent:

- vous aider en matière de gestion générale, de financement, de ressources humaines, de marketing et de production;
- vous guider vers les sources d'aide appropriées;
- vous conseiller et vous aider à monter vos dossiers;
- vous faire connaître les programmes de support à l'entreprise.

Ces directions régionales constitueront votre premier contact avec le ministère de l'Industrie et du Commerce. En fonction du type d'entreprise que vous fonderez ou achèterez, les conseillers vous dirigeront vers une direction spécifique du Ministère.

Ainsi, si votre entreprise est de type:	La direction sera:
manufacturier	la Direction des services aux entreprises industrielles
commercial	la Direction du commerce
coopératif	la Direction des coopératives
si vous êtes une entrepreneure	la Direction de l'entrepreneurship au féminin

Vous trouverez les coordonnées du ministère de l'Industrie et du Commerce (MIC) à l'annexe I.

• **L'Association des commissaires industriels du Québec (ACIQ)** regroupe tous les commissaires industriels de la province. Ces personnes-ressources peuvent vous apporter une aide technique pour la constitution de vos dossiers, pour des demandes de subventions, de permis, etc. On procède aussi à des études de marché sommaires et on fournit des informations autant d'ordre technique qu'économique. Les commissaires peuvent identifier et évaluer vos besoins, vous proposer un plan d'action, vous informer sur les programmes d'aide appropriés et vous aider à en bénéficier.

• **Contact Jeunesse** est un autre organisme d'aide à la PME, et il s'adresse aux jeunes de 18 à 30 ans qui désirent se lancer en affaires. On assiste le futur entrepreneur dans toutes les étapes: marketing, prix de revient, recherche de parrains, recherche de subventions, etc.

• Si vous êtes intéressé à vous joindre à une PME, **Relève PME (1984) inc.** peut vous aider à identifier un produit ou une industrie qui vous convienne. Toutefois, pour être candidat, vous devez remplir certaines conditions d'admissibilité: avoir une formation, une expérience et des aptitudes qui vous permettent d'occuper les fonctions que vous convoitez. Vous devez également disposer d'un certain capital de départ qui vous permettra éventuellement d'investir dans l'entreprise à laquelle vous voulez vous joindre.

• L'**Université du Québec à Montréal (UQAM)** offre un cours de formation en affaires intitulé «Programme de formation de l'homme et de la femme d'affaires». Cette formation se donne à l'UQAM à raison de 2 soirs par semaine durant 4 semaines au coût de 250 $.

Ces organismes peuvent vous aider tout au long de votre préparation avant de vous lancer officiellement en affaires. Vous trouverez leurs coordonnées à l'annexe III.

De plus, certaines universités offrent un service de gestion-conseils. Pour en connaître la liste, consultez l'annexe V.

Si vous partez de zéro, des programmes d'aide financière[2] vous sont offerts.

NOM DU PROGRAMME	BOURSES D'AFFAIRES
Organisme responsable	– Ministère de l'Industrie et du Commerce.
Objectifs	– Permettre à des jeunes diplômés de fonder une nouvelle entreprise ou de s'associer à une entreprise déjà existante; – stimuler le placement.
Personnes admissibles	– Agées de moins de 30 ans (sauf s'il s'agit d'une femme qui a quitté le travail pour assumer des responsabilités parentales); – diplômées universitaires, collégiales professionnelles ou de l'Institut de Tourisme et de l'Hôtellerie du Québec depuis moins de 5 ans; – diplômées de niveau secondaire possédant 5 ans d'expérience de travail en plus d'une formation en administration.
Employeurs admissibles	– Les entreprises admissibles doivent oeuvrer dans l'un des secteurs suivants: manufacturier, reboisement, assainissement de l'environnement, récupération de déchets, production de logiciels, services à l'exportation, tourisme, agroalimentaire, commerce en gros de produits québécois, services de design et de création, négociateurs autonomes.
Modalités particulières	– Les projets doivent être dans l'un des secteurs énumérés précédemment.

2. Il ne s'agit pas d'une liste exhaustive. Les programmes mentionnés peuvent être sujets à changements.

Subventions	– Le gouvernement du Québec accorde une garantie de prêt à un projet admissible. Cette garantie couvre les deux tiers du solde en capital du prêt jusqu'à concurrence de 25 000 $, et est valable pour une période de 5 ans. Le prêt doit être contracté auprès d'une institution financière.
	– Le gouvernement du Québec assume la totalité des intérêts la première année, et la moitié de ceux-ci les deux années suivantes. Aucun remboursement en capital n'est exigible la première année.
Informations ou inscription	– Adressez-vous à l'une des directions régionales du ministère de l'Industrie et du Commerce. Vous en trouverez les coordonnées à l'annexe I.
NOM DU PROGRAMME	PECEC (Programme expérimental de création d'emplois communautaires).
Organisme responsable	– Office de planification et de développement du Québec (OPDQ).
Critères d'admissibilité	– Le projet soumis doit créer des emplois permanents;
	– l'entreprise doit présenter des chances sérieuses d'autofinancement dans les deux années qui suivent sa création;
	– l'entreprise doit contribuer au développement socio-économique de la région.
Aide financière accordée	– Les montants de l'aide financière accordée varient d'un projet à l'autre. Les demandes de subvention de moins de 75 000 $ sont analysées en région; les décisions s'y rapportant sont également prises en région. Les deman-

des de subventions supérieures à 75 000 $ sont aussi analysées en région mais la décision finale relève du comité directeur du PECEC du Québec.

Conditions particulières	– Parmi les critères d'évaluation pour chaque projet, on compte: le dynamisme des promoteurs, leur capacité de gestion, la rentabilité du projet, son impact dans la région et la création d'emplois.
Informations ou inscription	– Contactez l'un des bureaux régionaux de l'Office de planification et de développement du Québec (OPDQ) dont vous trouverez les coordonnées à l'annexe I ou: Le Secrétariat du programme expérimental de création d'emplois communautaires 1305, chemin Sainte-Foy Bureau 150 Sainte-Foy (Québec) G1S 4N5 Tél.: (418) 643-6009.
NOM DU PROGRAMME	GROUPES DE SOUTIEN AUX INITIATIVES-JEUNESSE
Organisme responsable	– Ministère de la Main-d'oeuvre et de la Sécurité du revenu.
Objectifs	– Susciter la création locale d'emplois par et pour les jeunes en offrant un support technique à la création de petites entreprises; – stimuler le placement.
Personnes admissibles	– Tout jeune ou tout groupe composé majoritairement de jeunes de moins de 30 ans.

Employeurs admissibles	– Toute entreprise en exploitation appartenant majoritairement à des jeunes; – tout groupe sans but lucratif légalement constitué pouvant assurer un support technique à la conception, au démarrage et à la mise sur pied de petites entreprises; – les ministères et organismes publics, les maisons d'enseignement, les corporations municipales, les associations politiques et les SEMO (MMSR) sont exclus de ce programme.
Modalités particulières	– Le groupe doit offrir, à l'intérieur d'une MRC, des services parmi les suivants: promotion de l'entrepreneurship de jeunes, aide à la formulation de projets, conseils en gestion d'entreprise, formation et information, etc.; – les services dispensés par le groupe doivent être gratuits, au moins pendant la première année d'opération de l'entreprise-cliente.
Subventions	– Le montant maximal de la subvention est de 75 000 $ pour un an. Le groupe peut cependant faire appel à d'autres sources de financement pour couvrir des coûts autres ou excédant ceux déjà subventionnés.
Informations ou inscription	– Adressez-vous à l'un des centres Travail-Québec du ministère de la Main-d'oeuvre et de la Sécurité du revenu.

NOM DU PROGRAMME	JEUNES PROMOTEURS
Organisme responsable	– Ministère de la Main-d'oeuvre et de la Sécurité du revenu.
Objectifs	– Soutenir les initiatives de création d'emploi par les jeunes en leur permettant de mettre sur pied des activités à caractère économique, à titre d'artisan, de travailleur autonome ou de dirigeant d'une petite entreprise; – stimuler le placement.
Personnes admissibles	– Personnes âgées de moins de 30 ans; – qui détiennent au moins un diplôme d'études secondaires; – qui ont quitté les études depuis au moins 9 mois; – qui se consacrent à temps plein au projet.
Employeurs	– Toutes les entreprises sauf celles déjà en exploitation, celles oeuvrant dans des activités à caractère essentiellement saisonnier, ainsi que les services publics et parapublics.
Modalités particulières	– Les projets admissibles doivent créer des emplois permanents et avoir de bonnes chances de s'autofinancer dans un délai de deux ans; – le nombre de promoteurs subventionnés pour un même projet ne peut dépasser 3; – les promoteurs doivent être inscrits à la CSST et à la CNT si nécessaire; – les promoteurs doivent, de préférence, effectuer une mise de fonds initiale.
Subventions	– Une subvention pouvant atteindre 8 500 $ pour deux ans est accordée à chaque promoteur admissible. Les pro-

> moteurs peuvent faire appel à d'autres
> sources de financement;
> – un montant pouvant aller jusqu'à 500 $
>   par promoteur peut être versé pour cou-
>   vrir les frais de formation en organisa-
>   tion et en gestion d'entreprise.

Informations ou inscription	– Adressez-vous à l'un des centres Travail-Québec du ministère de la Main-d'oeuvre et de la Sécurité du revenu.

Si votre idée «de génie» est plutôt du ressort de l'invention, les trois organismes qui suivent pourront vous donner un bon coup de pouce.

• **Invention Québec inc.** est un organisme qui vise à protéger les inventeurs québécois et les PME innovatrices, à les aider à promouvoir leurs inventions et à les mettre en marché.

• **Le Centre d'innovation industrielle/Montréal (CIIM)** pro-pose aux inventeurs:

  • une évaluation préliminaire de l'invention;

  • une analyse de la valeur d'un produit ou d'un procédé;

  • une analyse de succès ou d'échec commercial d'un produit;

  • les conseils et l'aide technique nécessaire à la mise au point d'un produit ou d'un procédé;

  • la recherche de subventions ou de partenaires commerciaux.

• L'**Agence québécoise de valorisation industrielle de la recherche (AQVIR)** est une corporation du gouvernement du Québec qui offre deux formes d'aide aux inventeurs:

- une aide financière sous la forme
  - d'une subvention ou d'un prêt remboursable par des redevances en cas de succès;
  - de capital de risque par le moyen d'une participation minoritaire à une corporation ou à une société de développement;
- une aide technique pour
  - des études prospectives;
  - des évaluations technico-économiques;
  - de la protection industrielle ou commerciale.

Vous trouverez les coordonnées de ces organismes à l'annexe III.

Pour en savoir plus long dans le domaine de l'invention, procurez-vous la brochure intitulée *Les brevets: questions et réponses* au:

Bureau des brevets canadiens
60, rue Victoria
Place du Portage, Phase I
Hull (Québec)
K1A 0E1
Tél.: (819) 997-1936

Et si après tout ce que vous venez de lire, vous ne vous sentez pas du vent dans les voiles pour lancer une entreprise en partant de zéro, le chapitre qui suit vous intéressera peut-être davantage.

Maurice Pinsonnault et l'invention

Qui n'a pas entendu parler du *Sport Rack* et des *Bier Packs*? Ces deux produits populaires sont des fruits de l'imagination d'un inventeur déjà bien connu: Maurice Pinsonnault.

Cet homme d'affaires, âgé de 37 ans, est président et unique propriétaire des Produits Pinso. Si son entreprise se porte bien aujourd'hui, ses débuts dans la conception de nouveaux produits n'ont pas toujours été faciles.

En 1974, alors qu'il était vendeur de skis de randonnée, il se rendit compte de la forte demande pour un produit importé: les fixations de skis. Il décida alors de mettre au point un modèle plus performant, en plastique, mais le matériau ne tint pas le coup. Enfin, après plusieurs retouches, le produit atteignit le succès escompté. Aujourd'hui, son marché déborde les frontières du Québec.

À partir de ce moment, les inventions de Pinsonnault vont se succéder. En 1975, alors que l'inventeur obtient la fabrication sous licence des skis *Karhu* qui se hissent vite au premier rang en Amérique du Nord, il conçoit un bâton de hockey, le *Titan*, dont la palette en plastique constitue la caractéristique principale. En 1980, il invente le fameux *Sport Rack*, un porte-skis pour toit d'auto transformable en porte-bagages. Puis c'est au tour du *Traxxion*, une grille pliable à glisser sous les pneus des automobiles enlisées dans la neige, et enfin au *Bier Pack*, un contenant de glace synthétique servant à garder la bière froide dans la caisse même. Outre ces inventions, on lui doit l'implantation des glissades d'eau à l'Aqua Parc de la Ronde à Montréal.

À quoi cette réussite est-elle due? Une des clés du succès des inventions de Maurice Pinsonnault réside dans le fait qu'il place toutes ses énergies dans l'analyse et la satisfaction de la demande. L'inventeur déclare: «Il faut savoir observer, savoir écouter et connaître le plus possible celui à qui le produit est destiné.»

Source: revue *Entreprise*, mars 1985.

Chapitre 3

Se lancer en affaires...
en achetant une
entreprise existante

Faites la part des choses

> «*Entreprise commerciale à vendre pour cause de décès. Bon chiffre d'affaires, clientèle établie, personnel spécialisé. Urgent. Toute offre raisonnable sera prise en considération.*»

Voilà votre chance...

Après avoir pesé le pour et le contre, vous jugez que l'achat d'une entreprise déjà établie est la façon qui vous convient le mieux pour vous lancer en affaires.

Vous pensez que:

- votre place au soleil sera assurée puisque la situation concurrentielle demeurera inchangée;
- les premières années seront moins exigeantes puisque le terrain, les bâtiments, les immobilisations, la marchandise, etc., sont déjà en place;
- vous toucherez des revenus plus rapidement;
- vous aurez plus de facilité à obtenir du financement;
- vous pourrez bénéficier des services d'employés expérimentés.

Attention! il y a aussi l'envers de la médaille...

- votre place sur le marché sera moins désirable si l'entreprise que vous achetez est mal située ou si sa réputation n'est pas enviable;
- vous connaissez votre marché, votre volume de ventes, etc., soyez quand même prudent: le vendeur peut vous fournir des chiffres falsifiés;
- l'emplacement est idéal et les conditions de location sont favorables. Toutefois, lisez attentivement le bail afin d'éviter de mauvaises surprises... Il serait désagréable de constater, un

peu trop tard, que votre bail inclut une clause de démolition et qu'il expire dans un an...;
- quel prix devrez-vous payer pour bénéficier des avantages d'une entreprise déjà établie? Est-ce raisonnable?

En deux mots, la prudence est de mise lorsqu'on achète une entreprise existante.

Faites votre choix

Avant d'entreprendre toute recherche, il faut déterminer de façon claire et précise ce que vous voulez. Naturellement, vous cherchez une bonne affaire, c'est-à-dire une entreprise rentable et à bon prix. Mais quel type de bonne affaire? Désirez-vous... un restaurant? Une quincaillerie? Une cordonnerie? Une industrie? Cette période de réflexion peut vous sembler sans importance et surtout ennuyeuse; toutefois, elle vous évitera de nombreuses démarches inutiles.

Démarrer en affaires en achetant une entreprise existante... Avez-vous pensé à toutes les possibilités qui s'offrent à vous?

- Vous pourriez acheter quelques actions dans une entreprise: ce serait une façon de faire les premiers pas dans le monde des affaires.

- Vous pourriez acheter une entreprise en mauvaise situation: rappelez-vous, les causes de faillite ne sont pas toujours dues au projet lui-même.

- Vous pourriez, évidemment, devenir propriétaire à part entière d'une entreprise qui est à vendre... pour cause de maladie. Il vous revient de découvrir qui est malade exactement? Le propriétaire ou l'entreprise...

Ne vous laissez pas charmer par des annonces du genre: «entreprise lucrative à bon prix» ou «véritable mine d'or» ou encore «commerce miracle: quinze heures de travail/semaine seulement». Bref, attention aux offres trop alléchantes.

Cherchez... intelligemment

Nous avons tous eu, au moins une fois dans notre vie, recours aux petites annonces classées pour acheter ou vendre un meuble, un appareil ménager, une vieille bagnole ou autre.

Cette rubrique peut aussi constituer un outil de référence pour acheter une entreprise existante. Jetez également un coup d'oeil dans la section «Économie» de votre journal; vous y retrouverez certaines entreprises à vendre. Des revues commerciales peuvent vous aider, par exemple: la revue **Commerce,** le journal **Les Affaires,** le magazine **Affaires,** la **Semaine commerciale** ou encore les journaux financiers nationaux.

Enfin, n'oubliez surtout pas d'utiliser la tactique vieille comme le monde, simple et très accessible: le bouche à oreille. Vous désirez acheter une entreprise? Alors, PARLEZ-EN!

Parlez-en aux bonnes personnes, c'est-à-dire aux gens qui sont impliqués dans le monde des affaires ou ceux qui ont des contacts avec les entrepreneurs:

- les représentants d'institutions financières;
- les maisons de renseignements financiers et de crédit;
- les professionnels tels que les comptables, les avocats, les notaires;
- les fournisseurs;
- les associations sectorielles;
- les conseillers en développement industriel du MIC.

Très souvent, ces personnes entendent parler de madame «Une telle» qui désire vendre son entreprise ou de monsieur «Untel» qui veut prendre sa retraite.

Voyez aussi d'autres possibilités

- Communiquez avec un courtier en immeubles, un courtier en commerce ou un gestionnaire en insolvabilité. Ces derniers s'occupent des entreprises en faillite. Vous trouverez la liste de ces spécialistes dans votre annuaire téléphonique sous les rubriques: Courtier, Immeubles, Gestion.

- Peut-être préférerez-vous, par esprit d'économie, publier une annonce du genre: «Intéressé à acheter une entreprise». Cette option est recommandée uniquement si vous n'avez vraiment pas idée de ce que vous cherchez, ou si vous êtes un fanatique du téléphone. Vous risquez d'avoir mille et une offres: de la roulotte à patates frites à la manufacture de moulée pour chiens en passant par la maison funéraire! Bref, il vaut mieux savoir ce que vous voulez.

Comment chercher la poule aux oeufs d'or?

Primo! Les premiers contacts...

Pour votre première démarche, utilisez le téléphone. Vous gagnerez du temps en évitant des déplacements inutiles et vous obtiendrez peut-être plus d'informations qu'en personne. Essayez d'avoir un aperçu de l'entreprise et n'oubliez pas de prendre des notes.

Secundo! Fixez un rendez-vous... si l'affaire vous intéresse

Il serait souhaitable que la première rencontre ait lieu à l'entreprise même. Vous aurez ainsi l'occasion de vous faire une idée plus juste de la situation.

Tertio! Soyez prêt...

Voilà peut-être «l'affaire de votre vie», mais auparavant, essayez d'obtenir le plus de renseignements possible sur l'entreprise convoitée:

- allez faire une visite incognito pour observer les produits et les services offerts, l'achalandage, etc.;
- informez-vous auprès de l'Inspecteur général des institutions financières, Service du fichier central des entreprises, pour obtenir des informations complémentaires (noms des administrateurs, nombre d'années d'existence, etc.). Vous trouverez les coordonnées de cet organisme à l'annexe I.

Quarto! Le grand jour venu...

Lors de la première rencontre...

* Cherchez à obtenir des informations sur:
  — l'administration de l'entreprise;
  — sa situation financière;
  — les principales catégories de produits offerts;
  — la part du marché qu'elle occupe;
  — sa productivité;
  — sa vocation et ses politiques de développement;
  — ses principales forces et faiblesses;
  — le personnel.
* Analysez le profil du propriétaire actuel:
  — Quel type d'administrateur est-ce?
  — A-t-il les qualités d'un bon gestionnaire?

Ne vous fiez pas aux apparences, cherchez plutôt à savoir ce qu'il y a derrière. Ainsi pourriez-vous découvrir des vérités que l'on n'osait pas vous dire...

En affaires comme en amour, il faut se méfier des coups de foudre: ne signez rien lors de la première visite. Prenez quelque temps pour réfléchir.

S'agit-il de l'occasion unique?

Avant de conclure une entente avec le vendeur, vous devez:

* tâter le pouls de l'entreprise;
* évaluer sa santé financière;
* établir votre propre diagnostic.

Faites une analyse détaillée de l'objet de vos convoitises.

Toutes les facettes de l'entreprise doivent être passées au peigne fin: la gestion, la mise en marché, les méthodes d'approvisionnement et de distribution, l'organisation interne, la rentabilité de cette acquisition, le prix à payer, les modalités et les conditions de la transaction, etc.

Voici quelques organismes qui peuvent vous aider:

Ministère de l'Industrie et du Commerce du Québec (MIC)

Directions régionales

Les conseillers en développement industriel de chacune des directions régionales peuvent vous aider à diverses étapes de votre projet. Pour en savoir plus long sur les services offerts par les directions régionales du Ministère, consultez le chapitre 2 à la page 33.

Direction du commerce

Les conseillers de cette direction offrent une aide technique aux personnes qui désirent fonder ou acquérir un commerce. Ils peuvent aussi vous renseigner sur les principales obligations (permis, taxes, etc.).

Direction des services aux entreprises industrielles

Si vous désirez acquérir une entreprise manufacturière, les conseillers de la Direction des services aux entreprises industrielles peuvent vous aider en matière d'analyse financière, de gestion, de production, de marketing et de gestion administrative en général. On peut aussi vous suggérer des séminaires de gestion de courte durée.

Vous trouverez les coordonnées des directions du MIC à l'annexe I.

Association des PME du Centre-du-Québec

L'Association des PME du Centre-du-Québec aide les gens qui désirent se lancer en affaires à plusieurs niveaux: comptabilité, approvisionnement, équipement, locaux ou bâtisses, etc.

Commissaires industriels

Le commissaire industriel de votre région peut vous venir en aide notamment lors de votre étude de marché. Il peut vous guider dans la préparation de vos dossiers, vos demandes de subventions, de permis, etc. Il peut vous fournir diverses informations techniques et économiques et vous diriger vers les différentes sources d'aide existantes.

Contact-Jeunesse

Cet organisme offre ses services, sans frais, aux jeunes de 18 à 30 ans qui désirent se lancer en affaires. Il les aide à structurer leurs projets, à identifier des personnes-ressources, à préparer les états financiers, et il les conseille sur différents programmes gouvernementaux.

Vous trouverez les coordonnées de ces organismes à l'annexe III.

Quelques points à vérifier avant de dire «oui»

Quel effet entraînera le départ du propriétaire actuel? La bonne marche de l'entreprise repose-t-elle entièrement sur ses épaules?

Avez-vous analysé l'historique de l'entreprise, depuis sa création jusqu'à aujourd'hui? Attardez-vous particulièrement aux dernières années, elles pourraient vous révéler des choses intéressantes: les causes de succès (ou d'échec) de l'entreprise, son orientation, les raisons de la vente, etc.

Quelle part du marché l'entreprise occupe-t-elle? Le taux de croissance de l'entreprise est-il supérieur ou inférieur au taux de croissance du marché? Quelle est sa situation, ses forces et ses faiblesses par rapport à ses concurrents? Serait-elle complètement dépassée par les nouvelles technologies?

Avez-vous examiné les structures de l'entreprise? Il est important d'analyser les réseaux de vente et de distribution, l'emplacement, les possibilités de stationnement, les stocks, l'outillage, finalement tout ce qui est nécessaire au bon fonctionnement de l'entreprise.

Avez-vous scruté à la loupe tous les contrats ou obligations auxquels l'entreprise est liée (conventions collectives, baux en vigueur, contrats d'approvisionnement, hypothèques, contrats de garantie ou toute autre obligation légale)?

Et le dernier point, mais non le moindre: la situation financière.

Avez-vous analysé SOIGNEUSEMENT les états financiers de l'entreprise? Les chiffres en disent souvent très long.

Demandez au propriétaire de vous fournir:

- ses états financiers des cinq dernières années avec la description de chacun des éléments du bilan;
- son budget pour l'année en cours avec les rapports mensuels les plus récents;
- un tableau des ventes mensuelles par famille de produits ou par rayon pour les 24 derniers mois.

Vérifiez tous les autres points spécifiques à l'entreprise.

N'hésitez surtout pas à demander les conseils d'un spécialiste si vous en sentez le besoin. Il est préférable de «dépenser 1 $ aujourd'hui pour en sauver 10 $ demain».

Voici certains organismes qui peuvent vous aider:

Bureau d'éthique commerciale (BEC)

Ce dernier est en mesure de vous fournir un rapport de crédibilité sur les entreprises. Notez bien qu'il ne s'agit pas de renseignements sur la solvabilité mais plutôt sur la crédibilité des entreprises. Ce rapport vous informe sur:

- la fiabilité de l'entreprise;
- le(s) lieu(x) d'affaires de l'entreprise (siège social, succursale(s));
- le nombre d'années d'existence de l'entreprise;
- le nom du ou des directeur(s);
- les actionnaires (s'il s'agit d'une compagnie) et dans quelle proportion sont réparties les actions *;
- la valeur marchande approximative de l'entreprise *;
- la liste des fournisseurs *;
- la liste des produits ou des services offerts;
- les plaintes reçues sur l'entreprise et leurs règlements, s'il y a lieu.

Avec les renseignements du Bureau d'éthique commerciale, vous aurez un aperçu des relations que l'entrepreneur entretient avec ses clients. Les services du BEC sont gratuits. Vous trouverez les coordonnées du BEC à l'annexe III.

Bureaux de crédit

Les bureaux de crédit fournissent des renseignements à leurs clients sur les entreprises ainsi que sur les personnes avec qui l'entreprise veut établir ou maintenir des relations d'affaires.

Toute demande de renseignements est inscrite à la fiche de crédit de l'entreprise ou de l'individu concerné.

---

* Ces informations ne sont pas disponibles pour toutes les entreprises.

On peut retrouver au dossier:

- les coordonnées permettant d'établir l'authenticité du sujet;
- l'historique des affaires;
- les renseignements sur l'endettement et la solvabilité;
- l'information légale des archives publiques.

Pour se prévaloir des services offerts par les bureaux de crédit, il faut payer une cotisation annuelle pouvant varier d'un bureau à l'autre. À l'aide d'un numéro de code qui assure la confidentialité de la transaction, vous pouvez obtenir des renseignements soit par téléphone, soit par écrit. Des frais sont facturés à votre compte pour chaque demande de renseignements.

Si les informations demandées ne figurent pas au dossier, il faut prévoir un délai de 1 à 5 jours pour les recherches. Si vous n'êtes pas membre d'un bureau de crédit et que vous désirez des renseignements, vous pouvez vous adresser au gérant de votre institution bancaire qui, normalement, est membre. Tout en respectant la confidentialité des renseignements obtenus pour vous, il saura vous conseiller.

Consultez votre annuaire téléphonique pour connaître les coordonnées du bureau de crédit le plus près de chez vous.

Dun & Bradstreet Canada ltée

Dun & Bradstreet Canada ltée publie des rapports sur la solvabilité et la situation financière des entreprises. Ces rapports, écrits ou oraux, vous informent entre autres sur:

- l'historique de l'entreprise;
- ses exploitations;
- sa régularité de paiements;
- ses états financiers;
- ses références bancaires;
- etc.

Les dossiers sont continuellement mis à jour. Dun & Bradstreet Canada ltée publie aussi tous les deux mois le livre de références D&B. Plus de 620 000 entreprises canadiennes y sont inscrites. On y retrouve les coordonnées de l'entreprise, l'année de sa constitution et la cote que lui attribue Dun & Bradstreet Canada ltée. Cette cote est établie en fonction de la solidité et de la solvabilité de l'entreprise.

Il faut être abonné pour utiliser ces services et le coût de l'abonnement varie selon les besoins du client. A noter que 75 % des demandes d'informations sont satisfaites immédiatement, les autres cas sont réglés dans un délai de 1 à 6 jours.

Vous trouverez les coordonnées de ces organismes à l'annexe III.

Quel prix payer?... «That is the question»

Il est difficile, ou plutôt complexe, d'évaluer une entreprise à sa juste valeur. Dans la majorité des cas, vous devrez vous référer à un spécialiste (agent d'immeuble, comptable, évaluateur). Toutefois, voici quelques formules d'évaluation qui pourront vous servir:

Formule 1: Matériel et mobilier
Fournitures et menus articles
Stocks
Amélioration des locaux
Comptes à recevoir
+ Achalandage
= **Prix à payer**

Formule 2: Calculez la différence entre l'actif et le passif

Actif	**Passif**
encaisse	dette(s) à court terme (moins d'un an)
comptes-clients	
inventaire	+ dette(s) à long terme (plus d'un an)
terrains	
bâtiments	= **Total de votre passif**
équipement	
+ autres	
= **Total de votre actif**	

Total de votre actif
− Total de votre passif
= **Valeur de l'entreprise**

MAIS attention, ces formules doivent subir quelques ajustements...

Les ajustements à la formule 1

Matériel et mobilier: il faut évaluer le matériel et le mobilier à la valeur marchande actuelle et non pas à la valeur de rachat à neuf. Le montant obtenu doit être réduit quelque peu, puisqu'il s'agit d'une vente «en bloc». Pour vous aider à fixer un prix, tentez de savoir à combien vous pourriez les revendre... facilement.

Fournitures et menus articles: très souvent, la seule personne intéressée à acquérir les fournitures d'une entreprise, c'est l'acheteur éventuel. Comme la plupart de ces articles sont identifiés au nom de l'entreprise et que plusieurs petits outils se vendent difficilement à l'unité, leur valeur est minime.

Stocks: tout dépend de la marchandise! Ne payez rien pour le «vieux stock» invendable; le reste de l'approvisionnement doit être évalué d'après son coût d'achat.

Comptes à recevoir: dans certains cas, il est avantageux d'acheter les comptes à recevoir, mais dans d'autres, c'est le contraire. Ainsi, il est important de les analyser en profondeur pour évaluer la solvabilité des débiteurs. Au besoin, consultez un professionnel (directeur d'une institution financière, expert en crédit, etc.).

Achalandage: le «mouton noir» des négociations, l'élément qui donne souvent lieu à des mésententes entre le vendeur et l'acheteur. L'achalandage détermine en quelque sorte les possibilités d'une entreprise à atteindre des revenus supérieurs à la moyenne de son secteur. Cela peut être dû à une dénomination sociale, à un brevet, à une bonne réputation, etc. Si vous acceptez d'acheter «l'achalandage», c'est cette capacité de gain que vous achetez, mais à quel prix... L'achalandage est le facteur le plus difficile à évaluer dans une entreprise, et souvent celui que l'acheteur paye beaucoup trop cher.

Les ajustements à la formule 2

Pour équilibrer vos données lorsque vous déterminez vos actifs (ce que vous possédez et ce qui vous est dû) et vos passifs (ce que vous devez), vous devez établir, pour chacun d'eux, la valeur dépréciée, la valeur du marché, la valeur de remplacement et la valeur de liquidation. Cette évaluation peut vous donner une idée du prix à payer pour l'entreprise. Elle vous permettra de fixer un montant maximal et un montant minimal. Par ailleurs, une analyse détaillée de l'entreprise vous permettra de pondérer vos valeurs.

Supposons que...

Valeur dépréciée:	Vous avez acheté une voiture en 1978 au coût de 8 000 $. En 1985, elle a subi une dépréciation et ne vaut plus que 2 000 $: ce 2 000 $ représente la valeur dépréciée de votre voiture.
Valeur du marché:	C'est ce que vous pouvez obtenir en la vendant aujourd'hui.
Valeur de remplacement:	Votre voiture de 1978, après dépréciation, est estimée à 2 000 $. Vous désirez acquérir le même type de voiture aujourd'hui, elle vaut maintenant sur le marché 15 000 $. Les 13 000 $ que vous devrez débourser en échange constituent la valeur de remplacement.
Valeur de liquidation:	Vous désirez vous départir de votre voiture de 1978 le plus vite possible; à quel prix la laisserez-vous aller?

La négociation: un art, un risque

On considère souvent la négociation comme un art et, parmi les gens, certains sont artistes, d'autres pas! La négociation c'est:

- discuter;
- analyser;
- argumenter.

Lors d'une négociation, chacune des parties essaie d'obtenir la plus grosse part du gâteau. Voilà pourquoi il est important de bien se préparer. Lorsque vous négocierez, usez de stratégies:

- fixez le prix maximal que vous voulez payer pour l'entreprise;
- dressez la liste des éléments auxquels vous tenez *mordicus*, ainsi que ceux qui vous semblent plutôt secondaires. Ces derniers constitueront de bons éléments de négociation si vous désirez obtenir un peu plus...

J'aurais voulu être un artiste mais...

Lorsqu'il est question d'acheter une entreprise, plusieurs personnes préfèrent s'en remettre à un professionnel. Vous pouvez vous référer à un conseiller généraliste (par exemple, un courtier en vente d'entreprises ou de valeurs) qui vous orientera dans toutes vos démarches, que ce soit à l'étape de la recherche, de l'évaluation, de la négociation ou du financement. Par ailleurs, il existe des conseillers spécialisés (courtier financier, comptable agréé, avocat, fiscaliste) qui pourront vous guider à chacune des phases de votre projet.

Une offre d'achat: croisez-vous les doigts

Une offre d'achat c'est:

- un contrat;
- un engagement;

et c'est sérieux.

Si vous voulez vous protéger, vous devez prévoir certaines clauses de sauvegarde auxquelles sera alors assujettie la validité de votre offre d'achat. Par exemple, vous pouvez ajouter les clauses suivantes:

- que vous obteniez du financement à des conditions raisonnables;
- que votre avocat autorise les conditions et la forme de l'accord;
- que l'on vous accorde tous les permis d'enregistrement nécessaires et que les locaux, tels que vus, soient conformes aux normes gouvernementales;
- que vous puissiez sous-louer le local, s'il y a lieu;
- que le vendeur vous autorise à faire analyser TOUS ses chiffres par votre comptable ou par vous, et à procéder ou à faire procéder à tous les inventaires (essayez d'obtenir des données à jour et de vérifier les déclarations d'impôt);
- qu'il y ait un rajustement des prix si, lors de la prise de possession, certaines valeurs diffèrent du montant inscrit sur l'offre (par exemple les stocks, frais payés d'avance par le vendeur).

Avant d'apposer votre griffe sur une offre d'achat, assurez-vous que l'accord stipule les éléments suivants:

- ce qui est inclus et ce qui ne l'est pas;
- le mode de financement;
- la contribution du vendeur lors de la phase de transition;
- si vous êtes exempt de toute dette ou privilège se rattachant à l'entreprise;
- si vous assumez les frais des taxes de vente, les frais judiciaires ainsi que les risques (incendie, vol, etc.) jusqu'à la vente officielle.

Liste de contrôle

	oui	non
Avez-vous analysé tous les aspects de l'entreprise que vous désirez acheter?	☐	☐
Celle-ci correspond-elle à vos goûts et à vos besoins?	☐	☐
Connaissez-vous tous les avantages et tous les inconvénients d'acheter une entreprise existante?	☐	☐
Connaissez-vous le véritable motif de la vente?	☐	☐
Votre comptable a-t-il vérifié les états financiers de l'entreprise?	☐	☐
Avez-vous vérifié les comptes à payer et les comptes à recevoir?	☐	☐
Avez-vous consulté un expert pour vérifier si le prix d'achat est raisonnable?	☐	☐

Jean-Paul Dionne et Fils inc.
une entreprise en pleine expansion

Une Bourse d'affaires du ministère de l'Industrie et du Commerce (MIC) en main et des projets plein la tête, voilà comment René Dionne, agronome et ingénieur en génie rural, a intégré le monde des affaires.

Ce prêt garanti d'une valeur de 25 000 $ lui a permis de devenir partenaire de l'entreprise familiale Jean-Paul Dionne et Fils inc. spécialisée dans la production de pommes de terre à Cookshire, dans la région de l'Estrie.

En choisissant de s'associer à l'entreprise familiale, René Dionne avait une idée bien précise: incorporer un nouveau secteur d'activités à l'entreprise. Comme Jean-Paul Dionne et Fils inc. produisait des pommes de terre depuis 3 ans, il semblait justifié d'ajouter des activités de transformation.

Ainsi, en octobre 1984, René Dionne réalise son projet et ouvre les portes de La Légumerie enr. Les pommes de terre produites sur la ferme familiale sont maintenant transformées et vendues en pommes de terre pelées, entières, en cubes ou en bâtonnets, natures ou lavées.

Le nouveau produit vise particulièrement le marché de la restauration tels les restaurants, les brasseries, les cafétérias, les écoles et les hôpitaux. Ce projet a donné lieu à des investissements de 26 000 $. René Dionne a lui-même dessiné les plans du bâtiment principal et mis au point la chaîne de production, les systèmes d'épuration, de ventilation et de réfrigération. De plus, il a conçu, en collaboration avec Bernard Camirand, des équipements de transformation, de pelage, de coupe et d'ensachage qui étaient, jusqu'ici, fabriqués uniquement aux États-Unis.

Sept mois seulement après ces transformations, l'entreprise est en mesure de fournir des chiffres... révélateurs. La Légumerie enr. a atteint le seuil de rentabilité et la production de l'entreprise est passée de 8 000 kilos de produits traités par semaine à plus de 12 000 kilos.

René Dionne a beaucoup d'ambition et d'autres projets pour l'entreprise. Il envisage d'agrandir le marché de distribution et peut-être même d'exploiter un autre secteur d'activités: la précuisson.

Source: revue *Entreprise*, mars 1985.

Chapitre 4

Se lancer en affaires... en achetant une franchise

Les franchises, vous connaissez?

Bien oui! vous savez... Good Year;
  ... Ramada Inn;
  ... Dunkin Donuts;
  ... La Maisonnée;
  ... Frits;
  ... Pharmaprix;
  ... Mc Donald;
  ... etc.

Acheter une franchise, c'est acheter un droit. Le franchiseur (celui qui vend la franchise) vous permet, moyennant une somme d'argent, de vendre un produit ou un service défini, dans un territoire donné et pour une période déterminée. Règle générale, le produit ou le service est contrôlé par une raison sociale, une marque de commerce ou porte un symbole exclusif au franchiseur.

Des chiffres révélateurs...

Le nombre de franchises a un peu plus que doublé au Québec de 1976 à 1981. On en comptait approximativement 3 000[1] en 1981, ce qui représente un chiffre de vente d'environ 4 milliards $. De plus, les données statistiques se rapportant à la fermeture de commerces sont très encourageantes: depuis 1971, seulement 5 % des entreprises franchisées ferment leurs portes au cours de la première année comparativement à 35 % pour l'ensemble des entreprises nouvelles.

---

1. Ce nombre exclut les concessionnaires d'automobiles et les stations-service.

Les franchises: un gage de succès ou un boulet au pied?

Certains croient que le mot franchise est relié directement au mot succès, une sorte de recette miracle quoi!
Pour d'autres, par contre, il évoque la dépendance et la perte d'autonomie. Qui a tort? Qui a raison?

Cette formule, comme toutes les autres d'ailleurs, possède des particularités et s'adresse à un type de personne bien spécifique. Voilà pourquoi il est primordial, si vous désirez vous lancer en affaires, de procéder premièrement à une auto-évaluation. Il est essentiel de déterminer vos besoins, vos capacités, vos goûts, etc.

Évidemment, il est téméraire de prétendre que l'achat d'une franchise est la formule par excellence pour se lancer en affaires. Toutefois, quelques-unes de ses particularités peuvent être intéressantes:

- la formule de la franchise offre une certaine sécurité; le nouvel entrepreneur qui se sent fragile vis-à-vis le monde des affaires ou qui ne sait trop par où commencer peut apprécier qu'une ligne de conduite lui soit soumise;

- elle permet d'offrir aux consommateurs un produit ou un service déjà connu;

- la période d'adaptation est minime et souvent les profits surviennent rapidement;

- l'acheteur peut bénéficier d'un système de gestion et de contrôle déjà établi;

- généralement, il peut aussi profiter de cours de formation et de perfectionnement offerts par le franchiseur;

- dans certains cas, le franchiseur va faciliter le financement de l'acheteur en lui offrant, par exemple, des garanties de rachat, ce qui permet à l'acheteur de réduire son investissement initial;

- le franchisé (celui qui achète la franchise) opère généralement sur un territoire protégé;

- le franchiseur fournit un support au niveau du marketing: l'analyse de marché, l'étude d'emplacement, la publicité, etc.;

- le franchiseur ayant un grand pouvoir d'achat, le franchisé en profite auprès des fournisseurs de la chaîne franchisée (regroupement d'achat);
- la possibilité de pouvoir visiter d'autres franchisés de la maison mère avant l'achat permet à l'acheteur d'en apprendre un peu plus sur la formule qu'il privilégie.

Finalement, acheter une franchise, c'est acheter:

- un concept;
- un droit;
- un savoir-faire;
- une expérience;
- une garantie d'achalandage.

Mais c'est aussi:

- accepter de suivre les directives imposées par le franchiseur, tant au niveau de l'emplacement que de l'opération de l'entreprise;
- donner une redevance au franchiseur;
- se limiter à vendre une gamme de produits ou de services bien spécifiques;
- accepter d'avoir un supérieur à qui l'on doit rendre des comptes;
- se conformer, en tout temps, aux clauses stipulées au contrat;
- accepter de s'effacer quelque peu au profit d'une marque de commerce;
- subir les conséquences des actions, qu'elles soient bonnes ou mauvaises, des autres franchisés ou du franchiseur;
- accepter que le franchiseur soit omniprésent dans l'administration de son entreprise.

Vous pouvez choisir entre deux types de franchises

- **Les franchises de distribution**: il s'agit de la distribution de produits ou d'une marque de commerce. Dans ce cas, le franchiseur vous autorise à vendre, dans une région déterminée, certains produits identifiés à son nom ou à sa marque de commerce. Bien qu'il s'agisse d'une franchise, vous conservez votre identité propre. Exemples: un concessionnaire d'automobiles General Motors, une station-service Esso, les vêtements Pierre Cardin, etc.

- **Les franchises d'exploitation**: il s'agit du type de franchise le plus populaire actuellement. Le franchisé vend les produits ou les services du franchiseur selon un système et un plan d'organisation spécifique. Le franchiseur possède beaucoup de pouvoir, c'est lui qui dicte le système et le plan d'organisation. Le franchisé adopte la raison sociale et la marque de commerce du franchiseur. Exemples: Burger King, Midas, Provi-soir.

Faites votre choix!

Gardez les pieds sur terre!

Vous venez de découvrir une affaire en or: une franchise qui correspond à vos goûts, à vos aptitudes et surtout... à votre portefeuille. C'est d'ailleurs l'aspect financier qui a influencé votre choix: le franchiseur n'exige qu'un léger déboursé de la part du franchisé.

Pour quelques dollars seulement, vous pourriez avoir une entreprise bien à vous. Quelle offre alléchante!

Attention! ne vous laissez pas embobiner par le premier venu. L'achat d'une franchise doit être planifié avec la même attention que l'achat d'une entreprise existante.

«Oui, mais tout est prévu» direz-vous.

Raison de plus d'être vigilant. Il vaudrait mieux comprendre parfaitement tout ce qui est prévu, sinon vous pourriez regretter votre affaire. «Les affaires sont les affaires». Si vous désirez acheter une franchise, c'est, entre autres, pour faire de l'argent. Dites-vous bien que le franchiseur a les mêmes intentions que vous. Quel intérêt aurait-il à partager son secret?

Ne ménagez pas vos efforts. Scrutez! Analysez! Décortiquez l'offre du franchiseur! S'il exige de minimes droits initiaux (déboursés) pour la franchise, c'est peut-être (pour ne pas dire sûrement) qu'il exigera des redevances plus élevées que les franchiseurs concurrents.

À la Arsène Lupin ou à la Colombo, faites votre enquête!

Avant de vous engager, il serait préférable de vérifier certains points.
Que devez-vous vérifier exactement? A vrai dire: TOUT!

- Le franchiseur;
- la franchise;
- le prix d'achat;
- les ventes et les bénéfices prévus;
- le territoire;
- l'emplacement et les locaux;
- l'équipement, les installations, l'aménagement;
- la formation du personnel et la gestion;
- le contrôle;
- etc.

Pas de panique! Premièrement... vous en sortirez gagnant. Deuxiè-mement... il existe des spécialistes pour vous aider.

Vous décidez de mener votre propre enquête

Pourquoi pas? Certains diront qu'on n'est jamais mieux servi que par soi-même.
Voici quelques indications qui devraient vous mettre sur la bonne piste.

- **Le franchiseur (la société mère)**
  — Qui est-il?
  — La société mère est-elle connue?
  — A-t-elle une bonne réputation?
  — Depuis quand existe-t-elle?
  — Ses dirigeants ont-ils déjà fait faillite ou ont-ils déjà été condamnés pour fraude?
  — Les autres franchises vendues ont-elles du succès?
  — Combien en existe-t-il?
  — D'où proviennent les profits du franchiseur: de la vente de franchises ou des redevances des franchisés?
  — S'agit-il d'une petite ou moyenne entreprise ou d'une multinationale?
  — Pouvez-vous consulter les états financiers des trois dernières années?

Pour en savoir plus long sur votre franchiseur et sa réputation, vous pouvez contacter:

- le Bureau d'éthique commerciale (BEC);
- un bureau de crédit;
- la compagnie Dun & Bradstreet Canada ltée.

Toutes les modalités relatives aux services de ces organismes sont expliquées au chapitre 3, aux pages 56 et 57.

- **La franchise**
  — Que vous offre cette franchise?
  — Le produit ou le service est-il en demande?
  — Depuis combien de temps ce produit ou ce service est-il sur le marché?
  — S'agit-il d'un produit ou d'un service essentiel, accessoire ou tout simplement à la mode pour quelque temps?
  — Votre produit est-il breveté ou conforme aux normes de sécurité et de qualité?
  — Le prix de vente du produit est-il fixé par le franchiseur?

— Pourrez-vous offrir des réductions?
— Offrirez-vous une garantie?
— Serez-vous limité aux produits de votre franchiseur?
— Y a-t-il des commandes minimales?
— Pouvez-vous négocier des modalités de paiement?

• **Le prix d'achat**
— Quel est le prix total de votre franchise et que comprend-t-il?
— Lors d'un renouvellement de contrat, devrez-vous débourser à nouveau des frais d'adhésion?
— Existe-t-il une possibilité de financement avec le franchiseur?
— Si oui, le taux d'intérêts est-il préférentiel?
— Quel pourcentage de redevance exige-t-on?
— Devez-vous payer des frais de services?
— Devez-vous assumer les frais juridiques, ou les frais pour les permis et les primes d'assurances?

• **Les ventes et les bénéfices prévus**
— Quel montant de ventes le franchiseur a-t-il prévu pour votre territoire?
— Vous a-t-on fourni une projection de bénéfices? (Vous pouvez vérifier ces chiffres auprès d'autres franchisés.)
— Ces bénéfices seront-ils à la hauteur? En aurez-vous pour votre argent?
— Avez-vous demandé à votre franchiseur l'état prévisionnel des ventes et des dépenses pour quelques années à venir? (Vous pourrez ainsi évaluer vos bénéfices.)
— Devez-vous payer vos redevances même si vous ne réalisez aucun bénéfice? (La plupart du temps, les redevances sont calculées d'après les ventes et non d'après les bénéfices.)
— Le franchiseur vous impose-t-il un quota de ventes?
— Si vous ne respectez pas vos quotas, serez-vous pénalisé?

N'ayez crainte de passer pour un «saint Thomas»: vérifiez auprès des autres concessionnaires les chiffres fournis par votre franchiseur ou faites-les analyser par un comptable. Cette démarche pourrait être révélatrice: peut-être découvrirez-vous que votre franchiseur a tendance à surestimer les bénéfices escomptés ou prendrez-vous conscience du professionnalisme dont il fait preuve.

- **Le territoire**
  - — Pouvez-vous choisir votre territoire?
  - — Vous assure-t-on l'exclusivité sur votre territoire?
  - — Est-il bien délimité? Est-il tracé sur une carte?
  - — Avez-vous un privilège d'achat si on décide d'opérer une autre franchise sur votre territoire?
  - — Existe-t-il une grosse concurrence sur votre territoire? Quelle sera la situation dans quelques années?
  - — A-t-on fait une étude de marché sur votre territoire? (Exigez de voir cette étude et analysez-la.)
  - — Si votre territoire n'est pas protégé, êtes-vous assuré qu'on n'y implantera pas une autre franchise avant que vous ayez rentabilisé la vôtre?
  - — Pouvez-vous agrandir les limites de votre territoire ou le franchiseur peut-il les réduire?

Un conseil: N'hésitez pas à rencontrer d'autres franchisés de votre société mère. Allez rendre visite à quelques-uns d'entre eux qui opèrent dans la région et renseignez-vous sur les divers aspects de leur entreprise. Ne vous limitez pas à ceux recommandés par le franchiseur.

Lors de vos visites, essayez de tirer le maximum d'informations. Examinez les produits, les services, l'équipement; demandez à voir les données financières, etc.

Si toutefois votre franchiseur refusait de fournir les noms de ses concessionnaires, posez-vous des questions…

- **L'emplacement et les locaux**
  - Pouvez-vous choisir votre emplacement?
  - Si oui, aurez-vous un appui du franchiseur?
  - Est-ce que certaines normes vous sont imposées (superficie, largeur de façade, etc.)?
  - Si vous louez un local, quelle est la durée du bail?
  - Êtes-vous contraint d'occuper le même emplacement pendant toute la durée de votre contrat?

- **L'équipement, les installations, l'aménagement**
  - Vous impose-t-on un type d'aménagement?
  - Si oui, qui en assume les frais?
  - Devez-vous choisir un type d'équipement et d'installation en particulier?
  - Devez-vous vous approvisionner chez un fournisseur spécifique?
  - Pouvez-vous négocier avec lui?
  - Devez-vous acheter ou louer votre équipement?
  - Que prévoit-on pour la garantie, les réparations et les installations?
  - Quelles sont les modalités de paiement en ce qui concerne l'équipement?

- **La formation du personnel et la gestion**
  - Le franchiseur offre-t-il des cours de formation pour votre personnel?
  - Connaissez-vous l'endroit où ils seront donnés?
  - Devrez-vous payer les frais de déplacement?
  - Connaissez-vous le contenu de ces cours?
  - Qui assumera les frais de ces cours pour votre personnel?
  - Vous a-t-on précisé en quoi consisterait l'aide au niveau de la gestion?

• **Le contrôle**

— Connaissez-vous toutes les normes d'exploitation fixées par votre franchiseur?

— Pouvez-vous modifier ces normes?

— Êtes-vous assuré d'avoir une certaine autonomie dans l'administration de votre commerce?

Vous vous en remettez à un spécialiste

Vous hésitez, vous ne savez pas trop sur quel pied danser. J'achète? J'achète pas? Vous effeuillez la marguerite…

Dans de telles circonstances, il serait préférable de consulter des spécialistes: un comptable pourrait analyser l'aspect financier de la franchise et un avocat, l'aspect légal.

Si vous avez besoin d'un coup de pouce…

Vous avez des questions sur les franchises?
Vous désirez de la documentation?
Vous voulez connaître la liste des institutions qui offrent des cours ou des séminaires sur le sujet?
Communiquez avec l'Institut national du franchisage. Il vous offre gratuitement un service d'information sur tous les aspects du franchisage.

L'Institut national du franchisage
2000, rue Mansfield
Bureau 1400
Montréal (Québec)
H3H 3A2
Tél.: (514) 849-4944

Vous pouvez aussi vous référer à la Direction du commerce du ministère de l'Industrie et du Commerce (MIC) qui offre, entre autres, des séminaires sur le sujet. Vous trouverez les coordonnées de cette direction à l'annexe I.

À la signature du contrat, mettez les points sur les «i»

Le contrat de franchisage est le document juridique qui vous lie à votre franchiseur. Il stipule que les deux parties sont d'accord sur les points mentionnés et... il est irrévocable.

On ne le dira jamais assez. Avant de signer votre contrat, vous devez être:

- minutieux;
- scrupuleux;
- pointilleux.

Vous devez TOUT lire et surtout TOUT comprendre dans les moindres détails. Vous devez y retrouver, noir sur blanc, tout ce qui vous est permis, ce qui vous est interdit, ce qui vous est promis, etc.

S'il existe 500 espèces de franchises, il doit sûrement y avoir 500 types de contrats. Chacun diffère d'une franchise à une autre selon le produit, les services offerts, les obligations de chacune des parties, etc. Certains franchiseurs vont tout simplement inscrire que vous devez exploiter votre commerce en suivant, à la lettre, ce qui est mentionné dans le manuel d'exploitation. Dans ce cas, ce manuel devient le document à comprendre.

Compte tenu de la complexité et surtout de l'importance de ce type de contrat, il est FORTEMENT recommandé de le signer en présence d'un avocat. Voici quelques points qui peuvent vous aider dans la vérification de votre contrat.

Vérifiez:
- l'identification des deux parties;
- l'objet du contrat;
- les numéros de brevets, s'il y a lieu;
- les droits que le franchiseur vous accorde (exclusivité territoriale, utilisation de la marque de commerce, etc.);
- les obligations de votre franchiseur (formation, publicité, etc.);
- vos obligations (approvisionnement, rapports, redevances, frais initiaux, etc.);
- la durée du contrat;
- les conditions de renouvellement, de résiliation, de transfert;
- les conditions de paiement, les termes de crédit;
- les sanctions (si l'une des deux parties ne respecte pas ses obligations);
- les possibilités d'annulation du contrat ou de vente de votre entreprise advenant le cas où vous ne seriez pas satisfait.

Et si le franchiseur exige un dépôt, n'acceptez cette condition que si vous pouvez l'exécuter chez votre avocat ou chez un professionnel attitré.

Avec toutes ces mises en garde, vous voilà tout à coup sceptique face aux franchises. Mais c'est bien à tort car elles constituent une excellente formule pour vous lancer en affaires. Toutefois, il faut être prudent et ne pas sauter sur la première offre. De prime abord, toutes les franchises sont alléchantes: un franchisé n'a pas les mêmes contraintes qu'un entrepreneur qui part de zéro ou encore qui achète une entreprise déjà existante. Mais dites-vous bien que, dans certains cas, il est préférable d'avoir un peu moins de pouvoir et un peu plus de chances de réussite que d'être un maître-d'oeuvre et se heurter à l'échec.

Finalement, c'est simple:

- vérifiez la fiabilité et la solvabilité de votre franchiseur;
- assurez-vous que la franchise correspond à vos goûts et à vos besoins.

Et voilà, le tour est joué!

Liste de contrôle

	oui	non
Connaissez-vous tous les avantages et tous les inconvénients d'acheter une franchise?	☐	☐
Avez-vous vérifié les antécédents du franchiseur?	☐	☐
Avez-vous rencontré d'autres franchisés?	☐	☐
Votre comptable a-t-il analysé l'aspect financier de la franchise?	☐	☐
Votre avocat en a-t-il vérifié l'aspect légal?	☐	☐
Connaissez-vous tous les engagements que comporte votre franchise?	☐	☐
Pourrez-vous fixer le prix de vos produits ou de vos services?	☐	☐
Votre territoire est-il bien délimité?	☐	☐
Avez-vous des droits de vente exclusifs sur ce territoire?	☐	☐
Peut-il être réduit ou agrandi?	☐	☐
L'emplacement correspond-t-il aux besoins de la franchise?	☐	☐
Pouvez-vous changer d'emplacement ou modifier vos locaux sans l'autorisation du franchiseur?	☐	☐
Êtes-vous informé de vos obligations envers l'équipement et les installations?	☐	☐
Avez-vous vérifié le programme de formation offert par le franchiseur?	☐	☐
Quelle sera votre source d'approvisionnement pour vos produits?	☐	☐
Le franchiseur aura-t-il beaucoup de contrôle sur votre franchise?	☐	☐

Un franchisé plein d'ambition

Alain Beaudoin a choisi, il y a un an, la formule de la franchise pour se lancer en affaires. Après avoir complété un baccalauréat en administration à l'Université du Québec à Trois-Rivières (UQTR), le jeune diplômé de 24 ans se porte acquéreur d'une franchise d'exploitation pour la chaîne d'alimentation Provi-soir.

C'est la facilité de financement qui a incité Alain Beaudoin à choisir la formule de la franchise. Selon lui, lorsque le franchiseur a une bonne renommée, les institutions financières sont moins réticentes à accorder un prêt. Évidemment, cette méthode comporte aussi des exigences. Dans le cas d'Alain Beaudoin, il doit se soumettre notamment à une liste de fournisseurs et de prix de vente. Toutefois, il précise que lorsqu'il s'agit d'une première expérience dans les affaires, une franchise offre beaucoup d'avantages.

Son projet exigeait un investissement de 70 000 $. «Pour obtenir une telle somme d'argent il faut être en mesure de prouver au prêteur la rentabilité de son projet», précise Alain Beaudoin. Fort de prévisions budgétaires intéressantes, d'une étude de marché fournie par le franchiseur et de plusieurs années d'expérience acquises en travaillant à l'épicerie de son père, le jeune homme rencontre les responsables des institutions financières de sa localité. La bonne réputation du franchiseur aidant, le jeune entrepreneur obtient le financement demandé en accordant en garantie sa maison et les stocks de l'entreprise.

Sis rue Courcelette à Trois-Rivières le dépanneur d'Alain Beaudoin dessert une clientèle d'environ 9 000 familles. Le chiffrre d'affaires annuel atteint approximativement 700 000 $ et neuf personnes y travaillent à temps partiel.

Pour ce jeune entrepreneur, l'achat d'une franchise constitue un tremplin pour entrer dans le monde des affaires. Alain Beaudoin envisage, d'ici cinq ans, aborder le domaine de la restauration. Ainsi, une franchise lui permettra d'accumuler du capital, d'acquérir de l'expérience en tant que gestionnaire et de se faire valoir auprès des institutions financières.

Source: journal *Info-Déclic*, novembre 1985.

Chapitre 5

Se lancer en affaires...
seul ou avec d'autres

Pile ou face?

Vous avez fait, jusqu'à présent, le tour de plusieurs possibilités. Votre étude a porté sur:

* vos aptitudes à gérer une entreprise;
* les secteurs d'entreprise à considérer (primaire, manufacturier, commercial, de services);
* les avantages et les inconvénients:
  — de partir de zéro;
  — d'acheter une entreprise existante;
  — d'acheter une franchise.

Votre choix est maintenant presque définitif. Vous ne doutez plus de vos capacités de gestionnaire. Toutefois, une autre réflexion s'impose: ferez-vous affaire seul ou avec d'autres?

La décision de s'associer à des partenaires ne se joue pas à «pile ou face». Vous devez décider sérieusement de la forme juridique que prendra votre future entreprise.

Cette étape est cruciale car elle aura une incidence sur:

* les opérations quotidiennes de votre entreprise;
* votre capacité d'emprunt et vos responsabilités;
* la permanence de votre organisation;
* la responsabilité du ou des propriétaires;
* le montant des impôts à payer.

Toutefois, sachez que la décision concernant la forme juridique de votre entreprise ne garantira pas nécessairement son succès car:

* le succès tient davantage à la demande pour le service ou le produit que vous offrez;
* il est aussi fonction de votre capacité à gérer vos ressources financières, humaines, techniques.

De toute façon, votre décision n'est pas irréversible; il sera toujours possible de changer de forme juridique, moyennant des frais évidemment!

Voyez donc les trois possibilités qui s'offrent à vous:

- entreprise à propriétaire unique;
- société (en nom collectif ou en commandite);
- compagnie (société par actions).

Outre ces trois formes juridiques, il existe la formule de la coopérative.

Chacune d'elles présente certains avantages mais aussi des inconvénients. Une fois que vous aurez saisi l'essentiel de ces données, n'hésitez pas à les approfondir avec un spécialiste. Un comptable sera en mesure de juger de la rentabilité de votre projet d'affaires; un avocat vous aidera à fixer le choix de votre structure juridique et à l'instaurer.

Je mène ma barque seul... enr.

Vous désirez entreprendre une croisière sur la mer des Affaires, seul! Dès lors, toutes les responsabilités reposent sur vos épaules:

- les décisions;
- les engagements au nom de l'entreprise;
- les dettes;
- les profits.

Vos biens personnels de même que les biens de votre entreprise forment un tout appelé «patrimoine». Ainsi, advenant une faillite, c'est vous-même qui la subissez et tous vos avoirs (vos propres biens et ceux du commerce) sont engagés...

C'est donc une formule à deux tranchants... vous décidez de tout et vous assumez le tout!

Pour agir seul, il faut...

- enregistrer une déclaration de raison sociale[1] (nom sous lequel fonctionnera votre entreprise) au bureau du protonotaire du palais de justice de chaque **district judiciaire*** où vous ferez affaire (c'est-à-dire dans chaque district où votre commerce aura une adresse);
- faire cette déclaration dans les 15 jours qui suivent la première fois où vous utiliserez cette raison sociale;
- débourser un montant de 15 $ pour l'enregistrement.

---

*District judiciaire

Le Québec est actuellement divisé en 36 districts judiciaires qui possèdent chacun leur secrétariat. Ceux-ci ne coïncident pas avec le district électoral ou les divisions municipales ou administratives. Pour connaître le(s) vôtre(s), renseignez-vous au palais de justice le plus près de chez vous ou à Communication-Québec.

---

1. Vous pouvez obtenir un formulaire de déclaration de raison sociale aux bureaux des protonotaires dans les palais de justice.

C'est ainsi que l'abréviation «ENR.», signifiant «enregistrée au bureau du protonotaire de la Cour supérieure», se greffera au nom de votre entreprise.

Vous pourrez exploiter votre commerce:

- sous votre propre nom[2];
- sous une autre appellation (raison sociale).

Ainsi, si vous décidez d'ouvrir un commerce de fleurs, peut-être reconnaîtra-t-on votre entreprise sous l'appellation «Rose Racine enr.», ou encore «Jean Bellis vos terrains enr.», ou toute autre dénomination!

La raison sociale

Vous avez «socialement raison» de voir à votre raison sociale car elle représente votre entreprise: c'est votre carte de visite... Elle doit donc:

- bien vous représenter;
- être bien élaborée;
- répondre aux exigences de la Charte de la langue française;
- respecter les règles générales de la grammaire française;
- être rédigée exclusivement en français en vertu de la Charte de la langue française.

Pour vous aider, vous pouvez consulter l'Office de la langue française:

Montréal (514) 873-5608
Québec   (418) 643-5608

et demander la brochure intitulée *Les raisons sociales*.

Si vous avez à utiliser un toponyme, c'est-à-dire un nom de lieu, dans votre raison sociale, vous pouvez aussi vous procurer, dans les librairies des Publications du Québec, le *Guide des raisons sociales* (EOQ 19080-1) publié par la Commission de toponymie du Québec au coût de 1,25 $. Vous trouverez les coordonnées des Publications du Québec à l'annexe I.

---

2. Si vous faites affaire sous votre propre nom et que vous êtes célibataire, vous n'êtes pas tenu de vous enregistrer.

À propos de l'enregistrement...

- À quoi sert l'enregistrement?
    À faire savoir aux autres qu'on est officiellement en affaires, plus précisément, à faire connaître sa place d'affaires et son statut commercial.

- Qui doit s'enregistrer?
    les compagnies (à l'exception des banques);
    les personnes en société;
    une personne faisant affaire seule.

- Y a-t-il des exceptions à l'enregistrement?
    Oui, dans le cas d'une personne **célibataire** faisant affaire seule **sous son propre nom.**

- Qu'advient-il si on omet de s'enregistrer?
    On devient passible d'une amende[3] maximale de 200 $ pour les compagnies; et de 100 $ pour les personnes.

N.B.: Vous êtes tenu de vous enregistrer dans chacun des districts judiciaires où vous avez une place d'affaires.

J'embarque un associé

«Deux têtes valent mieux qu'une» dites-vous. «Et pourquoi pas trois? Michèle a l'argent, Luc l'expérience et moi le local! Formons une société.»

La mise sur pied d'une société exige la participation d'au moins deux personnes qui mettent en commun:

- ressources (financières et matérielles);
- talents;
- connaissances techniques;

en vue de faire prospérer l'entreprise et d'en partager les profits. Tous la dirigent et en sont responsables. Toutefois, le contrôle et la responsabilité que peut détenir chaque associé varient en fonction du type de société:

---

3. D'après l'article 14 de la Loi sur les déclarations des compagnies et des sociétés.

- en nom collectif;
- en commandite.

Dans la majorité des cas, les sociétés se forment en nom collectif, les sociétés en commandite étant plutôt rares.

Une société en commandite est composée de deux parties:

- les commandités;
- les commanditaires.

Les commandités sont les seules personnes autorisées à administrer les affaires de la société et les seules responsables des dettes de la société à l'égard des tiers.

La responsabilité des commanditaires se limite à fournir à la société une somme d'argent ou un autre bien. Leur situation ressemble à celle des actionnaires d'une compagnie.

La société en nom collectif rend les associés responsables de toutes les dettes et obligations contractées par l'un ou l'autre des membres et ce, même au-delà du montant investi dans la société. C'est ce qu'on appelle la responsabilité illimitée. Inutile de dire que le choix des associés est d'une importance primordiale… Entourez-vous donc de gens de confiance!

Pour former une société, il faut…

- obligatoirement s'enregistrer, selon les mêmes formalités décrites pour le propriétaire unique;
- renouveler cet enregistrement lorsqu'un nouvel associé s'ajoute à la société.

Une exception à la règle… les sociétés de professionnels. Celles-ci ne sont pas tenues de faire enregistrer une déclaration de société d'après la Loi sur les déclarations des compagnies et sociétés et le Code civil.

Lorsqu'on fonde une société, il est fortement recommandé de conclure un contrat stipulant les règles du jeu entre les membres.

Comme «il n'y a pas d'amis en affaires», le contrat devrait être le plus complet possible et rédigé avec soin par un conseiller juridique. Il devrait entre autres contenir:

- les buts de la société;
- l'apport de chaque associé à la création de la société (capital investi);
- les fonctions de chacun;
- la répartition des profits et des pertes;
- l'activité de chaque associé dans la société;
- les dispositions à prendre en cas de:
  — liquidation;
  — départ ou décès d'un associé.

Rappelez-vous: un document écrit a une valeur qu'aucune entente verbale ne peut remplacer!

Je navigue en compagnie

Devant le risque énorme que représente la solidarité entre associés, vous décidez plutôt de former une compagnie. De cette façon, vous évitez qu'un de vos collègues prenne la barre et mette le cap à votre insu sur «l'Île des Dépenses», engageant ainsi toute la société vers la dérive...

De plus en plus, les gens optent pour la compagnie — appelée aussi corporation ou société par actions — car elle offre certains avantages.

Premièrement, une compagnie est une «personne morale». Cela signifie que la compagnie elle-même a des droits et des pouvoirs séparés et différents des personnes physiques qui la composent.

Une compagnie:

- possède ses propres biens;
- contracte ses propres dettes;
- a des obligations;
- a des employés.

Elle peut:

- acheter des biens;
- vendre des biens;
- intenter des procédures en justice;
- être poursuivie.

Elle doit:

- payer ses propres impôts.

Comme la compagnie (personne morale) est une entité distincte des personnes physiques qui la composent, ses actionnaires voient leurs pertes limitées à leurs seuls apports advenant une faillite. C'est là un des très grands avantages de l'incorporation par rapport aux deux autres formes juridiques.

Toutefois, cette responsabilité limitée — définie par l'abréviation «ltée» ayant comme synonyme «inc.» — l'est plus ou moins dans la pratique: pour bénéficier d'un prêt financier, les actionnaires doivent souvent offrir des garanties personnelles...

Voici d'autres avantages à l'incorporation:

- si un des actionnaires meurt, l'actif de la compagnie n'est pas gelé pour autant;
- si un actionnaire meurt ou se retire, la compagnie continue toujours d'exister;
- advenant le cas de transferts d'actions, la compagnie là non plus n'est pas affectée;
- au niveau fiscal, la création d'une compagnie permet:
  - le partage des revenus;
  - des crédits d'impôts pour dividendes;
  - des déductions accordées aux petites entreprises;
- les entreprises incorporées ont accès au marché boursier.

Pour se constituer en compagnie, il faut...

- déposer les statuts de constitution en vertu de la partie IA de la Loi sur les compagnies (provincial) au Service des compagnies de l'Inspecteur général des institutions financières;
- ou encore, faire la demande d'une charte fédérale en communiquant avec Consommation et Corporation Canada, afin d'obtenir les formulaires relatifs à l'incorporation.

Bien qu'il soit possible de se constituer en compagnie par ses propres moyens, les risques d'erreurs ne valent pas le montant qu'il vous en coûtera pour les services d'un conseiller juridique (entre 700 $ et 1 200 $ incluant les frais d'incorporation). Ce dernier s'avère ici pratiquement indispensable compte tenu de la complexité de l'organisation et des exigences légales.

L'incorporation doit-elle se faire au provincial ou au fédéral?

Un individu **seul** peut mettre sur pied une compagnie, depuis 1975, au fédéral, et depuis 1980, au provincial. Mais, que vous décidiez de fonder votre propre compagnie seul ou avec d'autres, la question demeure: «L'incorporation doit-elle se faire au fédéral ou au provincial?»

Théoriquement, que l'incorporation soit faite au provincial ou au fédéral, une compagnie peut exercer ses activités partout dans le monde, en respectant toutefois les règles des provinces ou des pays où elle fait affaire.

Si vous désirez ouvrir une tabagie de quartier, la constitution de votre compagnie sera provinciale. Depuis décembre 1980, l'incorporation à cette échelle a grandement été simplifiée par la nouvelle «Partie IA» de la Loi sur les compagnies. Pour en savoir plus long, procurez-vous le dépliant *La loi québécoise sur les compagnies simplifie les affaires*, ainsi que la brochure intitulée *Les principales formes juridiques de l'entreprise au Québec* en vous adressant au Service des compagnies de l'Inspecteur général des institutions financières. Vous en trouverez les coordonnées à l'annexe I.

Si votre projet est plutôt d'envergure nationale ou internationale, la loi fédérale devrait s'appliquer et vous éviter des démarches ultérieures.

Toutefois, rappelez-vous que dans les deux cas, il vous sera toujours possible d'élargir votre marché en vous procurant les permis exigés. Votre avocat saura très bien vous conseiller à ce sujet.

Pour se constituer en compagnie par ses propres moyens au provincial (Partie IA de la Loi sur les compagnies)

Premièrement

Si vous désirez vous constituer en compagnie, vous devez, avant de remplir toutes les formalités, faire une demande de réservation de dénomination sociale[4] (15 $) en remplissant le formulaire numéro 3 disponible au Service des compagnies de l'Inspecteur général des institutions financières. Votre nom sera réservé pour 90 jours.

Deuxièmement

Procurez-vous les trois autres formulaires au même endroit:

formulaire no 1 Les statuts de constitution;
        no 2 L'avis relatif au siège social;
        no 4 L'avis relatif au conseil d'administration.

Vous aurez peut-être besoin également de ceux-ci:

        no 5 Le formulaire de modification des statuts
             (si besoin est...);
        no 6 Le formulaire relatif à une fusion
             (si plusieurs compagnies fusionnent);
        no 7 Le formulaire de constitution en vertu de la Partie IA de la Loi sur les compagnies (si votre compagnie a été constituée en vertu de la Partie I et que vous désirez la constituer sous la nouvelle Partie IA de la Loi sur les compagnies).

---

4. Procurez-vous la brochure *Les raisons sociales* auprès de l'Office de la langue française: Québec (418) 643-5608 et Montréal (514) 873-5608.

Tous les formulaires[5] doivent parvenir à:
L'Inspecteur général des institutions financières
Service des compagnies
800, place D'Youville
6ᵉ étage
Québec (Québec)
G1R 4Y5
Tél.: (418) 643-3625

Troisièmement

Une fois que votre compagnie est constituée, vous devez:

- déclarer sa constitution auprès du protonotaire de votre district judiciaire (palais de justice);
- dévoiler le ou les noms d'emprunt que vous utiliserez pour exercer vos activités s'il(s) diffère(nt) de votre nom de compagnie.

Délais:

Pour une compagnie à but lucratif:
si vous vous adressez directement au Service des compagnies et que votre nom est unique ou déjà réservé, vous obtiendrez votre certificat de constitution en l'espace de deux heures seulement.

Fait à remarquer, environ 30 % des demandes d'incorporation sont effectuées par les citoyens eux-mêmes.

---

5. Un mandat-poste ou un chèque visé au montant de 200 $ à l'ordre du Ministre des Finances doit accompagner les formulaires pour une compagnie à but lucratif.

Voici un tableau résumant les facteurs dont il faut tenir compte selon les différentes formes juridiques d'entreprise.

Facteurs	Propriétaire unique	Société	Compagnie
Raison sociale?	majorité des cas	oui	oui
Enregistrement chez le protonotaire?	majorité des cas	oui	oui
Contrat légal (entre les membres)?	non	recommandé	variable
Lettres patentes ou statuts (acte de constitution)?	non	non	oui
Permis d'exploitation (municipal)?	oui	oui	oui
Facilité de constitution?	forme juridique la plus simple	relativement simple	complexe
Restrictions à la constitution?	forme juridique la moins réglementée	restrictions peu nombreuses	forme juridique très réglementée
Frais judiciaires?	très peu élevés	moyens	très élevés
Besoins en capitaux?	difficile de réunir des fonds	plus facile	encore plus facile
Responsabilités et risques personnels	propriétaire entièrement responsable	répartis entre les associés (en nom collectif)	responsabilités partagées, risques peu élevés
Espérance de survie de l'entreprise advenant le décès du ou des propriétaires?	aucune	selon le contrat signé entre les associés	assurée

Si vous avez l'esprit d'équipe: la coopérative

Nombreux sont les travailleurs et travailleuses qui choisissent de se regrouper en coopérative pour offrir leurs services à la population. De cette façon, ils s'assurent un meilleur contrôle sur leurs conditions de travail puisqu'ils en sont responsables.

Une coopérative, c'est d'abord:
une entreprise constituée juridiquement en «corporation» en vertu d'une loi spécifique. La responsabilité des membres est limitée au montant du capital social souscrit.

La coopérative vous permet:
- d'être à la fois propriétaire et usager;
- de participer tant au pouvoir qu'aux résultats financiers.

De plus, la coopérative:
- appartient en parties égales à tous les membres qui y ont souscrit une part sociale: ils ont donc le contrôle de leur entreprise;
- ne donne droit qu'à un vote par membre, quel que soit le nombre de parts sociales qu'un même membre détient;
- vise à fournir à ses membres des biens et des services aux meilleures conditions possibles. La coopérative ne vise donc pas à faire des profits comme la compagnie.

Pour former une coopérative, il faut...

- réunir au moins 12 personnes ayant un intérêt commun à titre de futurs usagers de la coopérative; ce nombre peut toujours être réduit à 3 (minimum) pour les coopératives de travail et de commerce et à 5 pour les autres types de coopératives;
- remplir les formulaires de constitution (requête et statuts de constitution) disponibles à la Direction des coopératives du ministère de l'Industrie et du Commerce dont vous trouverez les coordonnées à l'annexe I;

- inclure un chèque visé ou un mandat-poste au montant de 50 $ à l'ordre du Ministre des Finances pour les frais d'étude du dossier;
- effectuer les étapes de formation de votre coopérative:
  - l'étude théorique du projet;
  - l'étude de faisabilité;
  - l'étude de viabilité (identification du seuil de rentabilité);
  - le recrutement et l'éducation des futurs membres;
  - l'élaboration d'un projet de règlement de régie interne;
  - l'assemblée de fondation:
    — adoption du règlement;
    — élection du conseil d'administration;
  - début des activités.

Pour vous aider...

Il existe plusieurs documents pour vous aider à monter votre coopérative. Procurez-vous auprès de la **Direction des coopératives** précitée:

- le dépliant *Une coopérative qu'est-ce que c'est?*;
- la brochure *Guide pour la préparation d'un projet de coopérative*;
- le diaporama présentant les particularités de l'entreprise coopérative (prêté aux personnes qui en font la demande);
- le document *Guide pour la préparation d'un règlement de régie interne d'une association coopérative*.

Les conseillers de la Direction des coopératives peuvent aussi vous donner des informations sur:

- la formation d'une coopérative;
- les implications juridiques;
- les études préliminaires du projet;
- l'assemblée d'organisation.

D'autre part, le **ministère de l'Industrie et du Commerce** offre le programme «Aide aux coopératives de jeunes travailleurs» pour ceux qui désirent mettre leur esprit d'initiative et leurs compétences au service d'une entreprise. On peut obtenir plus de renseignements sur ce programme en communiquant avec les directions régionales du MIC dont vous trouverez les coordonnées à l'annexe I.

Il existe aussi un **Groupe de gestion-conseil en coopération** qui a pour but d'aider les gens à bâtir et à démarrer leurs projets de coopérative. On vous y apporte un support technique à 4 niveaux:

1)   l'étude préliminaire du projet (préfaisabilité);

2)   son étude de faisabilité et de viabilité;

3)   son développement;

4)   la gestion des opérations.

Le Groupe de gestion-conseil en coopération offre de plus des cours-ateliers de formation sur les aspects suivants:

- formation à la coopération (9 ateliers);
- gestion financière (8 ateliers);
- animation (3 ateliers).

Le Groupe de gestion-conseil en coopération est un organisme subventionné par le ministère de l'Industrie et du Commerce (MIC). Toute cette aide précieuse vous est fournie gratuitement. Vous trouverez les coordonnées de cet organisme à l'annexe III.

La **Société de développement des coopératives (SDC)** est une société d'État dont le mandat consiste à favoriser la création et le développement d'entreprises coopératives. Ses interventions visent principalement à améliorer la capitalisation des coopératives en leur apportant un financement complémentaire à celui fourni par les membres et les institutions financières. La SDC peut également conseiller les coopératives sur leur financement et voir à ce qu'elles aient accès à l'aide technique nécessaire. Vous trouverez les coordonnées de la SDC à l'annexe I.

Le régime matrimonial des gens d'affaires

Communauté de biens

Depuis le 2 avril 1981, ce régime n'existe plus[6]. Toutefois, comme beaucoup de gens sont mariés sous cette forme, il importe de s'y attarder. La communauté de biens met en commun tous les biens qui sont acquis par l'époux ou l'épouse devenue(e) homme ou femme d'affaires.

Inconvénient: la loi prévoit que les biens de la communauté supporteront les dettes engagées par les époux au cours de leurs affaires.

Par conséquent, ce régime n'est pas à conseiller pour quiconque désire se lancer en affaires.

Société d'acquêts

Sous ce régime, on fait la différence entre:

biens propres: biens possédés par chacun des époux avant le mariage (meubles, objets, terrains, immeubles, etc.);

acquêts: biens acquis durant le mariage (salaires, revenus et tout ce qui en découle).

Chacun est responsable des dettes qu'il contracte avant et pendant le mariage à l'exception de celles concernant le ménage (nourriture, vêtements, mobilier, etc.). Ces dernières incombent aux deux conjoints.

Lors de la dissolution du mariage, chaque époux a le droit de demander la moitié des acquêts de l'autre et conserve ses biens propres.

---

6. Il peut toutefois être créé par un contrat de mariage spécifique.

Ce régime matrimonial évite au conjoint qui n'est pas en affaires de voir ses biens utilisés pour le remboursement des dettes de l'autre. Notez toutefois que cela n'empêche pas le conjoint «endetté» de recevoir — pour lui-même — la moitié des acquêts de son conjoint.

Donc, la société d'acquêts permet de participer au succès des affaires du conjoint sans en assumer totalement les risques car il lui sera toujours possible de conserver:

- tous ses biens propres;
- la moitié de ses acquêts, ou la totalité de ces derniers si son conjoint ne les réclame pas.

Séparation de biens

Comme son nom l'indique, chacun des époux administre ses propres biens et ne peut, en aucune façon, engager le patrimoine de son conjoint vis-à-vis ses propres créanciers. Chacun est responsable de ses dettes, sauf celles contractées pour les besoins du ménage (nourriture, vêtements, chauffage, etc.).

Avantage: empêche que les biens d'un époux servent à payer les dettes de l'autre.

Ce régime est donc celui qui protège le mieux les époux lorsqu'un conjoint se lance en affaires car il y a indépendance du patrimoine (sauf, évidemment, si l'un des époux endosse le prêt bancaire de son conjoint).

Pour parfaire le régime: le testament

Bien des gens croient, et à tort, que parce qu'ils sont mariés, ils n'ont pas besoin de testament. À moins que leur contrat de mariage ne contienne une clause en regard de l'entreprise, une surprise malencontreuse les attend si le décès du conjoint entrepreneur survient.

Le fait de ne pas avoir de testament pourrait mettre en péril l'existence même d'une entreprise. Imaginez le problème suivant: un associé meurt; sa part dans l'entreprise est dévolue pour moitié à son conjoint et pour l'autre moitié à ses parents! Cette situation risque d'alourdir l'administration de l'entreprise et de compliquer la transmission des biens du défunt.

Donc, si vous désirez éviter des ennuis à vos proches et si vous croyez que votre entreprise mérite de survivre: planifiez la transmission de vos biens par l'intermédiaire d'un testament.

Psst! les femmes: saviez-vous que...

Si vous êtes entrepreneure, les lignes qui suivent auront moins d'intérêt pour vous; par contre, si vous collaborez à la prospérité du commerce de votre conjoint, sachez que vous pouvez obtenir un statut de salariée, associée ou actionnaire, selon le cas[7].

Depuis l'amendement de la loi de l'impôt en avril 1980 (provincial et fédéral), le mari propriétaire d'entreprise peut maintenant déduire de ses revenus le salaire versé à sa femme collaboratrice. De plus, depuis le 1er décembre 1983, une clause au nouveau droit de la famille québécoise, connue sous le nom de «prestation compensatoire», permet à l'épouse de réclamer une compensation pour son apport à l'enrichissement du patrimoine de son conjoint, dans les cas de rupture du mariage ou de décès.

Prévenez le coup!

Même si la prestation compensatoire est un acquis important, il ne faut pas attendre un divorce ou un décès pour recevoir une compensation pour son travail.

---

7. À noter que le mari collaborateur à la prospérité du commerce de son conjoint peut bénéficier des mêmes privilèges.

Les solutions? La première est de toute évidence le versement d'un salaire. Selon le type d'entreprise en question, ce salaire pourrait vous faire profiter de certains avantages sociaux non négligeables tel un fonds de pension du Régime des rentes du Québec (voir tableau).

S'il vous est impossible de toucher un salaire, vous pouvez assurer votre protection financière au moyen de billets promissoires ou par la participation de votre conjoint à un REÉR. Vous pouvez, par exemple, être protégée par l'intermédiaire d'un billet dûment signé (reconnaissance de dette) promettant une somme quelconque dans le futur, exigible à un moment précis (vente de l'entreprise, rupture, etc.).

La participation du mari au Régime enregistré d'épargne-retraite (REÉR) du conjoint permet à l'épouse de se constituer une somme d'argent pour le futur. Elle peut également retirer une somme d'argent avant le terme du REÉR.

Il reste toujours la solution du don ou du prêt, mais ces deux moyens n'offrent pas d'avantages sociaux et dépendent de la volonté du mari.

Donc, la sécurité pour la femme collaboratrice reste liée au statut qu'elle peut obtenir dans l'entreprise.

Le tableau ci-joint vous donnera un bon aperçu de vos droits selon que l'entreprise de votre conjoint est à propriétaire unique, une société ou une compagnie. Pour en savoir plus long, procurez-vous la brochure de l'Association des femmes collaboratrices intitulée *Quand le coeur et la tête sont en affaires* de même que le dépliant sur leurs programmes de formation. Vous trouverez les coordonnées de l'Association à l'annexe III.

Les droits du conjoint de l'entrepreneur[8]

Entreprise à propriétaire unique	Société		Corporation (compagnie)	
La femme collaboratrice a-t-elle droit?	employée	associée	employée	actionnaire
À un salaire	Oui	Oui	Oui	Oui
Au salaire minimum	Oui	Oui	Oui	Oui
À l'assurance-chômage	Non	Oui	Non	Non, si son conjoint a plus de 40% des actions	Non, si les conjoints ont plus de 40% des actions
Au régime des rentes	Oui	Oui	Oui, si salariée	Oui	Oui, si salariée
Aux indemnités en cas d'accident de travail	Oui, si salariée	Oui, si salariée	Oui, si protection personnelle	Oui	Oui, si protection personnelle
Au partage des bénéfices	Non, sauf si entente volontaire écrite	Non	Oui	Non	Oui
Aux dons et billets promissoires	Oui	Oui	Oui	Oui	Oui
Au Régime enregistré d'épargne-retraite (REÉR)	Oui	Oui	Oui	Oui	Oui

---

8. Tableau tiré de la brochure *Quand le coeur et la tête sont en affaires* de l'Association des femmes collaboratrices.

Liste de contrôle

	oui	non
Connaissez-vous les différentes formes juridiques d'entreprises et leurs principales caractéristiques?	☐	☐
Avez-vous décidé si vous ferez affaire seul ou avec d'autres?	☐	☐
Si vous avez décidé d'être propriétaire unique, aurez-vous une raison sociale?	☐	☐
Connaissez-vous toutes les formalités relatives à l'enregistrement?	☐	☐
Si vous avez décidé de vous constituer en société, en connaissez-vous les implications?	☐	☐
— Avez-vous pensé aux clauses que devrait contenir votre contrat?	☐	☐
Si vous avez décidé de vous constituer en compagnie, en connaissez-vous les avantages et les inconvénients?	☐	☐
Si vous avez décidé de former une coopérative, savez-vous comment procéder?	☐	☐
Avez-vous étudié les incidences de votre régime matrimonial sur la forme juridique de votre entreprise?	☐	☐
Que vous soyez collaborateur ou collaboratrice au commerce de votre conjoint, connaissez-vous vos droits?	☐	☐

La coopérative Les Nuages

La coopérative Les Nuages a été formée en février 1980 par huit jeunes, pigistes dans divers secteurs reliés aux communications, qui se sont associés à quatre autres personnes en vue de réaliser la formule qui leur semblait la plus égalitaire pour se donner des services communs.

C'est pour pallier aux divers problèmes que pose la pige tels la difficulté de trouver un local pour travailler, l'isolement, l'impossibilité de tout faire en même temps, etc., que ces jeunes ont eu l'idée de fonder leur coopérative. Ils offrent à leurs clients des services intégrés en communication, depuis la conception jusqu'à la diffusion d'une campagne, en passant par la conception de logos, d'affiches et de papeterie d'affaires diverse. Ce qui distingue Les Nuages des autres agences, c'est son marché privilégié: la PME.

La coopérative veut aider la PME à prendre de l'expansion car elle est convaincue de pouvoir se développer avec elle. Ainsi, afin d'épauler ses clients au maximum, l'agence entretient des contacts dans d'autres secteurs que celui des communications, par exemple, avec des firmes de comptables.

Cette approche semble réussir puisque le chiffre d'affaires de la coopérative est passé de 80 000 $ la première année à 1 500 000 $ en 1985. En fait, la coopérative a toujours été autosuffisante, sauf en 1983, année où elle reçu de l'aide de la Société de développement des coopératives (SDC).

Pour assurer un bon fonctionnement, les membres de la coopérative se sont donné une forme de gestion à deux pôles: administration centralisée et production décentralisée. Au niveau de l'administration, les pouvoirs sont centralisés au conseil d'administration et un comité de gestion applique les décisions. Sur le plan de la production, les travailleurs jouissent d'une autonomie totale si ce n'est qu'une coordinatrice veille à ce que les échéances soient respectées.

La coopérative Les Nuages, c'est tout ça. Mais au fait, pourquoi «Les Nuages»? Parce que dans un domaine aussi compétitif, un nom du genre reste, les gens le retiennent.

Source: revue *Entreprise*, novembre 1985.

Chapitre 6

Le marketing: l'engrenage de direction de votre entreprise

MARKETING... un mot qui suscite bien des interrogations;
un mot empreint de complexité pour certains;
un mot qui en dit long pour d'autres.

Le marketing, c'est en fait beaucoup de choses. C'est la fonction dominante de presque toutes les entreprises. Être axé sur le marketing, c'est suivre la devise «Fabriquons ce que l'on peut vendre» et non pas «Vendons ce que l'on peut fabriquer».

> Si vous aimez votre travail et que vous offrez à une clientèle ce qu'elle désire, vous augmentez vos chances de succès.

En gros, le marketing consiste à offrir le bon produit, aux bonnes personnes, à un prix juste, au moment propice et à l'endroit approprié.

Il est donc essentiel pour l'entrepreneur de connaître:

- ses produits et ses services;
- leur prix de vente optimal;
- le marché et l'emplacement de son entreprise;
- les concurrents;
- les réseaux de distribution (si vous avez une entreprise manufacturière ou un commerce de gros);
- la publicité et la promotion.

Le marketing, c'est donc tous ces éléments: ils constituent l'engrenage de votre entreprise.

Votre entreprise: une mécanique bien ajustée

Il est évident qu'une grande entreprise dispose davantage de ressources qu'une petite, au niveau du marketing. Malgré tout, la petite et moyenne entreprise (PME) détient certains atouts qui, bien adaptés, peuvent l'avantager par rapport à la grande. Si elle est bien rodée, la mécanique de votre entreprise vous conduira loin.

Quels sont les éléments de ce bon rodage? Premièrement, pour pouvoir tirer profit de la situation concurrentielle, la PME doit trouver **sa** place sur le marché et présenter un avantage unique:

- une technique particulière;
- un nouveau procédé;
- un produit ou un service absent du marché mais pour lequel la demande est forte;
- ou tout simplement bien connaître une région et les gens qui y vivent.

En fait, il existe des marchés que seule la PME peut desservir efficacement.

En plus d'offrir un service personnalisé et de présenter un avantage unique, la petite et moyenne entreprise (PME) doit profiter au maximum d'un de ses atouts importants: la souplesse.

Dans le monde des affaires, il arrive que des circonstances incontrôlables surviennent. Dans un tel cas, la petite entreprise aura avantage sur la grande en autant qu'elle puisse réagir à la situation. Par exemple, si un concurrent lance un nouveau produit, sa souplesse pourra lui permettre de répliquer par un produit meilleur.

Soyez aussi alerte au volant de votre entreprise que vous l'êtes en voiture et prévoyez tout, même l'imprévisible!

Ne manquez pas le prochain virage: vos clients

Même si le moteur de votre entreprise tourne rondement, rappelez-vous que vous en êtes le seul conducteur. C'est vous qui guiderez les opérations et vous ne devez manquer aucun virage, surtout pas celui de vos clients. Toutes les décisions reliées à votre nouvelle entreprise doivent être prises à la lumière de leurs besoins.

Que vous exploitiez un commerce de détail, une entreprise manufacturière, agricole ou de services, rappelez-vous que la PME, plus que la grande entreprise, doit diriger ses efforts vers un segment particulier du marché.

Vous avez une idée en tête et vous avez décidé de la concrétiser en vous lançant en affaires. Vous êtes convaincu que votre projet fera fureur, vous en avez la ferme intuition:

- vous savez à quoi va servir votre produit, votre marchandise ou vos services;
- vous avez une idée du type de personne qui s'y intéressera;
- depuis que vous avez eu votre idée «d'affaires», vous observez les gens et pensez: «Je suis certain que mon produit l'intéresserait» ou «Il a besoin du service que je veux créer...»;
- vous avez déjà identifié une foule de caractéristiques du comportement de vos futurs clients.

Comme la majorité des entrepreneurs, vous possédez déjà de précieuses informations sur votre future clientèle.

Attention: vos impressions doivent être fondées et vous devez tenter d'obtenir le plus d'informations possibles.

Assurez-vous que vos clients seront vos passagers

Votre route est longue et vous semblera encore plus longue si vous la parcourez seul. Assurez-vous donc d'avoir des passagers: vos clients!

Pour vous assurer de leur présence, il est absolument indispensable de déterminer leurs besoins afin d'y répondre adéquatement. La première des quatre phases du cycle du marketing, l'étude de marché, vous permettra d'y arriver en identifiant:

- votre marché potentiel;
- vos concurrents;
- les forces présentes dans votre environnement (lois, culture, facteurs économiques, facteurs démographiques, etc.).

Le type de clientèle varie selon le type d'entreprise. Si vous décidez d'opérer une entreprise manufacturière, votre produit s'adressera à la fois:

- au client direct ou immédiat
  c'est-à-dire à votre réseau de distribution (détaillants ou agents manufacturiers qui mettront votre produit en vente);
- au client acheteur
  c'est-à-dire à la personne qui achètera le produit;
- au client utilisateur
  c'est-à-dire à la personne qui utilisera votre produit (l'acheteur et l'utilisateur peuvent être la même personne).

S'il s'agit d'un commerce ou d'une entreprise de services, votre marchandise ou vos services s'adresseront à la fois:

- au client utilisateur
  c'est-à-dire à la personne qui utilisera votre marchandise ou vos services. Exemple: **l'enfant** qui porte le vêtement acheté par son père ou sa mère;
- au client acheteur
  c'est-à-dire à la personne qui achète votre marchandise ou vos services. Exemple: **le père ou la mère** qui achète le vêtement pour l'enfant.

Ces différents types de clientèle nécessitent des approches différentes. Tentez de déterminer avec le maximum de précisions ce qui les caractérise. Pour vous aider, répondez aux questions qui suivent, mais faites attention: ne gonflez pas vos chiffres. Toutes les réponses à ces questions vous permettront d'estimer votre volume de ventes pour la première année et, par le fait même, de prévoir la rentabilité de votre entreprise. Gardez tout de même à l'esprit que cet exercice n'est qu'une première estimation de la réalité projetée; il sera possible de vous réajuster en cours de route.

Mettez votre expérience et vos informations à profit. Si elles vous semblent incomplètes, la prochaine section, «Les sources de ravitaillement», vous aidera à les compléter.

1. Qui sont mes clients?

Âge, sexe, statut, occupation, revenu annuel, priorités dans leur vie, habitudes de vie.

2. Qu'est-ce qui les motive?

Quelles sont les raisons qui les incitent à acheter un produit? Qu'est-ce qui les attire? Qu'est-ce qui est important pour eux quand ils achètent un produit? Que recherchent-ils habituellement?

3. Quelles sont leurs habitudes d'achat?

Exclusivité, rabais, en vrac, à la pièce? À quel rythme? À quel moment de l'année? Où? Qui prend la décision d'acheter ou qui influence l'achat?

4. Où demeurent-ils?

Où se retrouvent la majorité de mes clients (quartier, ville, région) ou dans quel territoire vendrai-je mon produit?

5. Combien sont-ils?

À l'intérieur des limites géographiques de la question 4, quel est le nombre de clients potentiels qui répondent aux caractéristiques de la question 1?

6. Quel potentiel d'achat représentent-ils?

À partir des statistiques que vous aurez recueillies sur les sommes dépensées pour différents produits ou services, vous pouvez le déterminer, soit en argent, soit en nombre d'unités.

Nombre total de clients (question 5)	**X**	Somme dépensée annuellement pour des produits ou des services similaires au(x) vôtre(s)	**=**	**Potentiel d'achat $ dans les limites géographiques de votre entreprise**
		OU		
Nombre total de clients (question 5)	**X**	Nombre de fois ou d'unités que le client achète dans un an	**=**	**Potentiel d'achat (unités) dans les limites géographiques de votre entreprise**

7. Qui sont mes concurrents?

Déterminez, par ordre d'importance, de qui vos clients achètent leur(s) produit(s) ou service(s). Identifiez leurs forces et leurs faiblesses. La concurrence actuelle est-elle faible, moyenne ou forte?

Sur une carte géographique, localisez vos concurrents afin d'obtenir une vue d'ensemble.

8. Comment mon marché évoluera-t-il?

Faites des prévisions au niveau:

- du nombre de clients;
- des habitudes d'achat;
- de la répartition géographique;
- du contexte social, économique ou politique.

9. Quel sera mon volume de ventes?

Compte tenu des constatations précédentes, vous fixez votre volume de ventes pour la première année.

À propos du volume de ventes

Recherchez des estimations sur votre capacité de produire:

- s'il s'agit d'un produit fabriqué (secteur manufacturier), tenez compte de la technique utilisée, de la machinerie disponible, du nombre d'heures requises pour fabriquer une unité, du nombre d'employés, du nombre d'heures de travail dans l'année, etc.;

- s'il s'agit d'un commerce, tenez compte de vos capacités d'inventaire, de votre mise de fonds, de la grandeur de l'emplacement, des principales gammes de produits à offrir, de la possibilité d'approvisionnement de vos fournisseurs, du nombre d'employés, du nombre optimal de clients à servir dans une journée, des heures de travail dans l'année, de la durée moyenne d'une vente, etc.;

- s'il s'agit d'un service, tenez compte de la durée moyenne requise pour donner le service, du nombre d'heures de travail dans l'année, du nombre d'employés, etc.

Recherchez des statistiques sur le volume de ventes moyen dans les entreprises du même genre et pour des produits similaires:

- interrogez des concurrents ou des entrepreneurs d'expérience sur le volume de ventes qu'ils ont atteint à la fin de leur première année d'activités;

- demandez à des fournisseurs ce que seraient leurs prévisions pour une entreprise comme la vôtre;

- si vous voulez fabriquer un produit, rencontrez des clients potentiels et demandez-leur combien d'unités de ce produit ils achèteraient.

Il est évident que vous pouvez répondre à ces questions beaucoup plus facilement si vous vous lancez en affaires dans un quartier ou une localité que vous connaissez bien pour y avoir vécu. Si tel n'est pas le cas, il existe plusieurs sources de renseignements qui vous aideront à combler votre manque d'informations.

Les sources de ravitaillement en informations

Les sources de ravitaillement qui suivent sont différents moyens que vous pouvez utiliser pour combler le manque d'informations sur votre clientèle potentielle.

Enquête maison

* Dans une région donnée, faites vous-même un mini-sondage auprès des gens. Pour obtenir des informations sur leurs attentes et leurs motivations d'achat, demandez-leur s'ils achètent des produits ou des services similaires à ceux que vous voulez mettre sur le marché.
  — Si oui, qu'est-ce qui, pour eux, est le plus important au niveau du produit? Que recherchent-ils dans ce produit ou ce service?
  — Sinon, comment répondent-ils alors à leurs besoins?

Observation

* Observez les personnes qui achètent les produits ou les services similaires au(x) vôtre(s) et notez ce qu'elles ont en commun (âge, sexe, etc.).

* Observez également leurs habitudes d'achat et de vie.

* Interrogez vos concurrents ou des entrepreneurs qui ont de l'expérience dans le domaine: ils pourront brosser un portrait des clients qu'ils côtoient chaque jour. Si vous envisagez lancer une entreprise manufacturière, interrogez des distributeurs ou des commerçants susceptibles de vendre votre produit.

Annuaire téléphonique, répertoires et autres listes

* Choisissez des abonnés au hasard dans l'annuaire et faites votre propre sondage téléphonique.

* En période d'élection, vous pouvez vous procurer des listes de scrutin sur lesquelles les résidants apparaissent par lieu de domicile.

* Il existe aussi des répertoires dans lesquels les commerces et les résidants sont regroupés de deux façons:
  — soit par rues;
  — soit par numéros de téléphone.

Ces répertoires existent pour Québec et Hull — Ottawa. Vous pouvez les louer au coût annuel d'environ 150 $ à Québec chez:

Télé-Direct (publications) inc.
Division annuaires par rues
C.P. 308
Loretteville (Québec)
G2B 3W8
Tél.: (418) 843-2701

Ils existent aussi pour Montréal et Montréal — banlieues. Vous pouvez les louer pour un montant annuel variant entre 100 $ et 150 $ à Montréal chez:

Lovell Litho et publications inc.
423, rue Saint-Nicolas
Vieux-Montréal (Québec)
H2Y 2P4
Tél.: (514) 849-3518

Informez-vous: vous pouvez consulter ces répertoires sans frais dans plusieurs bibliothèques.

La compagnie Lovell Litho publie également l'*Annuaire commercial du Grand Montréal* qu'il est possible de louer au coût annuel de 189 $. Cet annuaire comprend plus de 74 000 noms de professionnels, entreprises, associations, organisations pour lesquels le nom des propriétaires, des associés et des cadres supérieurs, le nombre d'employés ainsi que les coordonnées sont indiqués. Une mention particulière est apportée pour les entreprises qui existent depuis plus de cinq ans.

Organismes locaux et communautaires

- Il est possible d'obtenir des renseignements auprès des médias de banlieue et des journaux importants de votre région sur leurs abonnés.

- Votre Chambre de commerce locale est un organisme qui peut vous fournir beaucoup d'informations, vous conseiller ou vous guider vers les sources d'aide appropriées.

Données pour la publicité postale

- Si vous envisagez faire votre enquête (ou éventuellement votre publicité) dans un secteur en particulier, le Service à la clientèle de la Société canadienne des postes peut vous fournir les points de livraison que vous désirez atteindre: maisons résidentielles, maisons à appartements ou commerces. Ce service pourra donc vous dire combien d'éléments (questionnaires, dépliants, articles, etc.) vous devez disposer pour atteindre ces points de livraison.

- Il existe des entreprises qui se spécialisent dans la publicité postale (voir dans les pages jaunes de votre annuaire téléphonique sous la rubrique «publicité postale»). Ces entreprises font souvent des enquêtes qui leur permettent d'accumuler des données sur la clientèle. Vous pouvez y avoir accès moyennant des frais de services.

Compagnies privées et publications

- Certaines compagnies, comme Dun and Bradstreet Canada ltée, publient des brochures ou des revues offrant différentes statistiques qui peuvent vous aider. Vous trouverez les coordonnées de cette compagnie à l'annexe III.

- Les agences de publicité (voir dans les pages jaunes de votre annuaire téléphonique) possèdent de nombreux renseignements sur le marché et une grande expérience quant à l'évaluation du comportement des consommateurs. Entrez en contact avec ces maisons, elles pourraient vous fournir de précieux filons.

Experts-conseils

- Les spécialistes en gestion-marketing peuvent, moyennant des frais d'honoraires, vous fournir une aide précieuse. Regardez aussi autour de vous: peut-être connaissez-vous des gens (amis, parenté, etc.) qui pourraient vous faire partager leur expérience à peu de frais...

- Certaines universités ont des cabinets-conseils et les gens qui y oeuvrent peuvent vous aider à cette étape de votre étude de marché et ce, sans frais dans bien des cas. Vous trouverez la liste des universités qui ont un cabinet-conseil à l'annexe IV.

Organismes gouvernementaux et publics

- Le Bureau de la statistique du Québec met à la disposition de la population un Centre d'information et de documentation constitué d'environ 6 000 volumes en rapport avec la statistique. Des données sur des sujets divers sont disponibles, telles des données démographiques, physiques et climatiques, économiques (entreprises agricoles, industries, commerces de détail, etc.), données financières (finances des entreprises et des gouvernements), données sociales (travail, emploi, salaire, revenu, consommation, habitation, santé, criminalité), données culturelles (éducation, cinéma, etc.).

  On y retrouve aussi les publications de Statistique Canada.

- Le Service du fichier central des entreprises de l'Inspecteur général des institutions financières peut vous fournir des statistiques par secteur. Si, par exemple, vous désirez ouvrir un salon de coiffure dans un secteur déterminé, vous pouvez savoir combien de salons y existent déjà. Ce service est en opération à Québec.

- L'Inspecteur général des institutions financières possède également un Service à la clientèle qui peut vous fournir des informations spécifiques sur une entreprise en particulier. Par exemple:
  - L'entreprise X fait-elle toujours affaire?
  - Qui en sont les administrateurs?
  - Etc.

  Ce service est offert à Québec au Service du fichier central des entreprises et à Montréal au Service des compagnies.

Vous trouverez les coordonnées de ces organismes à l'annexe I.

- Statistique Canada possède les statistiques à l'échelle nationale et locale, recueillies auprès de l'État, de l'entreprise et des particuliers. Cet organisme offre des études de cas qui peuvent intéresser la petite entreprise au coût de 1 $ l'exemplaire:
  - *Comment les constructeurs et entrepreneurs peuvent-ils tirer profit de la statistique?*
  - *Comment le détaillant peut-il tirer profit de la statistique?*

- *Comment le fabricant peut-il tirer profit de la statistique?*
- *Comment obtenir et utiliser les statistiques?*

Vous trouverez les coordonnées de Statistique Canada à l'annexe II.

- La Communauté urbaine de Québec (CUQ) offre un service direct et gratuit à la population où l'on peut obtenir la plupart des statistiques du recensement de Statistique Canada pour la région métropolitaine de Québec. Une brochure intitulée *Portrait socio-économique des municipalités de la Communauté urbaine de Québec*, disponible gratuitement, présente les principales statistiques des recensements de 1971, 1976 et de 1981 des 13 municipalités qui font partie de la CUQ. De plus, il est possible de se procurer une autre brochure, *Guide d'exploitation du fichier CUQ-STAT*, qui fait état des différents types de statistiques disponibles auprès de la CUQ.

Il est à noter que la CUQ peut même faire des études de marché préliminaires pour les entreprises manufacturières potentielles par le biais de son Service de promotion industrielle.

- La Communauté urbaine de Montréal, par l'intermédiaire de l'Office de l'expansion économique, est responsable de la promotion industrielle de toute l'île de Montréal, sur un plan international. Ses services s'adressent donc en priorité aux entreprises désirant s'implanter sur son territoire.

Vous trouverez les coordonnées de ces organismes à l'annexe III.

Établissez un itinéraire... par objectifs

Vous avez maintenant identifié **votre** marché. À partir de ces données quantifiables, il devient maintenant possible de vous fixer des objectifs: voilà la 2e phase du cycle du marketing.

Les affaires, c'est un peu comme les voyages. Pour vous rendre à destination, vous établissez un plan de route, un itinéraire. De la même façon, en tant que chef d'entreprise, il importe de vous fixer des objectifs à court, moyen et long termes que vous vous efforcerez de rencontrer à travers vos activités.

En vous fixant des objectifs, vous saurez où vous allez, vous pourrez procéder à la réévaluation du rendement de votre entreprise et mettre en lumière l'existence de certains problèmes. En cours de route, vous pourrez vous réajuster.

En somme, il s'agit de répondre à deux questions élémentaires:
1.   Qu'est-ce que je veux faire? (objectifs)
2.   Comment atteindre mes objectifs? (stratégie)

Ce que vous voulez faire

Certes, vous voulez fonder une entreprise. Mais quels buts voulez-vous atteindre et quand les atteindrez-vous? Vous pouvez exprimer ces buts:
•   en argent (prévisions des ventes, votre salaire, etc.);
•   en nombre d'unités à vendre;
•   en terme de rentabilité.

Si vous lancez une nouvelle entreprise, vous pouvez vous fixer des objectifs quant au nombre de nouveaux clients que vous désirez atteindre chaque mois.

Prévoyez aussi en termes de personnel: aurez-vous des employés? Si oui, quand? Déterminez également la part du marché que vous vous taillerez au cours des six premiers mois, de la première année, de la deuxième, etc.

N'oubliez pas, dans le choix de vos objectifs, tout doit se tenir, tout doit être cohérent. Faites preuve de réalisme: tenez compte de vos ressources, des forces et des faiblesses de votre entreprise et de celles de vos concurrents.

Comment vous allez le faire

Vous savez ce que vous devez atteindre. Maintenant:

- Quelle est la meilleure voie pour y parvenir?
- Sur quoi allez-vous vous attarder pour atteindre vos objectifs?
  — La présentation de votre produit ou de votre service?
  — Son prix?
- Allez-vous attaquer le marché lentement ou le plus rapidement possible?

Il vous faut donc prendre des décisions importantes. La 3e phase du cycle du marketing, la mise en marché, vous permettra d'élaborer un plan d'action qui tiendra compte des quatre «**P**» du marketing: **P**roduit, **P**rix, **P**lace, **P**romotion.

Alors, continuez votre route, et surtout, prenez le temps de vous arrêter à chacune des haltes routières...

Sur votre route, faites connaissance avec...

Votre produit ou votre service: 1re halte

Règle de conduite 1

Pour que votre produit ou votre service soit en demande, il doit **prioritairement** satisfaire aux besoins de vos clients.

Règle de conduite 2

Pour qu'il retienne facilement l'attention, il doit présenter un attrait, un avantage particulier et concurrentiel.

Règle de conduite 3

Le succès d'un produit aujourd'hui n'est pas garanti pour demain. On dit qu'un produit a une vie d'environ 7 ans. Il est rentable d'évaluer périodiquement son produit ou son service en termes de:

- satisfaction des consommateurs;
- part de marché;

- pourcentage de ventes;
- possibilité d'expansion;

de façon à le modifier ou le remplacer au moment opportun.

Interrogez-vous sur votre produit:

- Que désirez-vous vendre ou offrir précisément?
- Quels sont les avantages et les caractéristiques de votre produit ou de votre service?
- Y a-t-il vraiment une demande pour celui-ci?
- À quels besoins de la clientèle répond-il?
- Quelle utilité a-t-il pour vos clients? Pourquoi? Quand? Où? Comment?
- Devrez-vous offrir une garantie?
- Devrez-vous offrir un service après-vente?
- A-t-il une contrainte d'utilisation (ex.: être consommé dans les x jours suivant son achat)?
- De quelle façon sera-t-il présenté?
- Devrez-vous stocker votre ou vos produits?
- Aurez-vous du plaisir à vendre ce produit ou ce service?
- Avez-vous de l'expérience dans ce domaine?

Si vous avez fait l'acquisition d'une entreprise existante, voyez:

- s'il est opportun d'ajouter de nouveaux produits à ce stade;
- si le moment est venu d'abandonner certains produits non rentables.

Voyez aussi ce qui différencie votre produit ou votre service de celui de vos concurrents. Pour chacune des caractéristiques apparaissant au tableau suivant, identifiez lequel de votre produit ou de votre service ou de celui de vos concurrents présente un avantage à l'achat. Cette petite étude pourra vous servir ultérieurement pour votre publicité et votre promotion. Laissez un blanc aux caractéristiques qui ne s'appliquent pas à votre produit.

Caractéristiques	Mon produit		Produit concurrentiel	
• Prix	(	)	(	)
• Efficacité	(	)	(	)
• Durabilité	(	)	(	)
• Maniabilité	(	)	(	)
• Présentation	(	)	(	)
• Vitesse	(	)	(	)
• Style, apparence ou format	(	)	(	)
• Simplicité de fonctionnement	(	)	(	)
• Facilité d'entretien	(	)	(	)
• Taille ou poids	(	)	(	)
• Accueil	(	)	(	)
• Service au client	(	)	(	)
• Courtoisie	(	)	(	)
Autres caractéristiques:				
_____	(	)	(	)
_____	(	)	(	)
_____	(	)	(	)
_____	(	)	(	)
_____	(	)	(	)

Même après la période de démarrage, évaluez périodiquement votre produit ou vos services: les besoins de la population changent et vous devrez modifier ou adapter ce que vous lui offrez.

Méfiez-vous...

La plupart des gens qui démarrent en affaires commettent les erreurs suivantes dans la mise en marché de leur produit ou de leur service:

- • ils connaissent mal les besoins de leurs clients;
- • ils ne voient que les forces de leur produit ou de leur service et oublient d'en évaluer les faiblesses par rapport à la concurrence;
- • ils croient qu'il est facile de déloger les concurrents.

Réfléchissez-y bien...

Maintenant, reprenez votre route et arrêtez-vous à la prochaine halte.

Vos prix: 2ᵉ halte

En affaires, la réussite est souvent liée à la politique de fixation des prix des produits ou des services de l'entreprise. Pour stimuler les ventes de manière à ce qu'elles atteignent le niveau voulu et en même temps maximiser les profits, il n'existe qu'un seul prix acceptable; les autres sont soit trop élevés, soit trop bas.

Si les prix sont trop élevés, les ventes peuvent être faibles et les profits escomptés ne se concrétiseront pas; si les prix sont trop bas, la marge de profit risque d'être insuffisante pour couvrir les dépenses de l'entreprise.

Comment déterminer le prix juste? Le prix juste doit vous permettre d'obtenir une marge bénéficiaire suffisante pour avoir un revenu confortable (peut-être pas la première année...) et vous permettre de réinvestir dans votre entreprise. Pour le déterminer, vous devez inclure dans votre étude de marché les réactions des consommateurs face à divers niveaux de prix possibles ainsi qu'aux prix affichés par vos concurrents. Vous saurez alors ce que votre client est prêt à payer.

Le prix dépend, d'une part, du besoin du client et, d'autre part, de la rareté de la marchandise. Le prix a aussi une connotation psychologique: on a souvent tendance à fixer un prix pair (ex.: 2 000 $) pour la marchandise de luxe et à utiliser un prix impair (ex.: 27,99 $) pour de la marchandise populaire. Le prix est donc aussi fonction du produit.

S'il s'agit d'une manufacture...

Considérez:

- ce qu'il en coûte pour fabriquer le produit: matières premières, main-d'oeuvre, temps, dépenses d'équipement, etc.;
- le prix d'un produit similaire concurrentiel;

- le pourcentage de profit que vous devrez faire sur la vente (consultez un conseiller en développement industriel de la Direction des services aux entreprises industrielles du ministère de l'Industrie et du Commerce du Québec pour connaître les normes et les statistiques établies pour différents produits. Vous trouverez les coordonnées du MIC à l'annexe I);
- le prix que vos clients payent actuellement pour un produit similaire ou le prix qu'ils sont prêts à payer.

S'il s'agit d'un commerce...

Considérez:

- le prix d'achat de vos marchandises, vos produits ou vos denrées;
- le pourcentage de profit que vous devrez faire sur la vente (consultez un conseiller en développement industriel de l'une des directions régionales du ministère de l'Industrie et du Commerce du Québec pour connaître les normes et les statistiques établies pour différents produits ou biens);
- le prix établi par vos concurrents pour un produit ou un bien similaire;
- le prix que vos clients payent actuellement pour un produit ou un bien similaire, ou le prix qu'ils sont prêts à payer;
- le prix de vente suggéré par les fournisseurs (magasinez...).

Comment trouver vos fournisseurs?
Le ministère de l'Industrie et du Commerce du Québec est l'organisme par excellence pour vous aider à trouver vos fournisseurs.

- **Si vous êtes dans le domaine commercial**
  Adressez-vous aux conseillers en développement commercial du MIC qui, en fonction du secteur où vous vous lancez, pourront vous aider à trouver des fournisseurs.

Québec	**Montréal**
Ministère de l'Industrie et du Commerce	Ministère de l'Industrie et du Commerce
Direction du commerce	Direction du commerce
710, place D'Youville	Place Mercantile
8e étage	770, rue Sherbrooke Ouest
Québec (Québec)	10e étage
G1R 4Y4	Montréal (Québec)
Tél.: (418) 643-5045	H3A 1G1
	Tél.: (514) 873-3540

- **Si vous êtes dans le domaine industriel**

  Adressez-vous aux conseillers en développement industriel du MIC qui vous aideront à trouver des fournisseurs dans le domaine industriel qui vous intéresse.

Québec	**Montréal**
Ministère de l'Industrie	Ministère de l'Industrie
et du Commerce	et du Commerce
Direction générale de l'industrie	Direction générale de l'industrie
710, place D'Youville	Place Mercantile
5e étage	770, rue Sherbrooke Ouest
Québec (Québec)	8e étage
G1R 4Y4	Montréal (Québec)
Tél.: (418) 643-5065	H3A 1G1
	Tél.: (514) 873-3530

- Il existe un *Répertoire des produits fabriqués au Québec* qui cite les fournisseurs du Québec soit par produit, soit par manufacturier. Vous pouvez le consulter sur place en vous rendant au:

Québec	**Montréal**
Ministère de l'Industrie	Ministère de l'Industrie
et du Commerce	et du Commerce
Bibliothèque ministérielle	Aide à l'implantation industrielle
710, place D'Youville	Place Mercantile
2e étage	770, rue Sherbrooke Ouest
Québec (Québec)	10e étage
G1R 4Y4	Montréal (Québec)
Tél.: 643-5081	H3A 1G1
	Tél.: (514) 873-3544

Si vous désirez acheter ce répertoire, vous pouvez l'obtenir au coût de 42 $ au Centre de recherche industrielle du Québec à l'adresse suivante:

Québec	**Montréal**
Centre de recherche industrielle	Centre de recherche industrielle
du Québec	du Québec
333, rue Franquet	8475, rue Christophe-Colomb
Case postale 9038	C.P. 8475, succursale Youville
Sainte-Foy (Québec)	Montréal (Québec)
G1V 4C7	H2P 2X1
Tél.: (418) 659-1550	Tél.: (514) 383-1550
Sans frais: 1-800-465-3390	

- Référez-vous aussi aux pages jaunes de l'annuaire téléphonique. Recherchez les secteurs qui vous intéressent: plusieurs fournisseurs ou manufacturiers s'y annoncent.
- Les différentes associations sectorielles peuvent également vous aider. Ex.: Association des producteurs de bois du Québec.
- Si vous demeurez en région et que les adresses mentionnées ci-haut ne vous concernent pas, consultez l'annexe I afin de connaître les coordonnées de la Direction régionale du ministère de l'Industrie et du Commerce de votre région.

S'il s'agit d'un service...

Considérez:

- vos années d'expérience;
- la spécificité de votre expertise;
- le total des coûts investis pour assurer le service: heures, déplacements, matériel utilisé, main-d'oeuvre, dépenses diverses, etc.;
- le prix des concurrents pour un service similaire;
- le pourcentage de profit que vous désirez réaliser sur la vente;
- le prix que vos clients payent actuellement pour un service similaire, ou le prix qu'ils sont prêts à payer.

Voici d'autres questions qui méritent réflexion avant de prendre des décisions concernant la fixation de vos prix:

- Devez-vous vous en tenir au prix suggéré par le fabricant?
- Est-il important de vendre à prix concurrentiels des marques différentes, mais concurrentes?
- Est-il important que le prix soit modique?
- Le service est-il important?
- Quel prix devrez-vous réclamer pour récupérer votre prix de revient?
- Devez-vous accorder des rabais aux distributeurs, aux vendeurs?
- Devez-vous accorder des rabais en espèces, des ristournes?
- Si vous accordez des rabais, quel en sera l'effet sur votre profit?

- Devez-vous inclure des frais de livraison dans votre prix?
- Quelle sera la politique de paiement?

Il existe deux façons d'établir les prix des produits ou des services:
1. Selon les objectifs financiers.
2. Selon les objectifs de marketing.

1. Selon les objectifs financiers

Deux méthodes peuvent vous permettre d'atteindre les objectifs financiers établis: le rendement de l'investissement et le pourcentage de profit sur les ventes.

La méthode du rendement de l'investissement est la plus répandue. Il s'agit de déterminer le pourcentage de profit désiré sur le montant total investi pour la fabrication ou l'achat du produit ou du service (les frais de gestion et de vente inclus).

Par exemple, ce que vous avez investi pour la fabrication, la gestion et la vente de votre commerce de poterie s'élève à 80 000 $. Vous voulez obtenir un rendement de 25 % de votre investissement, et vous estimez vendre 5 000 de vos figurines. Voici la formule:

A. Rendement de votre investissement
    80 000 $ x 25 % = 20 000 $

B. Ce que vous devez aller chercher
    80 000 $ + 20 000 $ = 100 000 $

C. Vous devrez donc vendre chaque unité
    100 000 $ ÷ 5 000 = 20 $

La deuxième méthode, le pourcentage de profit sur les ventes, consiste à calculer le prix du produit en ajoutant le pourcentage de profit désiré au coût de fabrication ou d'achat, de gestion et de vente du produit.

- Votre produit coûte à l'achat: 600 $
- Il entraîne des dépenses de   +
  gestion et de vente de: 250 $
                                               850 $
- Vous voulez obtenir un profit de 15 % sur les ventes; le total des coûts représentera 85 % du prix de vente. Le prix de vente sera donc: $\dfrac{850 \times 100}{85} = 1\ 000\ \$$

2. Selon les objectifs de marketing

Selon la part de marché que vous désirez atteindre, vos prix seront différents.

Si les produits ou les services que vous offrez sont de qualité et s'adressent à des marchés particuliers ou exclusifs, vous pouvez adopter la **stratégie de discrimination**, c'est-à-dire, fixer des prix plus élevés que ceux des concurrents dont les produits ou les services sont de consommation courante. Un prix élevé renforce l'image de qualité et d'exclusivité.

Si, au contraire, vous visez une part importante de marché, vous devez tenir compte des prix des concurrents et vous situer légèrement plus bas. Évidemment, plus forts sont les prix de la concurrence, plus il est possible d'exiger un prix élevé pour votre produit.

Dans le cas d'un produit ou d'un service nouveau, vous pouvez décourager vos concurrents d'offrir la même chose si vous établissez le prix à son niveau le plus bas dès la mise en marché.

Méfiez-vous...

Au niveau de la fixation des prix, voici quelques obstacles communs auxquels ont à faire face ceux qui démarrent en affaires:

- ils ignorent comment fixer leurs prix;
- ils manquent de connaissances vis-à-vis leur produit ou leur service pour pouvoir fixer un prix;
- ils oublient de calculer des coûts indirects tels leur temps, leurs déplacements, etc.;
- ils craignent d'exiger des prix trop élevés et n'osent pas les demander;
- ils croient qu'en fixant un prix bas, ils attireront leur clientèle;
- ils ne considèrent qu'un seul facteur et fixent leurs prix en conséquence.

L'impact de cette décision mérite donc que vous y accordiez mûre réflexion.

Quand vous aurez passé assez de temps à étudier la notion de prix, remettez en marche votre entreprise et repartez.

Stop!

Votre place d'affaires: 3e halte

En fonction du type d'entreprise que vous allez fonder, votre place d'affaires sera différente.

S'il s'agit d'une entreprise manufacturière...

Vous devez tenir compte de la proximité de vos fournisseurs ou de votre réseau de distribution[1] (magasins à rayons, dépanneurs, boutiques spécialisées, agents manufacturiers, etc.).

Pour vous faciliter la tâche, dressez une liste des places envisagées pour votre manufacture et indiquez leur adresse et leurs caractéristiques.

---

1. Voir l'encadré «Qu'est-ce que la distribution?» à la page suivante.

À la lumière des critères qui suivent, comparez chacune des places que vous avez sélectionnées et voyez ensuite quel emplacement est le plus avantageux:

- situation en fonction de mon marché;
- facilité d'accès (routes, stationnement, facilités d'approvisionnement et de distribution, etc.);
- position par rapport à mes concurrents;
- local (grandeur, état, possibilités d'agrandissement, etc.);
- coûts du local (loyer ou prix d'achat, rénovations, taxes, etc.);
- exigences de l'environnement (lois, permis, etc.);
- disponibilité de la main-d'oeuvre;
- services (égouts, eau, électricité, etc.);
- autres.

Dressez ensuite une autre liste des réseaux envisagés: indiquez le nom des distributeurs et leurs caractéristiques.

Après avoir comparé les différentes possibilités, avantages et inconvénients, choisissez le réseau de distribution qui vous permettra de rejoindre vos clients et sachez pourquoi il constitue votre choix ultime.

Qu'est-ce que la distribution?

La distribution, c'est le moyen utilisé pour acheminer le produit vers les clients.

En fonction du type d'entreprise exploitée, on peut choisir entre trois canaux de distribution:
- vente directe aux consommateurs;
- grossiste;
- détaillant.

Le grossiste achemine les produits de différents manufacturiers vers les détaillants, et ces derniers les offrent aux consommateurs. Les intermédiaires ont pour effet de réduire, et parfois considérablement, les coûts de transactions entre le fabricant et le consommateur, diminuant ainsi les coûts de la distribution.

Pourquoi des intermédiaires? La PME manufacturière peut décider d'avoir recours à la **vente directe** aux consommateurs. Elle peut alors fixer un prix de vente plus élevé que celui qu'elle devrait consentir aux grossistes ou aux détaillants. Toutefois, les ventes directes entraînent des coûts qui, tout compte fait, pourraient être supérieurs à ceux créés par le recours aux intermédiaires.

Le choix d'un canal de distribution varie d'une entreprise à l'autre en fonction de certains critères:

- les moyens utilisés par la concurrence;
- le type de marché:
  - un nombre restreint de clients importants se prêtera davantage à la vente directe;
- les caractéristiques du produit:
  - un produit de grande valeur se prête mieux à la vente directe tandis qu'un produit de consommation courante (lait, pain, etc.) exige un grand nombre d'intermédiaires;
- les services offerts:
  - plus l'éventail des services offerts par les intermédiaires est grand (après-vente, promotion, proximité de la clientèle, etc.), plus leur contribution est importante;
- le nombre idéal d'intermédiaires:
  - la vente directe ne saurait répondre aux besoins de l'entreprise s'il faut plusieurs intermédiaires;
- l'aspect main-d'oeuvre et financier de l'entreprise:
  - plus les exigences à ce niveau mobilisent les ressources financières et humaines de l'entreprise, moins on doit recourir à la vente directe;
- le facteur géographique:
  - on a intérêt à utiliser les intermédiaires situés près des utilisateurs de nos produits.

Évidemment, tous les intermédiaires ne se ressemblent pas. Il est donc bon de connaître les distributeurs et de les évaluer à la lumière des besoins de son entreprise. Renseignez-vous sur les avantages et les inconvénients des différents réseaux de distribution auprès d'un conseiller en développement industriel de l'une des directions régionales du ministère de l'Industrie et du Commerce du Québec. Vous trouverez les coordonnées du MIC à l'annexe I.

S'il s'agit d'un commerce ou d'une entreprise de services...

Dressez une liste des endroits (adresse et caractéristiques) possibles pour la localisation de votre commerce ou de votre entreprise de services et évaluez chacun d'eux en fonction des critères suivants:

- position par rapport à mes clients (achalandage du secteur, environnement extérieur, etc.);
- facilités d'accès (stationnement, routes, transports en commun, etc.);
- position par rapport à mes concurrents;
- potentiel de croissance du secteur;
- local (grandeur, état, possibilités d'agrandissement, etc.);
- coûts du local (loyer ou prix d'achat, rénovations, taxes, etc.);
- exigences du locateur ou du vendeur (contrat, etc.);
- réputation du secteur.

Après avoir pesé le pour et le contre, fixez votre choix.

Méfiez-vous...

Au niveau de l'emplacement, évitez de reproduire les erreurs des autres, c'est-à-dire:

- de choisir un emplacement de façon spontanée ou en vous basant uniquement sur un ou deux critères;
- d'oublier de tenir compte des habitudes des clients;
- de mal choisir votre réseau de distribution.

Pour éviter ces erreurs:

- envisagez plus d'un emplacement;
- interrogez les entrepreneurs de la région sur les avantages et les inconvénients de leur localisation;
- n'ayez crainte de visiter les locaux, et au besoin, allez-y accompagné de gens qui ont de l'expertise en construction, décoration ou autre et demandez-leur des estimations;

- vérifiez les exigences des propriétaires ou des locateurs car ils pourraient vous imposer des contraintes telles, dans le cas d'un commerce, des limites sur les gammes de produits;
- observez les réseaux de distribution utilisés par vos concurrents et analysez leurs forces et leurs faiblesses.

Et si vous pensez maintenant pouvoir rouler à fière allure sans vous arrêter, détrompez-vous: il vous reste un dernier arrêt.

La promotion de votre produit ou de votre service: 4e halte

Pour vous faire connaître et attirer votre clientèle, vous avez besoin de ce dernier élément clé du cycle du marketing. On peut subdiviser la promotion en trois secteurs:

1. publicité;
2. activités de promotion;
3. outils de promotion.

1. La publicité

La publicité, c'est ce qui fait appel à la communication extérieure. C'est entre autres:

- le message
  ex.: slogan publicitaire, texte d'une annonce;
- le média
  ex.: télévision, radio, quotidien, journal local, journal spécialisé, pages jaunes;
- le bouche à oreille
  ex.: porte à porte, contacts, associations locales et régionales, réseaux d'affaires, etc.

2. Les activités de promotion

Ce sont toutes les actions que vous posez ou auxquelles vous participez et qui ont pour but de faire connaître votre entreprise tels des colloques, des foires, des activités locales ou régionales, des salons, des séances d'information...

3. Les outils de promotion

C'est tout le matériel ou les objets que vous utilisez comme support à la promotion. Ils sont variés: dépliants, brochures, affiches publicitaires, cartes d'affaires, enseignes, présentoirs, étiquettes, étalages, cadeaux (crayons, échantillons, etc.), catalogues, stands de promotion, véhicules, emballages, ensembles de démonstration, etc.

La publicité et la promotion ont comme objectif principal d'accroître les ventes et les bénéfices. Au tout début, il se peut que vous ne disposiez pas d'un budget de publicité énorme. Fort heureusement, il existe des moyens efficaces et peu coûteux pour assurer la promotion de votre produit ou de votre service.

- Utilisez au maximum la technique du bouche à oreille
  - Vos meilleurs agents en ce sens sont vos clients. S'ils sont satisfaits, ils ne tarderont pas à parler de vous et de votre produit en bien à leurs amis.
  - Gardez aussi de bons contacts avec les autres entrepreneurs du quartier ou de la région car ils pourraient vous envoyer des clients.

- Soyez alerte et attentif
  - Essayez de déceler les clients susceptibles d'influencer les autres et accordez-leur une attention particulière: ils constitueront un gros maillon de la chaîne pour vous attirer de nouveaux clients. N'oubliez surtout pas que l'entreprise prospère est celle qui réussit à conserver ses clients au fil des années.

- Personnalisez votre service
  - Adoptez un style qui vous soit propre. En toutes occasions, faites sentir à vos clients qu'ils sont importants et ayez une attitude positive envers eux: de bonnes dispositions et un sourire ne coûtent rien et rapportent beaucoup.

- Rendez votre local attrayant de même que vos vitrines
  - Décorez et organisez le tout de façon à ce que vos clients se sentent bien et aient le goût de revenir chez vous.

- Rédigez un article
  - Certains médias écrits tels les journaux locaux ou ceux d'organismes reliés de près ou de loin au produit ou au service que vous offrez pourraient être intéressés à parler de vous. Dressez une liste de ces imprimés, entrez en contact avec le responsable et offrez-lui d'écrire un article qui serait susceptible de l'intéresser...
- Proposez un échange de service
  - Un service en attire un autre: pourquoi ne pas offrir votre produit ou votre service en échange d'annonces publicitaires gratuites dans les médias locaux.
  - Si vous prenez entente avec d'autres compagnies ou magasins, vous pourrez vous échanger des services de publicité. Par exemple, les dépliants de votre club de voile pourraient être remis à un détaillant d'embarcation nautique. En échange, offrez-lui d'afficher sur votre site.
- Soyez présent et actif
  - Fréquentez les Chambres de commerce, les associations d'affaires locales, etc.

D'autres petits trucs

- Avant de faire quoi que ce soit, choisissez entre un objectif à court ou à long terme, fixez-vous un but et identifiez votre public, surtout si vous avez à préparer une annonce ou un message.
- Pour distribuer votre dépliant d'information, associez-vous à des services de livraison.
- Dès que vous avez un moment libre, servez-vous du téléphone pour vous faire connaître.
- Faites-vous faire une carte d'affaires: elle constitue une excellente forme de promotion.
- Les dépliants ou les simples feuillets sont une autre bonne forme de promotion. Il suffit quelquefois simplement d'un peu d'originalité ou de quelqu'un ayant une écriture attrayante pour pouvoir produire un document qu'il ne vous restera plus qu'à photocopier et à distribuer.

Votre message

- Le message qui est destiné à vos clients doit véhiculer les bienfaits de votre produit ou de votre service et être conçu selon le point de vue du client et non selon le vôtre. Soyez empathique!

- Démontrez bien les avantages que procure votre produit et les besoins qu'il satisfait: c'est la raison d'être de votre message ou de votre slogan.
  Exemples:
  «Notre service de livraison vous fera gagner du temps»
  «Chez nous, qualité et bas prix vont de pair»

- Connaissez bien votre marchandise pour pouvoir la décrire à vos clients dans un langage simple.

- Soyez concis: dites l'essentiel en peu de mots.

- Impliquez votre client dans le message en utilisant le mot clé «vous».

- Mentionnez souvent votre nom dans votre message.

Évitez surtout...

- les annonces trop savantes;
- les grands mots;
- les généralités;
- les exagérations;
- d'oublier de mentionner votre nom et votre adresse.

Votre programme publicitaire

La publicité et la promotion sont des outils pour vous aider à atteindre vos objectifs. Si ces derniers sont bien déterminés, vous pourrez décider sur quoi axer votre publicité et préparer votre stratégie publicitaire, c'est-à-dire établir un plan d'action en matière de publicité et de promotion. Voici quelques-uns des rôles d'un programme publicitaire à long terme (1 an):

- il vous donne une vue d'ensemble de vos activités;

- au niveau budgétaire, il permet de prévoir les dépenses et de les contrôler;

- il fait éviter des dépenses souvent inutiles;

- il permet de faire le lien entre la publicité et les objectifs de marketing;
- il prévoit les événements importants.

Pour bien établir un programme publicitaire, il importe premièrement de définir clairement vos objectifs: règle essentielle, ils doivent être réalisables. Ensuite, votre programme doit répondre aux questions: quoi offrir, à qui, quand, pourquoi, où et comment? Pour être efficace, il doit être établi en fonction de l'ensemble des activités de votre entreprise, car il en fait partie intégrante. Essayez d'imaginer une série de moyens simples et peu coûteux pour informer les gens sur votre affaire. Ce n'est pas nécessairement la publicité la plus dispendieuse et la plus sophistiquée qui est la plus efficace.

Combien investir pour la publicité?

Combien d'argent devez-vous consacrer à la publicité par rapport au volume des ventes que vous visez au cours des douze prochains mois d'opération? À priori, nul ne peut le dire car il existe beaucoup trop de circonstances particulières qui entrent en ligne de compte: marché cible difficile à atteindre, nécessité de répéter un message qui n'a pas été perçu, etc. Statistique Canada possède des tableaux (entrées-sorties) qui indiquent les pourcentages de publicité par rapport aux ventes: ils vont de moins de 1 % à plus de 5 %. De plus, quel que soit le potentiel de vente que vous avez fixé, il est possible d'obtenir des statistiques de sources diverses vous permettant de cerner votre clientèle. Consultez-les... mais, en tout temps, visez l'optimum pour votre programme publicitaire. Vous trouverez les coordonnées de Statistique Canada à l'annexe II.

Voici quelques facteurs à considérer pour préparer votre programme publicitaire:

- afin d'éviter des dépenses publicitaires inutiles, établissez votre programme sur une période d'un an;
- planifiez surtout en fonction des objectifs futurs de votre entreprise;

- si votre entreprise est située dans un centre fort achalandé, la publicité des commerces environnants vous fera épargner sur votre propre publicité;
- une entreprise visant un vaste secteur commercial nécessite une publicité plus importante qu'une autre qui s'adresse à des clients locaux;
- vous devrez investir davantage en publicité si vos produits ou vos services sont saisonniers ou d'avant-garde.

Si vous achetez une entreprise existante, étudiez les résultats de l'année précédant l'achat, les prévisions de l'an à venir et la situation financière actuelle afin de juger combien vous pouvez investir au cours des prochains mois. La publicité est vraiment un investissement car si votre planification est bonne, vos ventes et vos bénéfices augmenteront.

Par quels biais diffuser la publicité?

Ici, votre étude de marché vous servira grandement. Vous avez déjà identifié vos clients éventuels; tâchez de savoir ce qu'ils lisent, écoutent ou regardent. Bâtissez votre message et orientez votre publicité en conséquence. Choisissez le média approprié et le moment opportun. Que vous optiez pour un ou plusieurs médias, vous devez être certain d'atteindre votre public cible. Les grands médias vous fourniront une foule de renseignements sur les cotes d'écoute, les gens qu'ils atteignent et l'efficacité du matériel publicitaire.

Voici quelques-uns des médias où vous pouvez diffuser votre publicité:

- journaux;
- radio;
- télévision;
- publicité extérieure (panneaux-réclame);
- journaux locaux;
- journaux en langue étrangère;
- pages jaunes;
- publicité postale;

- prospectus (imprimés publicitaires de 4 pages ou plus);
- magazines;
- publications;
- publicité dans les transports publics;
- enseignes.

Pour en connaître davantage, consultez le *Canadian Advertising Rates and Data (CARD)*. Ce guide mensuel répertorie différents médias publicitaires mis à la disposition des annonceurs. On peut se procurer cette publication mensuelle au coût de 63 $ la copie ou de 172 $ par année, à l'adresse suivante:

Maclean Hunter limitée
1001, boulevard De Maisonneuve Ouest
Bureau 1000
Montréal (Québec)
H3A 3E1
Tél.: (514) 845-5141

Certaines bibliothèques sont abonnées au *CARD*. Vérifiez donc, vous pourriez bénéficier d'un service de consultation gratuite.

Renseignez-vous aussi sur les événements spéciaux qui se déroulent dans votre secteur et... n'oubliez pas l'anniversaire de votre propre entreprise.

Si vous avez les moyens...

Les grandes entreprises retiennent davantage que les petites les services d'une agence de publicité. Question de moyens...

Cependant, il existe de jeunes agences de publicité, peu connues, qui peuvent élaborer des campagnes de publicité assez exceptionnelles pour un montant abordable.

Il s'agit de visiter quelques agences avant d'arrêter son choix. Voyez le travail qu'on y réalise, parlez aux concepteurs avec lesquels éventuellement vous auriez à travailler, etc.

Une fois votre choix arrêté, faites confiance à votre agence. En fonction de votre budget et de votre étude de marché, on vous fera différentes suggestions. Établissez des liens avec les gens qui y travaillent: vous choisissez une agence pour en faire votre partenaire.

En cas de panne sèche, on peut vous aider...

Évidemment, vous ne pouvez tout prévoir lors d'une première expérience dans la mise en place d'une stratégie de marketing adéquate. Heureusement, certains organismes peuvent vous dépanner:

- les conseillers en développement industriel des directions du ministère de l'Industrie et du Commerce du Québec (voir l'annexe I);
- la Banque fédérale de développement, par le biais de son groupe-conseil CASE (voir l'annexe II);
- les cabinets des universités qui offrent un service de gestion-conseils (voir l'annexe V).

Certains documents peuvent aussi vous aider:

- Le Centre de recherche industrielle du Québec (CRIQ) publie le *Répertoire d'études économiques et commerciales* que vous pouvez vous procurer au coût de 35 $. Ce document peut vous être utile pour identifier les études de marché déjà réalisées au Québec entre 1982 et 1985, et pour repérer des conseillers qui possèdent l'expertise dans différents secteurs industriels et économiques. Écrivez au CRIQ à Québec: vous trouverez les coordonnées de cet organisme à l'annexe I.

- Paul Dell'Aniello et Yvon G. Perreault ont publié un recueil intitulé *Documentation gratuite et disponible au Québec: lancement et gestion d'une petite entreprise* édité par le Programme formation de l'homme d'affaires PME inc. On y inventorie toute la documentation gratuite offerte par divers organismes publics et privés qui oeuvrent dans le secteur de la PME au Québec.

Parmi la documentation gratuite que vous pouvez vous procurer en certains endroits, il y a:

- Banque fédérale de développement
  Série «Votre affaire, c'est notre affaire», volumes 1, 2, 3 (disponible dans toutes les succursales);

- Banque royale du Canada
  Série «Vos affaires», spécialement la brochure *Le marketing*, disponible gratuitement pour les membres et au coût de 1 $ la brochure pour les non-membres, dans toutes les succursales de la Banque royale du Canada;

  Banque de Montréal
  Série «Guide pratique de la petite entreprise», qui comprend 7 brochures.

Banque de Montréal	Banque de Montréal
800, place D'Youville	Département du marketing
Québec (Québec)	Affaires commerciales
G1R 3P4	105, rue Saint-Jacques
Tél.: (418) 692-1850	5e étage
	H2Y 3S8
	Tél.: (514) 877-7487

D'autres types de brochures peuvent également être disponibles à ces endroits. Informez-vous.

Si vous désirez en savoir plus long sur le marketing et sur l'étude de marché, adressez-vous aux universités et aux cégeps de votre région pour connaître la liste des cours dispensés dans le domaine de l'administration.

N'oubliez pas de consulter le chapitre 14 afin de compléter cette section.

Liste de contrôle

	oui	non

Le marché

Avez-vous identifié votre clientèle? ☐ ☐

Connaissez-vous les besoins de vos clients? ☐ ☐

Avez-vous dressé la liste de vos concurrents? ☐ ☐

Connaissez-vous leur part de marché? ☐ ☐

Le produit ou le service

Savez-vous ce que vous désirez vendre ou offrir précisément? ☐ ☐

Connaissez-vous les caractéristiques et les avantages de votre produit ou service? ☐ ☐

Y a-t-il une demande suffisante pour ce produit ou ce service? ☐ ☐

À quels besoins de la clientèle répond-il? ☐ ☐

Offrirez-vous une garantie? ☐ ☐

Offrirez-vous un service après-vente? ☐ ☐

Avez-vous déterminé de quelle façon votre produit sera présenté? ☐ ☐

Devrez-vous le stocker? ☐ ☐

Le prix

Savez-vous quel prix votre clientèle paie actuellement ou est prête à payer pour un produit ou service similaire au vôtre? ☐ ☐

Avez-vous calculé le prix que vous devrez réclamer pour récupérer votre prix de revient plus un profit convenable? ☐ ☐

Devrez-vous vous en tenir au prix suggéré par le fabricant? ☐ ☐

Avez-vous déterminé si vous exigerez un prix pair ou un prix impair? ☐ ☐

Accorderez-vous des escomptes sur la quantité à vos clients? ☐ ☐

	oui	non
Devrez-vous accorder des rabais en espèces, des ristournes?	☐	☐
Avez-vous déterminé une politique de paiement?	☐	☐

La place d'affaires

Avez-vous envisagé plus d'un emplacement?	☐	☐

Pour chacun d'eux

Avez-vous considéré les facilités d'accès?	☐	☐
Avez-vous évalué les avantages et inconvénients du local?	☐	☐
Connaissez-vous les exigences de l'environnement?	☐	☐
Y a-t-il suffisamment de main-d'oeuvre disponible?	☐	☐
Connaissez-vous les services inclus dans la location?	☐	☐
Avez-vous considéré les frais de location?	☐	☐
Devrez-vous faire des rénovations?	☐	☐
Votre entreprise s'insèrera-t-elle bien dans le secteur environnant?	☐	☐

La promotion

Avez-vous fixé les objectifs de votre promotion?	☐	☐
Avez-vous identifié votre public cible?	☐	☐
Avez-vous préparé un plan de communication?	☐	☐
Avez-vous analysé les formes possibles de publicité à la lumière de vos besoins?	☐	☐
Avez-vous déterminé combien d'argent vous êtes prêt à investir pour votre publicité?	☐	☐

Didacticiel:
pour que les enfants aient leurs logiciels

Micheline Labelle, directrice et fondatrice de la garderie Mademoiselle Merveille, à Sainte-Foy, a su répondre à une clientèle bien spécifique en créant des logiciels pour les enfants de niveau préscolaire.

Pour intégrer l'ordinateur au processus d'apprentissage des tout-petits, Micheline Labelle avait besoin de programmes informatiques qui n'existaient pas sur le marché. Elle a donc formé une équipe: programmeurs, illustrateurs, auteurs-compositeurs et pédagogues. Au total, 14 personnes ont travaillé à la réalisation de ce projet. Aujourd'hui, 13 thèmes différents représentant 130 jeux font partie de la production régulière. De plus, cinq autres logiciels sont en préparation: quatre pour le ministère des Communications et un pour le ministère de l'Éducation de l'Ontario.

En juin 1984, Micheline Labelle fonde sa compagnie: Didacticiel International et Laboratoire MLL inc. L'absence de tels logiciels sur le marché extérieur lui met un plan en tête: elle compte diffuser son invention au niveau international. Le processus entre en action: dans certains pays, on effectue des études de marché; avec d'autres, on transige au niveau des droits d'auteurs. L'Espagne, l'Italie, l'Allemagne, la Suisse allemande, Israël et le Japon sont tour à tour approchés.

Micheline Labelle voit également à la promotion de son produit: deux vidéos ont été réalisées pour faire connaître ses logiciels. De plus, au cours de l'année 1985, elle a prononcé une série de conférences portant sur «l'informatique pour les enfants de 2 à 8 ans», au cours desquelles elle a présenté ses créations. Son objectif: vendre 50 000 exemplaires de son produit aux États-Unis et en Europe d'ici deux ans.

L'invention de Micheline Labelle n'est certes pas passée inaperçue au Québec. Au mois d'octobre 1984, elle s'est vue décerner le titre d'excellence 1984 par l'Association des femmes de carrière de la ville de Québec. Et son voyage dans le monde des affaires ne semble pas s'arrêter là car elle ajoute: «Je ne suis pas au bout de mes projets!»

Source: revue *Entreprise*, juillet 1985.

Chapitre 7
L'administration en deux temps: comptabilité et gestion financière

La comptabilité: la langue des affaires

Et bien oui, si vous voulez être au courant de l'état de santé de votre entreprise d'une manière continue et savoir, dans les situations de décisions, **comment** réagir et **où** intervenir, il vous faut apprendre une nouvelle langue, celle de la comptabilité.

Les chapitres précédents ont souvent abordé le problème de la faillite occasionnée, dans la majorité des cas, par une gestion défaillante. Pour éviter cette erreur, une tenue de livres adéquate et **quotidienne** vous placera dans un droit chemin:

* vous pourrez contrôler efficacement votre entreprise;
* vous pourrez connaître sa véritable position financière;
* vous serez au courant de ses activités;
* vous serez en mesure d'agir adéquatement au premier signal de détresse.

Un bon conseil: si vous n'êtes pas préparé à investir quotidiennement de votre temps pour la tenue de vos registres, songez-y sérieusement avant de lancer votre entreprise! Par contre, si vous êtes prêt à consacrer quelques heures additionnelles pour maintenir vos livres à jour, ce travail deviendra rentable de lui-même, et vous en serez le gagnant. En partant du principe que votre objectif premier est de réaliser des bénéfices, vous ne pouvez faire fi de cette étape importante.

Ce chapitre n'a pas comme but de vous montrer comment tenir vos livres, mais il vous donnera les connaissances de base suffisantes pour discuter avec votre comptable.

Soyez exigeant envers vous-même: ayez une bonne tenue... de livres!

Qu'est-ce que la tenue de livres?
C'est le procédé par lequel on inscrit et classifie chaque opération touchant l'entreprise. Ces opérations sont inscrites d'une façon

ordonnée et exprimées en termes d'argent dans les livres comptables ou registres.

«Mais, direz-vous, pourquoi tenir des livres?» Parce que toute personne qui exploite une entreprise au Canada est obligée, selon la loi, de tenir des registres et des livres de comptes aux fins de l'impôt. De plus, comme il a été mentionné un peu plus haut, c'est aussi dans votre propre intérêt.

Les registres que vous tiendrez devront être permanents et constituer un état systématique de votre revenu d'entreprise et de vos dépenses d'exploitation. Ils doivent être conservés au Canada, à votre lieu d'affaires ou à votre résidence.

Le genre et le nombre de registres requis dépend du type d'entreprise. Par exemple, si vous exploitez une entreprise de services, le registre des inventaires ne vous sera pas utile.
Règle générale, ne tenez pas un registre à moins que les réponses à ces questions en fassent ressortir l'évidente utilité.

- Comment vais-je utiliser ce registre?
- Quelle est son importance et quelle information me fournira-t-il?

- Cette information pourrait-elle me provenir d'ailleurs sous une forme tout aussi accessible?

Une autre façon de vous guider est sans aucun doute de consulter votre comptable. Avec lui, vous pourrez déterminer les livres comptables appropriés et il pourra même vous indiquer comment les tenir à jour. De plus, un cours de comptabilité pourrait vous servir grandement: c'est à vous de juger si vous disposez du temps et de l'énergie pour le suivre.

La panoplie des livres comptables

Les livres comptables sont divisés en deux catégories: les journaux et le grand livre.

Les journaux

Les journaux sont les livres comptables dans lesquels on inscrit les opérations au moment où elles se produisent. Plus l'entreprise est de grande envergure, plus les journaux sont nombreux. Voici les principaux journaux qu'on retrouve habituellement dans une PME.

Journal des achats:
on y inscrit les produits ou services **achetés**

Journal des ventes:
on y inscrit les produits ou services **vendus**

Journal de caisse-recettes:
on y inscrit les chèques ou l'argent **reçus**

Journal de caisse-déboursés:
on y inscrit les chèques **émis**

ou

«Système de comptabilité à livre unique» (caisse synoptique): pour les petites entreprises, ce système de comptabilité est généralement utilisé. Il permet de regrouper en un seul livre ces quatre journaux auxiliaires.

Journal des salaires:
on y inscrit les rémunérations, salaires et déductions.

Comme chacun de ces journaux a une fonction très spécifique, on prévoit souvent un journal supplémentaire, appelé «journal général», qui constitue un genre de fourre-tout pour les opérations qu'on ne peut rattacher à un journal déterminé.

Le journal général sert à inscrire trois types d'opérations:

- les corrections et les erreurs qui peuvent se produire dans toute tenue de livres;
- les écritures de fermeture à la fin de l'exercice financier;

- certaines écritures en relation avec le lancement d'une entreprise tels l'achalandage, les brevets ou les droits d'auteur.

Les deux principales fonctions des journaux sont les suivantes:

- fournir un rapport complet et quotidien des opérations d'une même catégorie;
- permettre de savoir périodiquement (généralement chaque mois) les résultats de ces opérations quotidiennes, afin de les reporter au grand livre.

Pour vous éviter des ennuis, les écritures touchant les opérations effectuées au cours d'une journée devraient être inscrites le jour même ou au plus tard, le lendemain matin.

Le grand livre

Le grand livre est très important pour une entreprise: il constitue le document de base à partir duquel tous les systèmes de comptabilité sont établis.

Habituellement le dernier jour de chaque mois, on reporte les écritures des journaux au grand livre. C'est à partir de ce registre que le comptable pourra préparer les états financiers qui doivent être déposés auprès des gouvernements chaque année.

Les états financiers

Les deux états financiers les plus courants sont:

- le bilan;
- l'état des résultats.

Le bilan est en quelque sorte le miroir de ce que l'entreprise possède ou de ce qui lui est dû (actif), de ce qu'elle doit (passif) et de l'avoir des propriétaires (capital). Dans un bilan, l'actif égale **toujours** le total du passif incluant le capital.

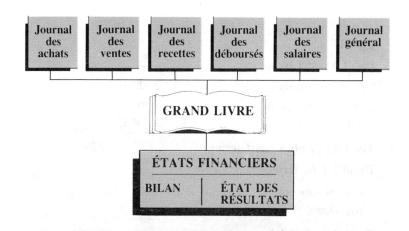

| Journal des achats | Journal des ventes | Journal des recettes | Journal des déboursés | Journal des salaires | Journal général |

GRAND LIVRE

ÉTATS FINANCIERS

| BILAN | ÉTAT DES RÉSULTATS |

Entreprise Fictive inc.
BILAN
au 31 décembre 1985

ACTIF

Actif à court terme

Encaisse	1 904 $	
Dépôts à court terme	3 920	
Comptes à recevoir	4 480	
Stocks	6 160	
Total de l'actif à court terme		16 464 $

Actif à long terme

Immobilisations (valeur nette)[1]		
Terrain	9 000	
Bâtiment	11 840	
Matériel et outillage	4 900	
Mobilier et accessoires	5 116	
Véhicule	4 200	
Total de l'actif à long terme		35 056 $
Total de l'actif		**51 520 $**

1. Voir note annexée aux états financiers à la page suivante.

PASSIF

Passif à court terme

Comptes — fournisseurs	3 920 $	
Frais courus à payer	960	
Billet à payer	2 400 $	

Total du passif à court terme   7 280 $

Passif à long terme

Emprunt bancaire	5 600	
Hypothèque	15 120	

Total du passif à long terme   20 720 $

Avoir du propriétaire

Solde au 1er janvier 1985	20 160	
Plus le bénéfice net	19 040	
(Moins si c'est une perte nette)	39 200	
Moins retraits du propriétaire	(15 680)	

**Avoir du propriétaire au
31 décembre 1985**   23 520 $

**Total du passif et de l'avoir
du propriétaire**   51 520 $

Entreprise Fictive inc.
NOTE AUX ÉTATS FINANCIERS
Immobilisations

	Coût d'acquisition		Amortissement accumulé		Valeur nette
Bâtiment	15 000	−	3 160	=	11 840
Matériel et outillage	6 000	−	1 100	=	4 900
Mobilier et accessoires	7 000	−	1 884	=	5 116
Véhicule	6 000	−	1 800	=	4 200
Terrain	9 000	−	—	=	9 000
	43 000 $		7 944 $		35 056 $

Voyons les composantes du **bilan:**

l'actif à court terme regroupe tout ce qui peut être converti en argent liquide en moins d'un an et, évidemment, l'argent comptant; par exemple, les comptes à recevoir qui seront réglés et les stocks qui seront vendus au cours de l'année font partie de l'actif à court terme;

l'actif à long terme, c'est tout ce qui est nécessaire pour vendre votre produit ou votre service comme le terrain, les bâtiments, les véhicules, le mobilier, l'outillage, etc.; ce sont des biens que vous ne vendez pas dans le cours normal de vos affaires;

le passif à court terme représente toutes les dettes qui doivent être payées en moins d'un an; elles vont de ce vous devez à vos fournisseurs aux salaires de vos employés, aux billets à court terme à rembourser (ex.: à la banque) et jusqu'aux impôts à payer;

le passif à long terme est, à l'inverse du court terme, les dettes qui doivent être remboursées dans plus d'un an, par exemple vos hypothèques ou vos prêts bancaires à long terme;

l'avoir du propriétaire est constitué de l'investissement initial des propriétaires (ex.: argent, meubles, immeubles) + les bénéfices générés par l'entreprise (ou moins les pertes de l'entreprise), moins les retraits des propriétaires (ex.: argent, biens).

Investissement des propriétaires + bénéfices (ou moins pertes) − retraits des propriétaires

_____

avoir des propriétaires

En résumé, un bilan est un sommaire de la situation financière d'une entreprise à un moment précis. Constitué annuellement et révisé mensuellement, il représente un outil de gestion très efficace.

L'état des résultats a plusieurs synonymes:

- état des revenus et dépenses;
- état des bénéfices;
- état des profits et pertes;
- état des résultats d'exploitation.

Qu'est-ce que l'état des résultats et à quoi sert-il?

C'est le résumé des activités d'une compagnie pour une période de temps déterminée. Il sert à évaluer le rendement de l'entreprise en comparant les revenus d'exploitation obtenus par les ventes avec les dépenses d'exploitation encourues pour réaliser ces ventes. Le résultat se traduit par un bénéfice net ou une perte nette.

L'état des résultats est relié au bilan par le fait que le bénéfice net ou la perte nette réalisé au cours de la période influe sur l'avoir des propriétaires.

Le bilan et l'état des résultats sont très utiles pour évaluer les activités de votre entreprise, suivre votre budget et planifier l'avenir. Et pour établir ces états financiers, il est indispensable d'avoir une bonne tenue de livres. Tout est relié.

Voici, graphiquement, les principaux registres énumérés qui constituent la comptabilité d'une entreprise.

Entreprise Fictive inc.
ÉTAT DES RÉSULTATS
pour l'exercice terminé le 31 décembre 1985

Revenus d'exploitation: ventes		140 000 $
Moins: Coût des marchandises vendues[2]		93 520
Bénéfice brut		**46 480 $**
Moins dépenses d'exploitation:		
Salaires et contributions d'employeur	14 800 $	
Amortissement	7 944	
Intérêts sur hypothèque	925	
Assurances	784	
Honoraires professionnels	520	
Publicité	500	
Intérêts bancaires (prêt à long terme)	560	
Fournitures de bureau	425	
Divers	982	
Total des dépenses d'exploitation		27 440 $
Bénéfice net avant impôts		**19 040 $**

---

2. Le coût des marchandises vendues comprend généralement le coût des salaires imputables à la production ainsi que le coût des matières premières.

Une méthode de comptabilité à votre mesure

Il existe deux méthodes de comptabilité:

- comptabilité d'exercice;
- comptabilité de caisse.

Toutefois, seuls les agriculteurs et les pêcheurs peuvent choisir entre ces deux méthodes: tous les autres types d'entrepreneurs doivent déclarer leurs revenus selon la méthode de comptabilité d'exercice.

Comptabilité d'exercice

Selon la méthode de comptabilité d'exercice, les revenus sont déclarés dans l'année où ils sont gagnés, même s'ils sont reçus au cours d'une année d'imposition ultérieure. Quant aux dépenses admissibles, elles sont déductibles l'année où elles sont engagées, qu'elles soient acquittées ou non cette année-là.

Comptabilité de caisse

Cette méthode ne peut être utilisée que par les agriculteurs et les pêcheurs. Le revenu comprend toutes les sommes effectivement reçues durant l'année, que ce soit en espèces, en biens ou en services. Quant aux dépenses, elles sont déduites l'année où elles sont réellement payées.

Peu importe la méthode de comptabilité, tous les registres doivent être tenus de façon permanente et précise: des généralités ou des montants approximatifs ne suffisent pas. Dans certains cas, les vérificateurs de Revenu Québec ou de Revenu Canada pourraient demander que vous produisiez une déclaration écrite, vous engageant ainsi à tenir vos livres de la façon exigée. Alors, aussi bien partir du bon pied!

Registres et comptabilité... pour faire quoi au juste?

Pour inscrire:

- vos revenus;
- vos dépenses;
- votre inventaire.

Mais avant de décortiquer ces éléments, il importe de voir le vocabulaire de base de la comptabilité. Le but n'est pas d'en expliquer les principes de fond en comble — puisque vous ne serez peut-être jamais tenu d'apprendre ces détails - mais plutôt de vous informer de certaines notions qui vous rendront plus familier avec la langue des affaires. Lorsque vous rencontrerez votre comptable, le monde de la comptabilité vous semblera moins grand.

Quelle est la différence entre «actif, passif et capital»?

L'actif, c'est en fait tout ce que l'entreprise possède:
encaisse, comptes débiteurs (à recevoir), terrain, immeuble(s), équipement(s).

Le passif, c'est ce que l'entreprise doit:
emprunts bancaires, comptes créditeurs (à payer), emprunts hypothécaires, impôts non payés.

Le capital est synonyme de «avoir du propriétaire»:
cela comprend l'investissement initial des propriétaires (ex.: argent, meubles, immeubles), plus les bénéfices de l'entreprise, moins les retraits des propriétaires.

Il existe une équation en comptabilité sur laquelle tous les systèmes de comptabilité sont basés:

$$\text{ACTIF} = \text{PASSIF} + \text{CAPITAL}$$

Le bilan des pages 163 et 164 montre très bien que le total de l'actif (51 520 $) est égal au total du passif et de l'avoir du propriétaire (51 520 $).

Comment enregistrer les transactions?

Une des premières règles en comptabilité est que chaque transaction doit être enregistrée et comptabilisée. La méthode de «comptabilité en partie double» est le système selon lequel chaque opération donne lieu à une double inscription: une au débit et l'autre au crédit.

C'est ainsi que lorsque le total du débit égale le total du crédit, les comptes sont toujours en équilibre. Lorsqu'ils ne sont pas en équilibre, le comptable sait alors qu'une erreur s'est glissée et il doit la déceler à partir des livres comptables. En langage courant, on dit que les livres doivent balancer.

La comptabilité en partie double, c'est donc une méthode pour s'assurer qu'aucune erreur n'a été commise et que chaque transaction a été enregistrée.

Revenons maintenant aux inscriptions...

Vos revenus d'exploitation

Le montant et la date de tout revenu reçu ou gagné doivent être inscrits aux registres, indépendamment de sa provenance et de sa nature.

Chacun des revenus inscrits doit être appuyé de documents originaux: factures de vente, rubans de caisse enregistreuse, reçus, états d'honoraires, contrats. Conservez ces pièces par ordre chronologique afin qu'elles soient disponibles pour les agents de Revenu Québec et de Revenu Canada s'ils en font la demande.

Vos dépenses d'exploitation

Chaque jour, les dépenses doivent être inscrites dans les registres appropriés avec la date, le mode de paiement (comptant, chèque, etc.), le nom du bénéficiaire du paiement ainsi que la nature de la dépense.

Comme pour les revenus, tout ce qui constitue les dépenses doit être appuyé de pièces justificatives: factures, reçus, feuilles de compte d'inventaire, chèques payés et autres documents.

Sont incluses dans les dépenses les contributions au Régime d'assurance-maladie du Québec, au Régime des rentes du Québec et les contributions d'assurance-chômage de l'employeur.

Votre inventaire

L'inventaire, c'est la liste des matières premières (pour une entreprise manufacturière), des fournitures et des biens conservés en vue de les vendre. On peut dresser l'inventaire:

- en évaluant chaque article selon le moindre des prix coûtants ou selon la juste valeur marchande à la fin de l'année;

— ou —

- en évaluant le stock complet à son prix coûtant à la fin de l'année;

— ou —

- en évaluant le stock complet à sa juste valeur marchande à la fin de l'année.

Que signifie l'expression «prix coûtant»? Le prix coûtant d'une marchandise inclut tout ce qu'il en coûte pour offrir le produit à la clientèle (coût du bien, frais de transport, assurances, etc.).

L'expression «juste valeur marchande» désigne le coût de remplacement, c'est-à-dire le prix qu'il faudrait payer pour remplacer l'article ou la marchandise si vous deviez l'acheter le dernier jour de votre exercice financier.

Lorsqu'on dresse l'inventaire, il faut faire le compte de tous les articles possédés, quel que soit l'endroit où ils sont conservés. Chaque entreprise peut avoir une méthode spéciale d'évaluation en raison des particularités propres à son stock.

Jusqu'à quand devez-vous conserver vos registres?

Six ans après la dernière année d'imposition à laquelle ils se rapportent ou, dans les cas spéciaux, six ans après la date à laquelle la déclaration a été produite.

Après ce délai, les registres peuvent être détruits, mais à deux conditions:

- qu'il n'y ait pas d'avis d'opposition en suspens au dossier;

- que les déclarations d'impôt relatives à l'entreprise aient toujours été produites à temps.

Toutefois, certains documents doivent être conservés indéfiniment:

- feuilles du grand livre;
- contrats et accords spéciaux;
- journal général (au provincial).

Un système qui répond à vos besoins

La méthode de tenue de livres est en fait assez compliquée et, à moins d'avoir de grandes connaissances, il vous sera difficile d'établir vos comptes.

Votre comptable est certainement la personne la mieux placée pour créer un système qui répond à vos besoins. Ce que vous paierez d'honoraires pour mettre sur pied votre système deviendra une économie à long terme. Alors, au lieu de vous retrouver avec des comptes à réorganiser plus tard — ce qui est bien possible si vous voulez le faire vous-même — confiez dès le départ ce mandat à un expert.

Non seulement votre comptable sera en mesure de créer votre propre système de comptabilité, mais il pourra aussi vous assurer qu'il répondra aux exigences gouvernementales et autres auxquelles vous serez tenu de vous conformer. Il pourra même y incorporer des contrôles qui vous protégeront contre des pertes monétaires et matérielles.

N'oubliez pas que vous pouvez envisager un système de comptabilité qui va du simple registre au système comptable informatisé plus ou moins complexe.

Il existe d'excellents systèmes d'informatique conçus pour les petites et moyennes entreprises, et leur coût peut même être très raisonnable. Retenez donc que l'informatique pourrait devenir un de vos associés...

Gestion, gestion...
Dis-moi si je vais réussir

Il a été dit et vous le lisez encore: la majorité des causes de faillite des entreprises sont attribuables à une mauvaise gestion et à un manque d'expérience chez les dirigeants. C'est donc dire qu'il ne suffit pas d'avoir de la motivation, d'obtenir du financement ou de passer 75 à 80 heures par semaine à travailler pour garantir votre succès. Toutes les facettes de votre entreprise doivent bénéficier d'une bonne gestion.

La gestion, contrairement à ce que l'on pense, ne relève pas uniquement du domaine monétaire. En fait, outre la gestion financière, dont le champ d'application est vaste, le gestionnaire averti doit également s'attarder à:

• la gestion des stocks;

• la gestion du temps;

• la gestion des dossiers;

• la gestion du personnel et enfin, à la gestion de sa propre vie!

Il ne sera question ici que de la gestion financière et des stocks. Les autres points seront abordés au chapitre 11.

Mais comment s'applique la gestion?

Principalement en planifiant, en faisant des prévisions, en contrôlant et en se réajustant. Planifier est une des obligations fondamentales de l'entrepreneur. Sans éliminer complètement le problème de la faillite, les prévisions peuvent réduire le nombre des inconnues et des risques qui viennent trop souvent frapper à la porte des nouvelles entreprises.

Dans les pages qui précèdent, il a été question de l'état des résultats et du bilan. Ces deux états financiers plus le budget d'encaisse, l'analyse du seuil de rentabilité, l'état des bénéfices non répartis de même que certains ratios qui seront abordés dans ce chapitre vous serviront pour votre gestion financière. Comme les activités d'une entreprise sont toujours en mouvement, il faut tenir pour acquis que vous devrez réviser vos principaux états financiers plusieurs fois au cours de la vie de votre entreprise.

Il est préférable de vous référer à votre comptable pour dresser votre système de contrôle de gestion. Il vous aidera à mettre en place un système adéquat qui tient compte des particularités de votre entreprise et de vous-même.

Assurez-vous que votre système:

- vous en donne pour votre argent;
- vous permet d'identifier facilement les «bobos financiers» de votre entreprise;
- est facile à utiliser.

À travers les différentes fonctions de votre entreprise tels le marketing, le personnel, la production ou les finances, ce système de contrôle devra vous permettre d'étudier quatre points majeurs.

1. La quantité:

- le nombre d'employés;
- de clients;
- de marchandises en stock;
- etc.

2. La qualité:

- des produits ou services offerts;
- des relations avec le personnel;
- des relations avec les clients;
- etc.

3. L'argent:

- le montant des dépenses:
- des revenus;
- etc.

4. Le temps:

- de production;
- la durée et la fréquence d'un événement;
- d'attente pour les services;
- etc.

Une analyse de ces points ne peut se faire sans l'application d'un processus de contrôle structuré. Voici les principales étapes que vous devrez suivre:

- analyser la situation;
- établir des objectifs;
- élaborer un plan d'action pour atteindre ces objectifs;
- comparer la situation réelle à celle prévue;

- interpréter la signification des différences observées;
- décider des mesures correctives.

Ces étapes peuvent sembler de prime abord très techniques ou encore très élaborées. Mais dans le feu de l'action, vous verrez qu'elles vous serviront grandement et vous apprendrez graduellement à travailler avec elles.

Fixez-vous des objectifs bien définis

Il est important que vos objectifs soient correctement définis. Pour qu'il en soit ainsi, chacun d'eux doit répondre à sept critères précis;

1. **Résultat spécifique**
   Votre objectif doit décrire un résultat spécifique et non pas une activité quelconque.

2. **Mesurable**
   Vous devez être capable d'évaluer votre objectif, de comparer les résultats obtenus à l'objectif escompté.

3. **Date d'échéance**
   Vous devez déterminer un moment précis où les résultats seront comparés aux objectifs.

4. **Réaliste et réalisable**
   Votre objectif doit tenir compte de vos contraintes organisationnelles, personnelles et de l'environnement; il ne doit pas comporter de risques trop faibles ou trop élevés.

5. **Contrôlable**
   La personne qui a la responsabilité de réaliser cet objectif doit pouvoir le contrôler.

6. **Motivant**
   Il est plus facile de travailler à l'atteinte d'un objectif lorsqu'il est réellement désiré.

7. **Utile et utilisable**
   L'atteinte de votre objectif doit vous servir à quelque chose et répondre véritablement à vos besoins.

La gestion financière
pour contrôler la roue de fortune

En gestion financière, l'une des choses les plus importantes est de savoir interpréter ce que les chiffres indiquent.

La première étape consiste donc à définir des objectifs. Une fois ces objectifs déterminés, vous pourrez décider s'ils sont réalisables et identifier les moyens pour y parvenir.

Pour vous aider à poser des actions en temps opportun, vous devez avoir une vue d'ensemble de vos activités: rendez sur papier — avec l'aide de votre comptable bien sûr - les chiffres qui font état de la situation de votre entreprise, présente et à venir.

Pour calculer le profit espéré à partir des objectifs financiers du volume de vente estimé et des dépenses prévues, vous devrez dresser **l'état prévisionnel des résultats** (prévision des revenus d'exploitation et des dépenses d'exploitation). Cet état financier est identique à l'état des résultats à la différence que les données qu'il contient sont des prévisions et non des données réelles. Notez que ces deux états se complètent car, à la lumière de l'état des résultats, on peut voir si les prévisions de l'état prévisionnel des résultats ont été rencontrées et sinon, déterminer pourquoi. L'état prévisionnel des résultats vous servira pour analyser votre **seuil de rentabilité,** c'est-à-dire pour déterminer le niveau de ventes (ou de production) requis pour atteindre le point où il n'y aura ni profit, ni perte (point mort).

Pour bien gérer votre fonds de roulement, un **bilan** faisant état de votre actif et de votre passif à court terme devient indispensable, de même qu'un **budget de trésorerie** (appelé aussi budget d'encaisse ou cash flow).

Enfin, votre gestion régulière pourra être complétée par le calcul de certains **ratios** qui, comparés dans le temps aux ratios d'autres entreprises du même secteur et aux ratios théoriques idéaux établis pour ce même secteur, offriront une bonne synthèse de la situation financière de votre entreprise et de ses résultats d'exploitation.

Réfléchissez avant de miser...
L'état prévisionnel des résultats (pro forma)

Cet état financier constitue un outil précieux qui donne une idée du montant des profits ou des pertes que votre entreprise subira au cours du prochain exercice financier. L'état prévisionnel des résultats est représenté graphiquement de la même façon qu'un état des résultats.

La préparation d'un état prévisionnel des résultats diffère selon qu'une entreprise existe depuis quelques années ou qu'elle est nouvellement créée. Dites-vous bien que la majorité des entrepreneurs ont recours aux services d'une personne qualifiée en la matière pour préparer leur état prévisionnel des résultats. Toutefois, votre collaboration est indispensable car vous devrez fournir bien des données au comptable. Ce qui suit vous familiarisera avec les éléments de base qui entrent dans la préparation de cet état financier.

Si vous avez acheté une entreprise déjà existante, vous avez l'avantage de pouvoir établir vos prévisions à partir des états financiers antérieurs; il s'agit là d'un bon point de départ.

Par ailleurs, si vous créez une nouvelle entreprise, vous n'avez pas de données de références; il vous faut les constituer. Mais comment?

En analysant à fond:

- votre marché;
- vos prix;
- vos produits ou matériaux;
- votre concurrence;
- vos locaux ou votre emplacement;
- votre personnel;
- vos coûts de production (s'il s'agit d'une entreprise manufacturière);
- vos autres dépenses.

En deux mots, votre étude de marché et votre plan de marketing vous fourniront les éléments nécessaires pour préparer vos prévisions pour la première année d'exploitation.

ÉTAT PRÉVISIONNEL DES RÉSULTATS

Revenus d'exploitation: ventes
Moins: Coût des marchandises vendues
Bénéfice brut

Moins dépenses d'exploitation:

Salaires et contributions d'employeur

Amortissement

Intérêts sur hypothèque

Assurances

Honoraires professionnels

Publicité

Intérêts bancaires (prêt à long terme)

Fournitures de bureau

Divers

Total des dépenses d'exploitation

Bénéfice net avant impôts

À partir des prévisions de ventes établies dans votre état prévisionnel des résultats, vous pourrez faire la gestion de vos achats.

- Quelle quantité aurai-je besoin?
- À quel moment (date précise)?

Tout ça pour vous assurer que vous disposerez d'une quantité suffisante de marchandises pour remplir les commandes de vos clients.

Si vous prévoyez que vos stocks seront plus importants pour le mois X, il vous faudra alors plus de fonds pour financer cette augmentation. En le sachant d'avance, vous pourrez prévenir les pots cassés et rencontrer, si nécessaire, le gérant de votre institution financière pour faire une demande de crédit. Si vous savez interpréter vos chiffres, vous éviterez bien des situations fâcheuses ou même, alarmantes.

Il existe sur le marché deux répertoires qui peuvent vous guider dans vos prévisions:

- *Annual Statement Studies*, publié par Robert Morris et Ass.;
- *Key Business Ratios*. Supplément aux principaux coefficients des entreprises, publié par Dun & Bradstreet Canada ltée.

Ces documents sont disponibles dans la plupart des bibliothèques administratives.

Pour doubler votre mise...
L'analyse du seuil de rentabilité

Le seuil de rentabilité est connu aussi sous l'appellation «point mort». Son analyse permet de déterminer le niveau de vente où votre entreprise ne subira ni profit, ni perte. Il est atteint lorsque les revenus provenant des ventes couvrent les frais fixes et les frais variables.

L'analyse du seuil de rentabilité est un outil de gestion très utilisé par les entrepreneurs. Une bonne façon de le déterminer est de faire un graphique.

Pour le constituer, il faut avant tout connaître la différence entre les frais fixes et les frais variables.

Frais fixes: frais qui ne varient pas en fonction du volume des ventes. Ils comprennent les assurances, les intérêts hypothécaires, l'amortissement, les frais de bureau, les intérêts bancaires sur les prêts à long terme.

Frais variables: frais qui varient en fonction du volume des ventes. Ils incluent le coût des marchandises vendues, la publicité, les livraisons, les frais bancaires ainsi que les frais divers.

Si vous répondez affirmativement à la question suivante: «Est-ce que le montant total dépensé pour ce poste changerait si le volume de mes ventes augmentait?», vous avez affaire à des frais variables, sinon il s'agit de frais fixes. Avant d'entreprendre le calcul du seuil de rentabilité, référez-vous à votre état prévisionnel des résultats (pro forma) pour vous assurer que vous avez pris note de tous les frais.

Maintenant, dessinons des lignes...

Pour établir un graphique de rentabilité, il faut trois éléments:

- **frais fixes** (supposons 15 000 $);
- **ventes** totales à tout niveau de frais;
- **frais variables** (supposons 37 500 $).

1. Premièrement, tracez une ligne horizontale représentant vos frais fixes (15 000 $).

2. Deuxièmement, tirez la ligne des frais variables (37 500 $) à tout niveau des ventes (supposons 50 000 $). Pour l'établir, trouvez le point d'intersection entre, d'une part, la ligne des ventes à 50 000 $ et, d'autre part, l'échelle verticale (l'ordonnée) à 37 500 $. Rejoignez le point 0 à ce point d'intersection.

3. Troisièmement, tracez la ligne des ventes: à 50 000 $ de ventes sur l'échelle horizontale correspond 50 000 $ de revenus sur l'échelle verticale. Tirez une ligne entre ce point et le point 0 du graphique.

4. Quatrièmement, il faut tirer la ligne des frais totaux (frais variables 37 500 $ + frais fixes 15 000 $ = 52 500 $). Trouvez le point d'intersection entre ce 52 500 $ par rapport au 50 000 $ de volume de ventes que nous avons fixé. Comme à ce 52 500 $ a été ajouté le total des frais fixes (15 000 $), la ligne sera tirée entre ce point d'intersection et le point 15 000 $ de l'échelle verticale. Vous constaterez que cette ligne est parallèle à la ligne des frais variables.

Le point commun où se rejoignent la ligne des ventes et celle des frais totaux constitue le seuil de rentabilité. C'est donc, selon cet exemple, lorsque les ventes atteindront 60 000 $ que l'entreprise aura un revenu qui couvrira tous les frais, sans aucun profit.

Graphique du seuil de rentabilité

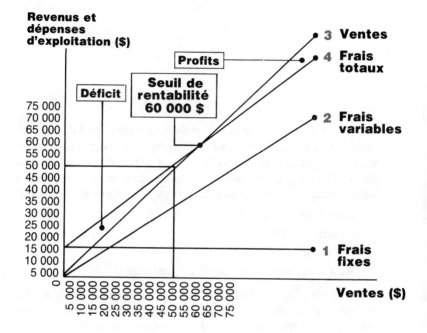

Voici une formule qui permet de vérifier la réponse obtenue.

$$\text{Seuil de rentabilité} = \frac{\text{Frais fixes}}{1 - \text{Frais variables par dollar de vente}}$$

En reprenant nos chiffres...

Frais variables par dollar de vente = Frais variables ÷ ventes
                                      37 500 $ ÷ 50 000 $ = 0,75

$$\frac{\text{Frais fixes (15 000 \$)}}{1 - 0,75} = \frac{15\ 000\ \$}{0,25} = \boxed{60\ 000\ \$}$$

Si vous savez bien l'utiliser, l'analyse de votre seuil de rentabilité pourra vous faire épargner de l'argent ou vous en faire gagner. Si vous croyez pouvoir atteindre le seuil de rentabilité ou le dépasser, vos chances de réussir sont bonnes; dans le cas contraire, il faudra prendre les mesures nécessaires pour parer le coup, soit:

• augmenter vos prix;

• réduire vos frais;

• ou les deux à la fois;

de façon à déplacer votre seuil de rentabilité.

L'utilisation d'un graphique permet aussi de déterminer le niveau de ventes nécessaire pour réaliser un profit donné, ou bien de connaître quel profit sera réalisé à un certain niveau de ventes.

Il peut également servir à calculer les bénéfices nets selon qu'on fixe différents prix et même à prendre des décisions en matière de fixation des prix.

Toutefois, malgré les indices que l'analyse du seuil de rentabilité peut fournir, il ne doit pas constituer le seul élément pour juger de l'efficacité de votre projet. Rappelez-vous que votre étude du marketing de même qu'une gestion financière adéquate contribueront grandement à vous orienter vers la bonne voie.

Le bilan... pour voir clair dans votre jeu

Le bilan est le miroir de la situation financière d'une entreprise à un moment précis, c'est-à-dire:

- ce qu'elle possède ou ce qui lui est dû (actif);
- ce qu'elle doit (passif);
- ce que possède(nt) le ou les propriétaires (avoir du propriétaire).

En gestion financière, le bilan s'avère un outil d'analyse précieux. Il fournit les éléments d'information suivants:

- la solvabilité ou l'insolvabilité de l'entreprise à court terme;
- les engagements à remplir;
- la participation des créanciers au sein de l'entreprise;
- l'investissement des actionnaires ou des propriétaires dans l'entreprise;
- les tendances de l'évolution de la situation financière de l'entreprise.

Le bilan permet, entre autres, de déterminer combien d'argent l'entreprise dispose pour son fonds de roulement, c'est-à-dire la partie de l'actif à court terme «roulant», soit l'encaisse (qui inclut le tiroir-caisse, la petite caisse et les comptes en banque), les stocks et les comptes à recevoir.

Le fonds de roulement représente un excellent baromètre des disponibilités financières d'une entreprise. En théorie, le fonds de roulement c'est:

$$\begin{array}{c} \text{l'actif à court terme} \\ - \text{ le passif à court terme} \\ \hline \text{fonds de roulement} \end{array}$$

Comme la plupart des entreprises ont besoin d'un fonds de roulement excédentaire, l'actif à court terme doit être plus important que le passif à court terme pour permettre de payer les salaires de vos employés, de régler les dettes à court terme lorsqu'elles viennent à échéance et de financer les activités quotidiennes. En se référant au bilan des pages 163 et 164, le total de l'actif à court terme (16 464 $) moins le total du passif à court terme (7 280 $) donne un fonds de roulement de 9 184 $.

En tant que gestionnaire, il vous faudra non seulement établir un bilan à un moment précis mais également dresser un bilan prévisionnel afin de connaître vos besoins en fonds de roulement pour une période X au cours de l'année (voir l'exemple de bilan prévisionnel). Ainsi, si votre bilan prévisionnel laisse anticiper un fonds de roulement déficitaire, peut-être devrez-vous envisager l'augmentation de votre marge de crédit et faire une demande en conséquence auprès de votre institution financière. Bien interprété, le bilan peut vous faire éviter des désastres financiers.

En somme, le fonds de roulement d'une petite entreprise doit permettre une saine gestion. S'il n'est pas suffisant, votre pouvoir d'achat s'en trouvera réduit et votre cote de solvabilité sera touchée puisque vous n'arriverez plus à régler les factures selon les délais consentis par vos fournisseurs.

Règle générale, si aucun de vos comptes à payer n'est en souffrance, votre situation peut être considérée comme bonne.

BILAN PRÉVISIONNEL

ACTIF

Actif à court terme

Encaisse	$
Dépôts à court terme	
Comptes à recevoir	
Stocks	
Total de l'actif à court terme	

Actif à long terme

Immobilisations (valeur nette)

Terrains

Bâtiments

Matériel et outillage

Mobilier et accessoires

Véhicules

Total de l'actif à long terme

Total de l'actif

PASSIF

Passif à court terme

Comptes — fournisseurs

Frais courus à payer

Billets à payer

Total du passif à court terme

Passif à long terme

Emprunts de banque

Hypothèques

Total du passif à long terme

Avoir du propriétaire

Solde au 1er janvier 1985

Plus le bénéfice net

(Moins si c'est une perte nette)

Moins les retraits du propriétaire

Avoir du propriétaire au 31 décembre 1985

Total du passif et de l'avoir du propriétaire

Non seulement le bilan vous aide à mieux gérer le fonds de roulement, mais il est également très utile pour assurer la gestion de l'actif à court terme. En étant propriétaire d'une petite entreprise, vous devrez vous demander quelle part de votre investissement demeurera sous forme d'actif à court terme plutôt que d'immobilisations (long terme). Et pour établir cette proportion, vous devrez connaître les besoins de votre entreprise en termes d'encaisse, de comptes à recevoir et de stocks. Voyons donc ces composantes d'un bilan.

L'encaisse

Comme il a été écrit précédemment, l'encaisse inclut le tiroir-caisse, la petite caisse et les comptes en banque.

Le contrôle régulier de l'encaisse s'effectue ainsi:

• **caisse:** le total indiqué par la caisse enregistreuse et le montant de l'argent encaissé doivent correspondre; les chèques doivent être déposés en banque le plus rapidement possible;

• **petite caisse:** le montant de la petite caisse doit être toujours présent, en argent ou en reçus; notez que ces fonds sont généralement utilisés pour régler les menues dépenses de l'entreprise (ex.: timbres, papeterie, etc.);

• **banque:** il faut concilier les propres relevés de l'entreprise avec ceux que la banque envoie et qui font état des dépôts et des retraits, en tenant compte des chèques émis et des dépôts encore en circulation.

Comment évaluer les besoins de l'encaisse?

En établissant annuellement un budget de trésorerie (appelé aussi budget d'encaisse, budget de caisse, état prévisionnel des mouvements de trésorerie ou cash flow) que vous réviserez mensuellement. Cet exercice vous permettra non seulement d'évaluer vos besoins financiers mais aussi d'exercer un contrôle à chaque fin de mois, en comparant les faits aux résultats anticipés. Le budget de trésorerie indique les sommes d'argent que l'entreprise encaisse chaque mois, les sommes qu'elle doit débourser mensuellement ainsi que les mois où elle enregistre soit un excédent, soit un déficit de caisse. C'est en quelque sorte le calendrier des entrées et des sorties de fonds de votre entreprise.

Un plan de ce genre permet donc de déterminer l'importance du fonds de caisse nécessaire pour faire face aux dépenses quotidiennes, afin que l'entreprise n'ait ni excédent, ni manque de trésorerie. Gérer votre trésorerie, c'est:

• prévoir vos mouvements de trésorerie par la constitution d'un budget de trésorerie;

• contrôler et vérifier régulièrement les entrées et les sorties d'argent de votre entreprise.

Voici un aperçu de la façon de constituer un budget de trésorerie. À partir des données de l'état prévisionnel des résultats, il faut calculer mensuellement les encaisses (recettes) obtenus par: les ventes au comptant, les recouvrements de comptes-clients, les emprunts, les subventions, les mises de fonds des propriétaires.

Toujours à partir des prévisions, il faut, par la suite, calculer les déboursés mensuels, ce qui inclut notamment les salaires, les remboursements d'emprunts, les frais de publicité, de réparation et d'entretien, les comptes de téléphone, bref, les sorties de fonds de toutes sortes.

La différence entre les encaisses et les déboursés donnera les mouvements de trésorerie nets de chaque mois.

Un manque ou un excès de trésorerie peut créer des problèmes: à l'extrême, un manque peut conduire l'entreprise à la faillite ou, règle générale, obliger le dirigeant à retarder le paiement de ses dettes, tandis qu'un excès prouve que les ressources ne sont pas utilisées au mieux. Rappelez-vous que de l'argent inactif finit par coûter cher.

Vous trouverez un exemple de budget de trésorerie à la page 260.

Les comptes à recevoir

Les comptes à recevoir, c'est-à-dire les montants qui vous sont dus pour les biens ou les services vendus à vos clients, doivent être bien gérés, sinon ils risquent d'immobiliser une trop grosse partie de votre actif et coûter cher à votre entreprise.

Si vous avez décidé d'accorder du crédit à vos clients, vous avez certainement défini des conditions. Pour gérer le crédit de façon efficace, il convient d'établir un système de contrôle pratique et d'assurer un suivi de la perception des comptes.

Il existe deux méthodes pour bien gérer vos comptes.

1. Ventilation chronologique des comptes à recevoir

Selon cette méthode, les comptes à recevoir sont classés d'après le temps qui s'est écoulé depuis le moment de la vente.

Voici un exemple de ventilation de 4 000 $ de comptes à recevoir au 30 juin:

Comptes impayés à moins de 30 jours	3 000 $
Comptes impayés de 30 à 60 jours	600 $
Comptes impayés à plus de 60 jours	400 $
	4 000 $

Si la tendance est vers les 60 jours ou plus, des mesures pour percevoir ces comptes doivent être prises. Si vous prenez soin de faire cette ventilation à la fin de chaque semaine ou de chaque mois à partir d'une liste de tous vos comptes à recevoir, vous aurez un état à jour qui n'exigera que quelques minutes de travail. Vous connaîtrez vos clients, saurez sur lesquels vous pouvez compter et quels comptes risqueront de se transformer en créance irrécouvrable.

Une fois ces ventilations établies pour plusieurs périodes consécutives, vous saurez si le recouvrement de votre dû s'améliore ou si au contraire les retards s'accumulent de plus en plus. Dans ce cas, peut-être devrez-vous modifier vos conditions de crédit ainsi que vos modalités de recouvrement.

2. Calcul de la période de recouvrement

Si votre système de crédit et de recouvrement est bien appliqué, le niveau de vos comptes à recevoir devrait être proportionnel à votre chiffre d'affaires. Pour vous en assurer, appliquez la formule de calcul de la période de recouvrement.

$$\text{Période de recouvrement} = \frac{\text{comptes à recevoir}}{\text{chiffre d'affaires annuel}} \times 365 \text{ (ou nombre de jours ouvrables)}$$

Par exemple, si le chiffre d'affaires annuel d'une entreprise s'élève à 80 000 $, des comptes à recevoir de 4 000 $ représentent une période de recouvrement de 18 jours ($\frac{4\,000\ \$}{80\,000\ \$}$ x 365) à la fin de l'année.

La période de recouvrement peut être calculée à la fin de chaque mois. Si le calcul de la période de recouvrement d'un mois en particulier dépasse la moyenne habituelle (ex.: 24 jours au lieu de 18), il faut prendre certaines mesures et exiger que les clients règlent leur compte plus rapidement.

Les stocks

La gestion des stocks est très importante au sein d'une entreprise car elle constitue une part significative de l'actif productif de la petite entreprise.

Pour être efficace, la gestion des stocks doit fournir des réponses à deux questions.

• Quand les nouveaux stocks doivent-ils être commandés?

• Quelle quantité doit-on commander?

Pour répondre à ces questions, le gestionnaire doit non seulement connaître la quantité de ses stocks et les coûts de stockage mais il doit être en mesure de prévoir de façon relativement précise les fluctuations futures de la demande.

À cette étape, les registres de stocks deviennent essentiels. Une des premières mesures à adopter est la vérification de la marchandise dès la réception. Il arrive dans certains cas que la quantité reçue ne correspond pas à celle commandée, que le montant facturé diffère du prix convenu, que la marchandise ne soit pas assurée; dans ce cas, les dommages ne pourraient être réclamés. De plus, si vous n'avez pas d'installations d'entreposage appropriées, la marchandise risque d'être mal classée, perdue ou endommagée. Si vous constatez des dommages à la marchandise, adressez votre demande d'indemnités au fournisseur ou à la compagnie de transport le plus tôt possible. Assurez-vous aussi de connaître les clauses de votre contrat d'assurance.

Notez tous ces renseignements et tenez-en compte avant de signer une facture ou un avis de livraison. Ils vous permettront de déceler une erreur à temps et d'accélérer le remboursement des articles non reçus ou non commandés et facturés.

Une fois que vos produits ont été vérifiés et sont dans vos locaux, vous devez les contrôler. Une bonne méthode de contrôle renseigne sur l'insuffisance de certains articles et évite le surplus de stock. De plus, elle:

- facilite le calcul de la rotation des stocks;
- diminue les primes d'assurance;
- assure une protection contre la détérioration et le vieillissement des marchandises;
- libère une partie importante du fonds de roulement.

Si la gestion des stocks est aussi importante, c'est qu'elle a une grosse incidence sur l'aspect financier de l'entreprise. Voici les coûts entraînés par une mauvaise gestion:

- coûts d'épuisement (manque de stocks):
  si vous manquez de stocks, vous risquez de perdre des ventes et vos clients seront insatisfaits;
- coûts de surplus (stocks excessifs):
  des stocks entreposés trop longtemps risquent de se détériorer, exigent plus d'espace d'entreposage et entraînent un investissement de capital;
- coûts liés au nombre de commandes:
  des commandes fréquentes entraînent des inspections, du travail de bureau et des frais de transport.

Une bonne méthode de contrôle des stocks s'avère donc indispensable.

Les trois méthodes de contrôle les plus courantes sont les suivantes:

- le contrôle visuel;
- le dénombrement (contrôle périodique);
- l'inventaire permanent.

Le contrôle visuel

Cette méthode consiste tout simplement à jeter un coup d'oeil à la marchandise ou aux matières premières et à commander une nouvelle quantité des articles qui commencent à baisser. Les articles sont vérifiés, notés, mais les résultats ne sont pas comptabilisés. Cette méthode de contrôle est surtout recommandée pour les petites entreprises.

Le dénombrement

La méthode du dénombrement est le comptage de tous les articles en stock. Selon les besoins de l'entreprise, l'inventaire peut être effectué mensuellement, trimestriellement ou annuellement.

Cette méthode de contrôle fournit des renseignements de base sur les articles à rotation rapide et sur ceux à rotation lente. Elle établit une comparaison entre la quantité de marchandise réelle et celle inscrite aux registres comptables des stocks.

À la fin de l'exercice financier, cette méthode est requise aux fins de l'impôt.

L'inventaire permanent

La méthode de l'inventaire permanent consiste à tenir un registre des données concernant la réception des marchandises, leur stockage et leur vente.

Pour tenir un inventaire permanent, il faut noter quotidiennement les marchandises vendues, stockées et achetées. Bien que cette méthode exige beaucoup de temps, elle a l'avantage de procurer des renseignements à jour sur les quantités, les formats (ou tailles), les valeurs, les styles et les couleurs des articles.

Notez toutefois que même si vous tenez un inventaire permanent, vous devrez aussi procéder à un dénombrement périodique (au moins une fois par année) pour vérifier s'il y a concordance entre les livres comptables et les registres d'inventaire.

Lorsque vous dressez un inventaire, la valeur que vous attribuez aux articles qui composent votre stock joue un rôle important dans l'établissement de votre revenu imposable. Il existe trois façons de dresser un inventaire.

- L'évaluation de chaque article du stock selon le moins élevé de son prix coûtant ou de sa juste valeur marchande à la fin de l'année.

- L'évaluation du stock entier à son prix coûtant à la fin de l'année.

- L'évaluation du stock entier à sa juste valeur marchande à la fin de l'année.

Vous devrez choisir, parmi ces trois méthodes, celle qui convient le mieux à votre type d'entreprise. Une fois que vous l'aurez adoptée, vous devrez continuer à l'utiliser.

Voici un exemple de fiche d'inventaire permanent.

Juin 19XX　　　　　　　　　　　　　　　　　　　　**Article: chaises**

date	bon de commande numéro	fournisseur	description de l'article	quantité commandée	date de la commande	date de livraison	quantité emmagasinée	quantité retirée	n° de facture	solde
1										0
3	00028	HG	chaise rouge	14	19 mai	3 juin	14		R2754	14
4								4		10
8								4		6
9								4		2
10	00047	HG	chaise rouge	20	28 mai	10 juin	20			22
15								2		20

L'état des bénéfices non répartis...
Une autre carte à jouer

L'état des bénéfices non répartis vous indiquera quels sont les éléments qui ont fait varier le solde des bénéfices de votre bilan au cours de l'exercice financier. Voici un exemple d'un état des bénéfices non répartis pour deux années consécutives (1984: bénéfices nets et 1985: pertes nettes).

	1984	1985
Solde au début de l'année	400 000 $	600 000 $
Plus bénéfices nets pour l'année (moins pertes nettes pour l'année)	+ 200 000 $	− 250 000 $
Solde à la fin de l'année	600 000 $	350 000 $

Les ratios... pour prendre des risques calculés

Certes les états financiers produisent de l'information. Mais, pour approfondir cette information, le gestionnaire peut se servir de ratios. Ils offrent en général une bonne synthèse de la situation financière de l'entreprise et de ses résultats d'exploitation.

Pour bien les utiliser, il importe de les comparer non seulement dans le temps (par exemple, avec les ratios des années antérieures), mais aussi avec les ratios d'autres entreprises de même secteur et avec les ratios théoriques idéaux établis pour ce secteur. Car les ratios ne signifient rien en soi, à moins de les comparer.

Où obtenir des ratios d'entreprises?

Les ratios peuvent être comparés avec des mesures externes comme les ratios d'une autre entreprise ou ceux de l'ensemble du secteur concerné.

- Les institutions financières avec qui vous faites affaire sont en mesure de vous procurer des moyennes de ratios par secteur, à l'échelle régionale, provinciale ou canadienne.

- Votre banquier ou votre comptable peuvent établir des ratios moyens pour plusieurs types d'entreprises.

- La compagnie Dun & Bradstreet Canada ltée publie annuellement une brochure intitulée *Supplément aux principaux coefficients des entreprises*. Vous pouvez obtenir la première copie gratuitement.

  Dun & Bradstreet Canada ltée
  245, rue Soumande
  Bureau 206
  Case postale 2088
  Québec (Québec)
  G1M 3H6
  Tél.: (418) 681-3522

  Cette brochure peut également être consultée à la bibliothèque ministérielle du ministère de l'Industrie et du Commerce du Québec.

  Ministère de l'Industrie et du Commerce
  Bibliothèque administrative
  710, place D'Youville
  2e étage
  Québec (Québec)
  G1R 4Y4
  Tél.: (418) 643-5081

- Les différentes associations sectorielles de marchands ou de manufacturiers publient généralement des ratios à l'intention de leurs membres. Consultez votre annuaire téléphonique pour connaître celle qui vous concerne.

- Si vous faites affaire avec un commissaire industriel, il sera en mesure de vous les fournir.

- Vous pouvez les obtenir aussi auprès des différentes directions régionales du ministère de l'Industrie et du Commerce du Québec. Consultez l'annexe 1 pour connaître les coordonnées de votre direction régionale.

- Statistique Canada publie une étude intitulée *Statistiques financières des sociétés* (n° 61-207 au catalogue) dans laquelle on retrouve des statistiques nationales détaillées sur les bilans et les états des revenus-dépenses de 182 secteurs d'activités ainsi que certains ratios relatifs aux sociétés constituées en annexe. Cette publication est disponible au coût de 50 $.

MONTRÉAL	OTTAWA
Statistique Canada	Statistique Canada
Bureau régional du Québec	Service central de renseignements
Complexe Guy-Favreau	Édifice R.H. Coats
200, boul. Dorchester Ouest	Parc Tunneys
4ᵉétage, Tour Est	Ottawa (Ontario)
Montréal (Québec)	K1A 0T6
H2Z 1X4	Tél.: (613) 990-8116
Tél.: (514) 283-5725	
Sans frais: 1-800-361-2831	

Pour faire le calcul des ratios, vous aurez besoin soit des données de votre bilan, soit de votre état des résultats ou des deux. Vous pouvez évaluer votre rendement d'une façon simple en comparant vos bénéfices d'un mois à l'autre. Il est suggéré de dresser un état des résultats chaque mois et un bilan une fois l'an pour évaluer régulièrement la situation financière de votre entreprise et déterminer vos objectifs.

Pour vous aider, l'exemple de bilan et d'état des résultats de la section «La comptabilité: la langue des affaires» a été inséré à nouveau ici. Référez-vous y pour comprendre l'application des ratios.

Entreprise Fictive inc.
BILAN
au 31 décembre 1985

ACTIF

Actif à court terme

Encaisse	1 904 $
Dépôts à court terme	3 920 $
Comptes à recevoir	4 480
Stocks	6 160
Total de l'actif à court terme	16 464 $

Actif à long terme

Immobilisations (valeur nette)

Terrain	9 000
Bâtiment	11 840
Matériel et outillage	4 900
Mobilier et accessoires	5 116
Véhicule	4 200

Total de l'actif à long terme	35 056 $
Total de l'actif	**51 520 $**

PASSIF

Passif à court terme

Comptes — fournisseurs	3 920 $
Frais courus à payer	960
Billet à payer	2 400

Total du passif à court terme	7 280 $

Passif à long terme

Emprunt bancaire	5 600
Hypothèque	15 120

Total du passif à long terme	20 720 $

Avoir du propriétaire

Solde au 1er janvier 1985	20 160
Plus le bénéfice net	19 040 $
(Moins si c'est une perte nette)	39 200
Moins retraits du propriétaire	(15 680)

Avoir du propriétaire au 31 décembre 1985	23 520 $
Total du passif et de l'avoir du propriétaire	**51 520 $**

Entreprise Fictive inc.
ÉTAT DES RÉSULTATS
pour l'exercice terminé le 31 décembre 1985

Revenus d'exploitation: ventes		**140 000 $**
Moins: coût des marchandises vendues		93 520
Bénéfice brut		**46 480 $**
Moins dépenses d'exploitation:		
Salaires et contributions d'employeur	14 800 $	
Amortissement	7 944 $	
Intérêts sur hypothèque	925	
Assurances	784	
Honoraires professionnels	520	
Publicité	500	
Intérêts bancaires (prêt à long terme)	560	
Fournitures de bureau	425	
Divers	982	
Total des dépenses d'exploitation		**27 440 $**
Bénéfice net avant impôts		19 040 $

Voici les principaux ratios:
Taux de rendement de l'investissement du propriétaire

$$\text{Rendement} = \frac{\text{Bénéfices nets pour l'année} - \text{retraits du propriétaire} \times 100}{\text{Avoir du propriétaire}}$$

À partir du bilan et de l'état des résultats, il est possible de calculer le rendement du capital investi pour une entreprise.

Le numérateur est déterminé par le bénéfice net pour l'année (19 040 $ au bilan) moins le retrait du propriétaire (15 680 $), et le dénominateur par le total de l'avoir du propriétaire (ex.: 23 520 $).

L'application de cette formule donnerait donc ceci:

$$\frac{19\ 040\ \$\ -\ 15\ 680\ \$\ X\ 100}{23\ 520\ \$} = 14,3\%$$

Ce pourcentage (14,3%) donne le rendement de l'investissement du propriétaire. Si vous opérez une nouvelle entreprise, vous trouverez peut-être votre taux bas en raison des frais de démarrage; il n'y a pas raison de vous inquiéter. Par contre, si votre entreprise est déjà établie et que le taux baisse annuellement, il faut en trouver la cause.

Ratio du passif au total de l'actif

Ce ratio donne le pourcentage des fonds fournis par les créanciers.

$$\text{Ratio du passif au total de l'actif} = \frac{\text{Total du passif} - \text{avoir des propriétaires X 100}}{\text{Total de l'actif}}$$

Pour avoir une certaine valeur, ce ratio doit être comparé à celui d'autres entreprises du même secteur. Généralement, les créanciers préfèrent que l'avoir des propriétaires soit élevé, car si l'entreprise devait subir des pertes, celles-ci pourraient être compensées à même cet avoir.

Voici, selon notre exemple de bilan et d'état des résultats, comment calculer ce ratio:

$$\frac{51\ 520\ \$\ -\ 23\ 520\ \$\ X\ 100}{51\ 520\ \$} = 54\%$$

Donc, pour chaque dollar d'actif de l'entreprise, les créanciers financent 0,54 $. Si la moyenne des entreprises du même secteur est de 70%, l'entreprise peut emprunter jusqu'à ce niveau sans trop de difficultés. Si le propriétaire désire plus de crédit, les prêteurs exigeront qu'il augmente son investissement.

Ratio du passif à l'avoir des propriétaires

Voici un ratio qui intéresse beaucoup les prêteurs. Utilisé fréquemment, il montre quelle partie de l'engagement à long terme est financée par les propriétaires.

$$\text{Ratio du passif à l'avoir des propriétaires} = \frac{\text{Passif à long terme X 100}}{\text{Avoir des propriétaires}}$$

$$\text{Exemple: } \frac{20\ 720\ \$ \text{ X } 100}{23\ 520\ \$} = 88\%$$

L'exemple ci-dessus indique que pour chaque dollar que les propriétaires ont investi dans l'entreprise, ils ont emprunté 0,88 $ à long terme.

Ratio de rotation des stocks

Ce ratio vous permet de savoir combien de fois votre stock se renouvelle au cours d'une année financière.

$$\text{Rotation des stocks} = \frac{\text{Coût des marchandises vendues}}{\text{Coût du stock moyen}}$$

$$\text{Exemple: } \frac{93\ 520\ \$}{6\ 160\ \$} = 15{,}2 \text{ fois pendant l'année}$$

(soit tous les 24 jours car 365 jours ÷ 15,2 = 24)

Comme tous les autres ratios, le ratio de rotation des stocks doit être comparé à la moyenne de ceux du même secteur pour avoir une certaine valeur. Ainsi, supposons que la moyenne est de 13 et que vous obteniez un ratio de 15, vous pourrez considérer que votre entreprise a une bonne rotation des stocks. Par contre, un ratio de 6 indiquerait que trop de marchandises ont été gardées en magasin (trop d'argent investi dans les stocks) ou que l'on a gardé des vieux stocks invendables.

Ratio de la période de recouvrement

Calculer la période de recouvrement, c'est calculer la période moyenne qui s'écoule avant que l'entreprise recouvre ses comptes.

$$\text{Période de recouvrement} = \frac{\text{Comptes à recevoir}}{\text{Ventes à crédit} \div 365}$$

Pour appliquer cette formule, il faut d'abord savoir quel pourcentage des ventes ont été faites à crédit.

L'état des résultats de notre entreprise fictive indique que le revenu des ventes s'élève à 140 000 $. Elle a donc vendu pour un montant approximatif de 11 666 $ par mois. Les comptes à recevoir inscrits au bilan s'élèvent à 4 480 $. Si la période de crédit normale de cette entreprise est de 30 jours, on peut supposer que 38 % des ventes ont été faites à crédit (4 480 $ ÷ 11 666 $). Les ventes totales étant de 140 000 $, le crédit est donc de 53 200 $ (140 000 X 38 %).

À partir de ce résultat, on peut calculer la période de recouvrement.

$$\frac{4\ 480\ \$}{53\ 200\ \$ \div 365} = 31 \text{ jours}$$

On constate qu'il s'écoule approximativement 31 jours avant que l'entreprise ne recouvre ses comptes-clients. Pour savoir si son délai de recouvrement est bon, il faut le comparer aux moyennes du secteur et aux conditions de crédit que lui offrent ses propres fournisseurs.

Si la politique de crédit de cette entreprise était de 15 jours, le ratio démontrerait que la période de recouvrement est trop longue. Malgré tout, il ne faut pas s'abattre sur les gros clients qui tardent à régler leur facture car il est préférable de les avoir plutôt que de ne pas vendre du tout.

Ratio du fonds de roulement

$$\text{Ratio du fonds de roulement} = \frac{\text{Total de l'actif à court terme}}{\text{Total du passif à court terme}}$$

$$\frac{16\ 464\ \$}{7\ 280\ \$} = 2,26$$

Selon ce ratio, notre entreprise dispose de 2,26 $ d'actif à court terme pour chaque dollar de passif à court terme. En cas d'urgence, elle pourrait donc immédiatement payer ses dettes à court terme.

Ratio de liquidité

Les prêteurs se servent du ratio de liquidité pour vérifier si l'entreprise pourrait, en cas de difficultés, acquitter ses dettes à court terme en utilisant uniquement ses liquidités.

$$\text{Ratio de liquidité} = \frac{\text{Total de l'actif à court terme} - \text{Stocks} - \text{Frais payés d'avance}}{\text{Total du passif à court terme}}$$

$$\frac{16\ 464\ \$ - 6\ 160\ \$ - 0}{7\ 280\ \$} = 1,41$$

L'entreprise a donc un indice de liquidité de 1,41 $ pour chaque dollar de passif à court terme.

Le fonds de roulement

Le fonds de roulement est la différence entre l'actif à court terme et le passif à court terme. Il s'agit d'un autre calcul important pour analyser la liquidité d'une entreprise.

$$\text{Fonds de roulement} = \text{Actif à court terme} - \text{Passif à court terme}$$

$$16\ 464\ \$ - 7\ 280\ \$ = 9\ 184\ \$$$

Concrètement, l'actif à court terme sert à payer les dettes du passif à court terme. Pour obtenir son actif, une entreprise passe par le cycle de l'encaisse: l'argent entraîne la transformation de l'encaisse en stocks, qui deviennent des comptes à recevoir ensuite payés en argent, et le cycle recommence. Si ce mouvement s'effectue rapidement en comparaison du temps disponible pour le paiement des comptes aux fournisseurs, l'entreprise aura l'encaisse suffisante pour régler ses dettes à temps et n'aura besoin que d'un minimum d'actif à court terme. Toutefois, comme les entreprises ont souvent besoin de stocks importants et diversifiés, qu'elles consentent des ventes à crédit à leurs clients, elles requièrent souvent un excédent de fonds de roulement.

Le fonds de roulement est donc un indice de la situation de chaque élément d'actif à court terme et de chaque élément de passif à court terme selon les conditions d'exploitation qui prévalent dans votre entreprise.

Pour vous aider...

Il existe différents programmes d'aide, cours, séminaires qui peuvent vous aider dans la gestion financière de votre entreprise. Vous en trouverez la liste au chapitre 11.

Liste de contrôle

	oui	non
Avez-vous déterminé les registres dont vous aurez besoin?	☐	☐
Avez-vous évalué, avec votre comptable, le système de tenue de livres qui répondrait le mieux à vos besoins?	☐	☐
Pour assurer votre gestion financière, avez-vous établi des objectifs?	☐	☐
Avez-vous élaboré un plan d'action pour atteindre ces objectifs?	☐	☐
Avez-vous décidé de la méthode de contrôle de vos stocks?	☐	☐
Avez-vous dressé, avec votre comptable, les différents états financiers de votre entreprise?	☐	☐
Avez-vous établi votre seuil de rentabilité?	☐	☐
Avez-vous appliqué les principaux ratios?	☐	☐
Les avez-vous comparés avec les ratios d'autres entreprises de même secteur et avec les ratios théoriques afin d'obtenir un profil de la situation financière de votre entreprise?	☐	☐

L'importance de la gestion chez Duchesne & Fils limitée

L'entreprise familiale Duchesne & Fils limitée, située à Yamachiche, est la seule compagnie québécoise qui offre une gamme de produits aussi diversifiée dans son domaine. On y fabrique des matériaux de construction en acier, en aluminium, en vinyle et en bois.

Lucille Duchesne, 34 ans, est directrice du personnel au sein de l'entreprise. Selon elle, si la compagnie a connu une croissance rapide et si le chiffre d'affaires est excellent, c'est grâce à une saine administration, au personnel efficace, à une atmosphère démocratique et favorable à la communication.

En fait, la situation financière de l'entreprise a toujours été florissante. «Les profits sont constamment réinvestis. Notre marge de crédit bancaire n'a jamais été utilisée. L'entreprise a continué de croître même pendant la crise économique, grâce à une planification soignée. Nous n'avons jamais raté notre coup: tous nos produits ont été rentabilisés dès leur première année sur le marché», souligne la directrice du personnel. Ces quelques propos reflètent on ne peut mieux les avantages d'une bonne gestion financière.

Source: revue *Entreprise*, juillet 1985.

Chapitre 8
Parlons d'argent

Évidemment, il fallait bien en parler un jour! Inutile de le cacher: lorsque l'idée de vous lancer en affaires vous est venue, vous avez immédiatement pensé $, encore l'argent!

Même si, depuis le début, on insiste sur l'importance:

- de penser aux implications de se lancer en affaires;
- d'avoir des idées nouvelles;
- de choisir un secteur d'activités et un type d'entreprise qui correspondent à vos goûts;
- de faire une étude de marché;
- de bien structurer la mise en marché;

lorsqu'il est question d'affaires, les meilleures intentions du monde et les meilleures études ne peuvent assurer à elles seules le succès d'une entreprise: il faut des bases financières solides, il faut de l'argent.

«Les affaires, c'est bien simple: c'est l'argent des autres» disait Alexandre Dumas. Voilà un proverbe qui fera rugir plusieurs entrepreneurs. Il suffit de déposer une demande de crédit dans quelques institutions financières pour vite se rendre compte que les affaires, ce n'est pas si simple et que l'argent «des autres», c'est difficile à obtenir. Certains entrepreneurs iraient même jusqu'à dire que le financement destiné à créer de nouvelles entreprises est une denrée rare. Très souvent, on va exiger que le futur entrepreneur s'implique personnellement au niveau financier.

Faites vos jeux et... misez juste

Vous avez besoin de financement pour démarrer ou acheter une entreprise? Oui, mais… combien?

Que vous achetiez une entreprise existante, une franchise ou que vous ayez l'intention de créer une nouvelle entreprise, il est important de déterminer vos besoins financiers et d'amorcer, le plus tôt possible, toutes les démarches nécessaires. Vous pouvez calculer, en étant réaliste, six mois de délai entre le moment où vous décidez officiellement de vous lancer en affaires et le moment où vous percevrez vos fonds.

Sachez qu'un dossier en retard ou mal présenté donne mauvaise impression.

- Vous laissez à peine le temps aux créanciers de faire une analyse de solvabilité.
- Ils peuvent mettre en doute vos capacités de gestion et de planification à court terme.

N'attendez donc pas à la dernière minute pour calculer vos besoins financiers et en justifier le montant. Mettez toutes les chances de votre côté, préparez-vous! Planifiez! Savoir planifier est l'une des grandes qualités d'un bon gestionnaire.

Pour vous aider, voici un aide-mémoire qui regroupe les principaux frais de démarrage et d'exploitation d'une entreprise. Servez-vous en!

Actif à court terme [1]

Encaisse
- pour un solde de caisse minimal
- pour absorber les pertes prévisibles au début
- pour les imprévus

Comptes à recevoir

Stocks

Frais payés d'avance
- loyer
- services publics
- permis d'exploitation
- assurances
- fournitures de bureau

---

1. Ce tableau est tiré de la publication *Comment lancer une petite entreprise* de la Banque fédérale de développement.

Actif à long terme

Biens immobilisés

- terrain
- bâtisse
- machinerie et outillage (y compris les frais d'installation)
- véhicules
- mobilier et accessoires
- amélioration des locaux

Biens incorporels

- brevets
- droits d'auteur
- concessions
- marques de commerce

Autres frais

(comprennent les frais de démarrage spéciaux, qui n'apparaissent qu'une seule fois, et les frais d'exploitation habituels)

Déplacements
Promotion et publicité
Honoraires professionnels (frais judiciaires, frais de comptabilité et de consultation)
Décoration
Achats
Salaires
Transport
Dépenses de bureau
Etc.

Quelques conseils

L'encaisse

Référez-vous au chapitre précédent pour connaître la façon de constituer un budget de trésorerie. N'oubliez pas de prévoir un certain montant pour les imprévus, c'est-à-dire un impondérable variant entre 10 % et 25 % pour la petite entreprise.

Les comptes à recevoir

S'il s'agit d'une nouvelle entreprise, vous n'avez certes pas encore de comptes à recevoir, mais nous vous rappelons l'importance d'établir dès le départ une politique de crédit bien structurée. Vous pouvez aussi confier vos comptes à recevoir à une société d'affacturage (appelée aussi société de factorage). Ces compagnies achètent vos comptes à recevoir et assument tous les risques inhérents à leur recouvrement. Évidemment, vous devrez payer certains frais pour ce service; il s'agit généralement d'un pourcentage du montant des comptes à recevoir en plus d'une commission. Le service d'affacturage est offert par la plupart des sociétés de crédit, des sociétés de finance et des banques.

Les stocks

Il est recommandé de ne pas garder des stocks en grande quantité, ni de souffrir d'une pénurie! Sachez trouver le juste milieu. Vos fournisseurs demeurent des conseillers de premier ordre en cette matière. À partir de leur expérience, ils pourront vous recommander les marchandises à acheter et la quantité à garder. Pour assurer une bonne gestion de vos stocks, appliquez le ratio de rotation des stocks expliqué au chapitre 7. D'autre part, les statistiques de la compagnie Dun & Bradstreet Canada ltée peuvent constituer une bonne source de renseignements. Vous trouverez les coordonnées de cette compagnie à l'annexe III.

Les biens immobilisés

Il s'agit des biens requis pour que l'entreprise réalise des ventes. Ils seront conservés pendant plus d'une année (ex.: terrain, bâtisse, machinerie, etc.). Vous devez tenter de réduire au minimum ces biens. L'entreprise qui supporte peu de frais fixes a beaucoup plus de chance de résister aux intempéries. Analysez toutes les possibilités:

- au lieu d'acheter un terrain, une bâtisse, de l'outillage, peut-être serait-il plus rentable de louer avec option d'achat;

- au lieu d'engager un professionnel pour effectuer les réparations de votre local, «mettez la main à la pâte» ou magasinez pour obtenir les services du meilleur menuisier au meilleur prix;

- vous pourriez, pour financer un bâtiment ou de l'équipement, contracter un crédit-bail. Il s'agit d'un contrat de location qui permet de bénéficier d'un bien sans en faire l'acquisition. Une tierce partie est propriétaire des biens, les finance et vous les loue pour une certaine période, avec ou sans option d'achat à l'échéance. Le service de crédit-bail est offert par les diverses institutions de financement.

Une fois que vous aurez passé au peigne fin les principaux frais de démarrage et d'exploitation, vous aurez un pas d'avance sur plusieurs futurs entrepreneurs car vous saurez quelle somme d'argent il vous faudra pour faire fonctionner votre entreprise.

La course au trésor: où trouver du financement?

Théoriquement, il existe plusieurs sources de financement commercial. Toutefois, lorsqu'il s'agit d'une première incursion dans le monde des affaires, les choses se compliquent quelque peu mais... cherchez et vous trouverez!

Où trouver du financement?
Chez vous, chez vos proches et chez les autres...

Chez vous...

Avez-vous un petit magot à investir dans votre entreprise? Il est bien évident que vous ne pouvez pas débourser tout le financement nécessaire au démarrage de votre entreprise mais, rappelez-vous qu'il est toujours plus facile d'obtenir de l'aide financière de l'extérieur lorsqu'on est soi-même impliqué au niveau financier. Les prêteurs seront plus sceptiques face à votre projet s'ils constatent que vous refusez d'y investir une partie de vos économies. En général, lorsqu'il est question de financement commercial, la volonté d'exploiter l'entreprise à profit et les aptitudes de l'entrepreneur à le faire ne suffisent pas pour obtenir des fonds.

Vous ne possédez pas d'argent liquide?

Vous pourriez alors:

- offrir des biens en garantie;
- contracter une autre hypothèque sur un bien immeuble que vous possédez déjà (ex.: maison) et investir ces fonds dans votre entreprise (l'intérêt sur votre hypothèque est déductible des revenus de votre investissement);
- voir d'autres possibilités avec votre comptable.

Finalement, si petit soit votre apport financier, essayez de vous impliquer.

Chez vos proches...

Votre famille, vos amis, vos relations, enfin, toute personne que vous connaissez et qui est à l'aise financièrement, peuvent vous aider. Ces gens vous connaissent bien, vous avez plus de chance qu'ils fassent confiance à vos capacités.

Ils peuvent:

- endosser votre prêt demandé dans une institution financière;
- vous prêter de l'argent à un taux d'intérêts préférentiel;
- vous prêter de l'argent au taux en vigueur sur le marché;
- acheter des actions de votre entreprise s'il s'agit d'une compagnie (dans ce cas, vous pourriez spécifier sur le contrat que ces actions ne donnent pas droit de vote).

Toutefois, avant d'accepter, vous devez réfléchir aux risques que comporte un engagement avec des proches:

- si les affaires «tournent mal», cette belle relation pourrait s'envenimer;
- on aura peut-être tendance à se mêler de «vos affaires»;
- on aura peut-être aussi l'impression de posséder un certain pouvoir sur l'entreprise;

- si vous êtes constitué en compagnie et que vos proches ont investi une somme d'argent dans votre entreprise, ils pourraient exiger, dans quelques années, des actions en retour de leur prêt.

Mais ils peuvent aussi:

- vous donner de bons conseils en gestion et en matière de pratique commerciale;
- vous présenter des relations d'affaires;
- vous donner un bon coup de pouce, surtout s'ils sont à la retraite.

Tout compte fait, il s'agit de ne pas vous aventurer à la légère. Afin d'éviter des situations fâcheuses, ne faites pas d'entente à l'amiable: mettez tout sur papier.

Si votre entreprise est constituée en société, vous pourriez alors chercher un associé (ou des associés). Ce dernier pourrait tout simplement être un partenaire financier, ou encore une personne qui s'implique activement dans les décisions de votre entreprise. Dans ce cas, prenez soin de choisir quelqu'un qui excellera dans vos points faibles.

Chez les autres...

Plusieurs organismes ou institutions peuvent apporter à votre projet le soutien financier nécessaire:

- les banques;
- les caisses;
- les sociétés de financement;
- les sociétés de fiducie;
- le crédit des fournisseurs;
- la Banque fédérale de développement;
- les subventions gouvernementales.

En bref...

Vos ressources chez les autres s'appellent banques, caisses, sociétés de fiducie, etc.
Qu'est-ce que ces institutions ont en commun?
Qu'est-ce qui les distingue?

Le point commun de toutes ces institutions est le financement. Si vous désirez obtenir un prêt commercial, vous pouvez donc vous diriger vers l'une ou l'autre.

Comment les distinguer? Par leurs particularités.

- **Les banques (à charte) et les caisses**
  Elles offrent plusieurs types de financement: le prêt personnel, le prêt hypothécaire, le prêt commercial, etc. De plus, elles mettent à votre disposition divers services personnalisés tels que les comptes bancaires, les régimes enregistrés d'épargne-retraite ainsi que des services commerciaux tels les paies informatisées, le recouvrement des comptes à recevoir. Les banques sont dites «à charte» car elles sont constituées selon une charte fédérale.

- **Les sociétés de fiducie**
  Les sociétés de fiducie, pour leur part, n'accordent pas de prêts personnels. Toutefois, vous pourriez vous y référer pour un prêt hypothécaire ou un prêt commercial.
  ex.: Crédit foncier, Fiducie du Québec.

- **Les sociétés de financement (ou les sociétés de crédit)**
  Les sociétés de financement n'offrent pas de services personnalisés: elles sont spécialisées dans les prêts à court, moyen ou long terme. La plupart du temps, les taux d'intérêts et les conditions offertes diffèrent de celles des banques à charte. De plus, ces sociétés accordent le financement selon les garanties proposées par l'entreprise.
  ex.: Banque fédérale de développement (BFD),
       Société de développement industriel (SDI).

Voilà une liste assez considérable de sources de financement. On aurait envie de dire «À vous de choisir», mais on ne détermine pas une source de financement aussi facilement: le montant du financement et la période d'amortissement jouent un rôle important.

Si la somme désirée est minime, il sera préférable de vous orienter vers une source de financement à court terme. Par contre, si elle est considérable, vous ferez bien de choisir une source de financement à long terme.

Le financement à court terme

Généralement, on accorde le financement à court terme pour une période de un an ou moins. Il ne s'agit donc pas d'un type de financement que l'on utilise pour acquérir une entreprise, une franchise ou pour créer une nouvelle entreprise. La plupart des entrepreneurs ont recours à ce type de financement uniquement lorsque leur entreprise est démarrée.

Ils s'en servent pour absorber les frais d'exploitation, pour les ralentissements saisonniers, pour le renouvellement des stocks ou pour financer certains comptes-clients.

Lorsqu'on parle de financement à court terme (et même à long terme), on pense immédiatement aux banques à charte et aux caisses populaires. Il s'agit effectivement des institutions financières les plus répandues et les plus connues. N'hésitez pas à magasiner car chaque établissement offre des services distincts, et surtout, des taux d'intérêts différents. Raison de plus pour ne pas limiter votre visite à l'institution financière située à proximité de votre entreprise. Après étude de votre dossier, le gérant de l'institution vous offrira le mode de financement qui convient le mieux à vos besoins (marge de crédit, prêt à terme, prêt à l'exploitation).

Voici, *grosso modo*, les modes de financement disponibles.

Le prêt d'exploitation (ou prêt à demande):

Il s'agit du mode de financement le plus répandu. Tel que son nom l'indique, ce prêt est utilisé pour l'exploitation de l'entreprise. Généralement, il constitue le fonds de roulement qui permet de financer les éléments de l'actif à court terme tels les stocks. Le prêt d'exploitation est habituellement accordé pour une courte durée. Lorsqu'on s'en sert pour financer les stocks, il est possible de garantir le prêt par les stocks que possède déjà l'entreprise: de cette façon, l'emprunt est remboursé à même le produit de la vente de ces stocks et le prêt s'auto-amortit. Généralement, le taux d'intérêts d'un prêt d'exploitation, au moment de la signature, est moins élevé que pour un prêt à terme; toutefois, il est sujet à une révision annuelle. De plus, un prêt d'exploitation est obtenu plus rapidement qu'un prêt à terme. Cependant, si la situation financière de l'entreprise se détériore sérieusement, le prêteur peut en tout temps exiger le remboursement du prêt.

Le prêt à terme:

On utilise souvent ce mode de financement pour l'achat d'immobilisations tels un véhicule, des accessoires, du matériel de bureau, etc. Le prêt à terme est contracté pour une période bien précise pouvant aller jusqu'à quinze ans. Généralement, le taux d'intérêt qui s'y rattache est plus élevé que celui du prêt d'exploitation puisqu'il est échelonné sur une plus longue période et qu'il entraîne des risques plus élevés. Toutefois, le versement du capital et des intérêts ne varie pas. Des garanties sont exigées pour ce mode de financement et il faut prévoir une période passablement longue pour obtenir ce type de prêt.

Le prêt hypothécaire:

Le prêt hypothécaire est destiné à l'acquisition d'un terrain, d'un bâtiment ou de matériel de production ayant une longue durée d'utilisation.

La marge de crédit (ou crédit d'exploitation):

On exige de l'entreprise qui désire obtenir une marge de crédit qu'elle ait fait ses preuves quant à la stabilité et à la compétence de sa direction. Ce mode de financement donne accès, pendant une période de temps donnée, à un montant d'argent qui est établi à l'avance. Ainsi, si on vous accorde une marge de crédit de 12 000 $ pour un an, vous pourrez bénéficier de cette somme quand bon vous semblera pendant l'année. Vous ne payerez les intérêts que sur le montant utilisé.

Soyez d'affaires... ne laissez rien passer

Le crédit des fournisseurs

Les entrepreneurs ne considèrent pas toujours le crédit des fournisseurs comme une source de financement; pourtant, obtenir un délai de 30 jours ou plus pour payer une facture constitue un prêt à court terme. Vous réaliserez bien vite qu'un délai de quelques jours peut vous éviter bien des embêtements.

Soyez prévenant! Essayez de négocier une formule d'entente avec vos fournisseurs, soit:

- des conditions spéciales tel un délai de 120 jours sans frais d'intérêts pendant les périodes creuses ou celles très achalandées;
- de ne payer que pour les marchandises vendues; cette formule, qu'on appelle un «dépôt en consignation», oblige le fournisseur à reprendre l'excédent de stock après un certain temps;
- etc.

Évidemment, de telles ententes entraînent une certaine dépendance vis-à-vis le fournisseur, de même que certains inconvénients: par exemple, vous risquez de ne pouvoir négocier les prix ou de ne bénéficier d'aucun escompte! À vous d'analyser le pour et le contre...

Les polices d'assurance-vie

Vérifiez auprès de votre compagnie d'assurances car il est possible, sur certaines polices d'assurance-vie, d'emprunter sur la valeur de rachat libérée et souvent à un taux avantageux. Certes, il ne s'agit pas d'un montant exorbitant mais ceci pourrait constituer une partie de votre apport personnel qui pourrait être complété avec un prêt à long terme.

Le financement à long terme

Si, par ailleurs, vous recherchez du financement pour acquérir une bâtisse, un terrain ou tout bien de grande valeur, vous aurez recours au financement à long terme qui porte sur une période de plus de cinq ans.

Ce type de financement est disponible dans les banques à charte, les caisses, les sociétés de financement, les sociétés de fiducie, les sociétés de crédit et certaines compagnies d'assurances. Finalement, ce qui importe, c'est que vous magasiniez. Faites le tour de ce qui est offert, comparez les taux d'intérêts, les conditions exigées, etc. Souvenez-vous que dans le domaine du crédit, il existe, comme ailleurs, de la concurrence: sachez voir clair!

Un appui financier pour votre première envolée[2]

Le programme «Bourses d'affaires» et le «Programme expérimental de création d'emplois communautaires» (PECEC) expliqués au chapitre 2 peuvent être une source de financement. Il s'agit d'une aide financière accordée à des personnes qui désirent se lancer en affaires.

Outre ces deux programmes qui ont la particularité d'offrir un financement de départ, il existe, tant au gouvernement provincial

---

2.   À noter qu'il ne s'agit pas d'une liste exhaustive des programmes de subventions des gouvernements et que ceux mentionnés peuvent être sujets à changements.

qu'au gouvernement fédéral, une liste considérable de programmes d'aide financière, qui se rattachent à des secteurs particuliers d'activités (agriculture, restauration, manufacturier). Voici un tableau sommaire de ces programmes. Pour plus d'informations, contactez l'organisme responsable dont vous trouverez les coordonnées aux annexes concernées. Vous pouvez aussi vous référer aux directions régionales du ministère de l'Industrie et du Commerce du Québec ainsi qu'au Service d'information de la Banque fédérale de développement pour obtenir de l'information sur les différents programmes d'aide gouvernementale. Vous trouverez les coordonnées de ces bureaux aux annexes I et II. Il existe un ouvrage sur le marché intitulé *Guide des programmes d'aide offerts aux entreprises québécoises* en vente au coût de 5,95 $ dans les librairies des Publications du Québec (voir l'annexe I).

Organisme responsable	*Société de développement du Québec (SDI)*

Titre du programme
- Programme d'aide aux activités de recherche et innovation, phase «développement».

Type d'entreprise
- Entreprises manufacturières;
- entreprise du secteur tertiaire moteur;
- inventeurs;
- innovateurs.

Type d'aide
- Prêt sans intérêts pendant la période de développement et remboursable par redevances. En cas d'insuccès total ou partiel, une partie du prêt est effacée.
  (Montant maximal accordé: 1 000 000 $ pour le volet I et 100 000 $ pour le volet II).

Titre du programme
- Programme de financement des entreprises, phase «opération».

Organisme
responsable
(suite)

Société de développement du Québec
(SDI)

Type d'entreprise

• Entreprises des secteurs manufacturier, touristique
et tertiaire moteur.

Type d'aide

• Garantie de prêt;

• protection contre l'augmentation du taux d'intérêts
sur un prêt;

• les deux à la fois.

Titre du programme

• Société de placements dans l'entreprise québécoise
(SPEQ), phase «opération».

Type d'entreprise

• Entreprises manufacturières;

• entreprises reliées au domaine du transport;

• entreprises touristiques;

• entreprises du secteur tertiaire moteur;

• entreprises reliées au domaine de l'exportation.

Type d'aide

• L'aide financière prend la forme d'un avantage fiscal consistant en une déduction du revenu imposable pour l'investisseur.

Titre du programme

• Programme de prêt de capitalisation (CAPI), phase
«opération».

Type d'entreprise

• Identique à SPEQ.

Type d'aide

• L'aide financière prend la forme d'une garantie de
prêt et d'une prise en charge d'une partie ou de la
totalité des intérêts.

Type du programme

• Programme d'aide à la capitalisation des corporations, phase «opération».

Organisme responsable
(suite)

Société de développement du Québec (SDI)

Type d'entreprise

- Corporation en voie de développement dans le domaine de la fabrication, de la transformation, de la construction, du transport, de la pêche, de l'exploitation agricole, forestière, minière ou pétrolière, ainsi que quelques entreprises de services.

Type d'aide

- Étude de faisabilité: remboursement de 50 % du montant payé, maximum 10 000 $;
- coût d'entrée: maximum 400 000 $.

Titre du programme

- Programme d'aide à l'investissement manufacturier, phase «expansion».

Type d'entreprise

- Entreprises manufacturières ayant un projet à contenu technologique important, ou entreprises manufacturières dynamiques.

Type d'aide

- Prise en charge d'une partie ou de la totalité des intérêts sur les emprunts de l'entreprise;
- acquisition d'actions sans droit de vote;
- prêt sans intérêts.

Titre du programme

- Programme d'aide à l'investissement pour les laboratoires de recherches, phase «expansion».

Type d'entreprise

- Entreprises manufacturières ou de services oeuvrant dans le domaine de la technologie nouvelle.

Type d'aide

- Prise en charge d'une partie ou de la totalité des intérêts sur les emprunts de l'entreprise;
- acquisition d'actions sans droit de vote;
- prêt sans intérêts.

Organisme responsable (suite)

Société de développement du Québec (SDI)

Titre du programme
- Programme d'aide au développement touristique, phase «expansion».

Type d'entreprise
- Entreprises touristiques.

Type d'aide
- Identique au «Programme d'aide à l'investissement manufacturier».

Organisme responsable

Ministère de l'Agriculture, des Pêcheries et de l'Alimentation du Québec (MAPAQ)

Titre du programme
- Service de consultation et d'aide financière aux entreprises.

Type d'entreprise
- Entreprises du secteur de la transformation alimentaire.

Type d'aide
- Assistance financière (diverses subventions).

Titre du programme
- Programme d'aide à la création de centres régionaux de grains.

Type d'entreprise
- Producteurs, commerçants et utilisateurs de grains.

Type d'aide
- Assistance financière: subventions pouvant atteindre 70 % du coût du projet jusqu'à 700 000 $.

Titre du programme
- Programme de rationalisation du secteur de la transformation des produits de la pêche.

Type d'entreprise
- Entreprises exploitant ou désirant exploiter un établissement de transformation des produits de la pêche ou de préparation d'aliments à base de ces produits pour la vente en gros.

Organisme responsable (suite)

Ministère de l'Agriculture des Pêcheries et de l'Alimentation du Québec (MAPAQ)

Type d'aide
- Prise en charge de 20 % du coût des immobilisations reconnues comme admissibles par le Ministère.

Titre du programme
- Programme de compensation à la désuétude des conserveries et des usines de préparation des produits marins.

Type d'entreprise
- Usines de préparation ou de transformation de produits marins situées en zone maritime.

Type d'aide
- Aide financière pouvant atteindre un maximum de 150 000 $.

Organisme responsable

Société québécoise d'initiatives agro-alimentaires (SOQUIA)

Type d'entreprise
- Entreprises qui oeuvrent dans la transformation ou la commercialisation de produits reliés à l'agriculture ou aux pêches commerciales.

Type d'aide
- Achat d'actions ordinaires;
- achat d'actions privilégiées;
- prêts d'actionnaires ou cautions;
- acquisition d'immeubles.

Organisme responsable

Société de développement coopératif (SDC)

Titre du programme
- Programme d'aide financière aux entreprises coopératives.

Type d'entreprise
- Entreprises coopératives.

Organisme
responsable
(suite)

Société de développement coopératif
(SDC)

Type d'aide

- Garantie de prêt à la capitalisation;
- garantie de rachat de parts privilégiées;
- garantie de prêt sous forme de marge de crédit;
- prise en charge d'intérêts;
- prêt de financement.

Organisme
responsable

Ministère de l'Expansion industrielle
et régionale (MEIR)

Titre du programme

- Programme de développement industriel et régional (PDIR).

Type d'entreprise

- Tous les types d'entreprises manufacturières de fabrication et de transformation dont le projet favorisera le développement industriel de leur région. (Projet d'innovation, d'implantation, d'agrandissement et de modernisation).

Type d'aide

- L'aide accordée varie en fonction de la division de recensement où se trouve l'entreprise et du type de projet.

Titre du programme

- Prêts aux petites entreprises (PPE).

Type d'entreprise

- Les entreprises exerçant une activité industrielle ou commerciale (fabrication, commerce de gros ou de détail, services, transports, construction, communications).

Type d'aide

- Prêts garantis (le revenu annuel brut de l'entreprise ne doit pas dépasser 1 500 000 $). Les formulaires d'inscription sont disponibles dans les institutions financières.

Organisme responsable | *Ministère des Pêches et des Océans du Canada*

Titre du programme
• Prêts aidant aux opérations de pêche.

Type d'entreprise
• Pêcheurs, entreprises de pêche.

Type d'aide
• Prêt allant jusqu'à 150 000 $ pour achat, construction ou réparation de bateaux ou d'engins; achat ou construction d'équipements de rivage.

Titre du programme
• Aide à la construction de bateaux de pêche.

Type d'entreprise
• Pêcheurs propriétaires de bateaux.

Type d'aide
• 25 % du coût de construction, de modification ou de transformation de bateaux jusqu'à un maximum de 100 000 $ pour des bateaux de bois ou de fibre de verre; 125 000 $ pour des bateaux d'acier.

Titre du programme
• Amélioration des techniques de capture et transfert technologique.

Type d'entreprise
• Pêcheurs.

Type d'aide
• Subvention de 75 % des coûts de réaménagement de cale de bateau, pour un maximum de 10 000 $.
• Subvention de 75 % des coûts d'installation de systèmes séparés de pompe, pour un maximum de 5 000 $.
• Subvention de 75 % des coûts de modification pour la polyvalence d'un bateau de pêche pour un maximum de 30 000 $.
• Subvention de 60 % des coûts de construction d'un nouveau bateau de pêche pour un maximum de 60 000 $.

**Organisme
responsable**

*Banque fédérale de développement
(BFD)*

Titre du programme
- Services financiers.

Type d'entreprise
- Tous les types.

Type d'aide
- Prêts à terme consentis ou à taux flottant ou à taux fixe pour 1, 2, 3, 4 ou 5 ans et remboursables sur une période pouvant aller jusqu'à 15 ans.

Titre du programme
- Services bancaires de placement.

Type d'entreprise
- Entreprise à société d'actions.

Type d'aide
- Participation au capital-action;
- souscription à forfait;
- prêts pari-pasu (prêt conjoint avec d'autres institutions financières);
- toutes combinaisons de ces formules.

Attention! Attention!

Avant d'entreprendre toute négociation avec un organisme gouvernemental, prenez note de ce qui suit.

- Si, à première vue, vous ne répondez pas à tous les critères d'admission d'un programme, n'abandonnez pas immédiatement: informez-vous auprès du ministère concerné, certains programmes sont plus souples qu'ils le semblent (Qui ne risque rien n'a rien!).

- Vous devez prouver que l'aide financière demandée est indispensable à la réalisation de votre projet. Expliquez que vous avez déjà consulté une ou deux autres sources de financement mais que les conditions offertes étaient inacceptables.

- Dans la rédaction de votre demande et lors de vos discussions avec les fonctionnaires, insistez (dans une juste mesure) sur les points que les gouvernements considèrent importants tels: la création d'emploi, le développement technologique, etc. Vous connaissez les priorités des gouvernements, alors démontrez que votre projet répond à ces objectifs.

- Vous devrez être patient avant d'obtenir une réponse. Toutefois, donnez signe de vie, contactez régulièrement le responsable du projet.

- Dès vos premières démarches, assurez-vous de connaître toutes les personnes impliquées dans le dossier. Ainsi, si votre projet est retardé pour quelques raisons (congé de maladie ou vacances par exemple), vous pourrez vous référer à une autre personne.

La recette miracle...

Il n'existe pas, malheureusement, de formule gagnante à appliquer pour obtenir un prêt. Chaque demande de crédit est étudiée individuellement et chaque cas est particulier. Toutefois, le plan d'affaires joue un rôle très important. C'est à partir de ce document que le prêteur tente de vous connaître, qu'il cherche à savoir si:

- vous avez les capacités nécessaires pour bien administrer votre entreprise;

- la santé financière de l'entreprise est suffisamment stable pour rembourser les fonds empruntés;

- les motifs qui vous poussent à demander de l'aide financière sont valables.

Le prêteur y recherche finalement tous les points qui lui prouveront qu'il s'agit d'une bonne affaire.

Inutile de se fermer les yeux, une demande de financement exige beaucoup de préparation. Mais le temps investi peut être rentable: un dossier clair, net et précis a de fortes chances de faire accélérer les procédures et surtout, il peut faire toute la différence entre un prêt accepté et un prêt refusé.

Que doit-on retrouver dans un plan d'affaires complet?

Tous les documents qui prouveront au gérant de l'institution financière que vous êtes (ou serez) un bon gestionnaire; que vous saurez utiliser, à profit, l'argent demandé; que votre projet n'est pas une idée farfelue mais plutôt un plan étudié, approfondi et structuré. Pour vous aider à constituer votre plan d'affaires, référez-vous au chapitre 9, qui traite essentiellement de ce sujet. Rappelez-vous que vos documents doivent être rédigés dans un langage simple, clair et précis. Par exemple, si vous demandez du financement pour acheter de la machinerie, spécifiez le genre de machine, les montants approximatifs, etc. Et n'oubliez pas qu'il existe des services pour vous aider dans la préparation de votre dossier, de même que des experts pour vous conseiller ou à qui vous pourrez passer les armes.

Voici certains points que le prêteur prend en considération lorsqu'il étudie un dossier:

- le nombre d'années d'existence de l'entreprise (une entreprise établie depuis plusieurs années entraîne évidemment moins de risques qu'une entreprise qui part à zéro);

- les compétences du candidat en matière de gestion (A-t-il de l'expérience? Quelle est sa formation? Qui sont les membres du conseil de direction?);
- la situation financière de l'entreprise (dans le cas d'une entreprise qui part à zéro, on s'attardera aux états prévisionnels);
- le montant des capitaux propres investis par le(s) propriétaire(s).

Avant de franchir le seuil d'une institution financière, assurez-vous de pouvoir répondre aux questions suivantes.

1. Pour quelle raison avez-vous besoin de ce financement?
2. Combien vous faut-il pour mettre votre projet en branle?
3. Comment dépenserez-vous cet argent?
4. Où vous procurerez-vous le financement global?
   - ☐ emprunt bancaire/financement externe
   - ☐ apport de capitaux de votre part
5. Quelle sera l'importance de l'emprunt?
6. Quand aurez-vous besoin de cet argent?
7. Disposerez-vous de votre apport financier au moment voulu?
8. Comment rembourserez-vous l'emprunt?
9. Pour combien de temps désirez-vous contracter cet emprunt?
10. Quels avantages cet emprunt apportera-t-il à votre entreprise?
11. Quelles données objectives pouvez-vous produire à l'appui de votre demande?
12. Vos états financiers sont-ils préparés et à jour?
13. Pouvez-vous fournir des renseignements généraux sur votre entreprise?
14. Quelles garanties subsidiaires pouvez-vous offrir?

Certaines réponses vous échappent? Faites les recherches nécessaires. C'est dans votre intérêt, car de toute façon, ces questions vous seront posées par le gérant de l'institution. Pensez-y donc à l'avance. Une personne préparée laisse toujours une meilleure impression.

Les garanties: une assurance pour le prêteur

La valeur des garanties que vous serez en mesure d'offrir à l'institution financière aura une grande influence sur votre demande de prêt, notamment s'il s'agit de votre première expérience dans le milieu des affaires ou si vous êtes un nouveau client de l'établissement financier. Les garanties représentent pour le prêteur une «assurance-remboursement», un «au cas où». Elles lui certifient qu'il pourra récupérer la valeur du prêt accordé advenant le cas où l'entreprise rencontrerait certaines difficultés. Généralement, le prêteur fixe le montant du prêt à la valeur des garanties que vous lui proposez.

Bien que les institutions préfèrent toujours des garanties liquides (argent comptant, obligations), sachez que la plupart des biens de votre entreprise peuvent être offerts en garantie. Toutefois, lorsqu'il s'agit de garantie, la valeur des biens change. Le prêteur utilisera la valeur de liquidation et non pas la valeur comptable.

Par exemple:

- les comptes-clients sont évalués à environ 75 % de la valeur comptable;
- les stocks à 25 % ou moins;
- les immobilisations (terrain, bâtiment, matériel lourd) doivent généralement faire l'objet d'une évaluation pour déterminer leur valeur marchande.

Mais, s'il s'agit de votre première expérience en affaires, ou encore d'une nouvelle entreprise, vous ne pouvez pas garantir les biens de l'entreprise puisqu'elle n'en possède pas encore. Vos seules garanties sont votre dynamisme et vos compétences. Aussi paradoxal que cela puisse sembler, c'est justement lors de telles circonstances que le prêteur est exigeant sur les garanties! Dans la plupart des cas, il vous demandera des garanties personnelles. Essayez alors de diminuer la valeur monétaire de votre engagement et l'étendue de la période.

Évidemment, l'implication de garanties personnelles peut avoir des conséquences. Par exemple, si vous ne pouvez pas respecter vos échéances, l'institution financière récupérera ce montant d'argent sur la valeur de votre maison ou du bien offert en garantie.

Vous voilà bien mal pris! Vous aviez décidé de vous constituer en compagnie pour éviter d'impliquer vos biens personnels dans vos affaires et tout à coup, on exige ces biens en garantie! C'est le monde à l'envers. Oui mais voilà, ces garanties personnelles constituent peut-être votre seule chance de vous lancer en affaires...

Où trouver des garanties?

Voici quelques exemples:

- les immobilisations telles que la bâtisse, le terrain ou l'équipement de votre entreprise;

- l'actif séparé de votre entreprise: votre maison ou toutes autres propriétés qui vous appartiennent personnellement, des obligations, des actions, des valeurs de rachat sur une police d'assurance sur la vie, etc.;

- les revenus séparés de l'entreprise: si vous occupez un autre emploi à l'extérieur, les gains de ce travail peuvent servir de garanties. **Attention toutefois, car ce type d'engagement vous lie personnellement à votre entreprise**;

- les stocks (la marchandise de votre entreprise): les stocks peuvent, dans certains cas, être considérés comme des garanties, selon leur valeur et leur nature; évidemment, s'il s'agit d'une entreprise de services, ceci ne s'applique pas;

- les comptes à recevoir et les commandes de clients: encore faut-il que votre entreprise existe depuis quelques années, et tout dépend depuis quand et des montants;

- la valeur d'exploitation de votre entreprise peut constituer une garantie si vous vous êtes porté acquéreur d'une entreprise existante et... florissante (petite précision très importante).

La minute de vérité

On a accepté de financer votre projet. Félicitations! Mais cette réponse positive ne vous permet pas pour autant de vous asseoir sur vos lauriers; au contraire, c'est aujourd'hui que tout commence... À partir de maintenant, vous devez faire l'impossible pour que tout ce qui est inscrit sur papier se concrétise dans la réalité.

Cet accord de crédit ne doit pas mettre non plus un terme à la relation avec le prêteur. Vous avez même tout intérêt à entretenir cette relation pour faciliter des démarches ultérieures. Tenez-le au courant de vos réalisations. Si vous organisez une séance d'information ou une réunion avec votre conseil d'administration, invitez-le. Si vous rencontrez des difficultés, consultez-le. N'attendez pas qu'il soit trop tard et qu'il ne puisse réparer les pots cassés. Entretenez avec lui une relation franche.

Quelques bons tuyaux

•   Si vous bénéficiez d'une marge de crédit, ne laissez pas dormir l'argent, faites-le fructifier!

•   Ne mettez pas tous vos oeufs dans le même panier; faites affaires avec plusieurs sources de financement. Vous pourriez contracter une marge de crédit dans une institution financière et tenter d'obtenir votre prêt à long terme dans un autre établissement. Ainsi, si vous rencontrez quelques difficultés, vous ne serez pas à la merci d'une institution qui décide de récupérer tous ses prêts.

En affaires, la persévérance est de mise

Votre prêt est refusé. C'est la catastrophe; votre projet ne pourra voir le jour. Tout ce temps mis à sa préparation gaspillé.

Minute! Un entrepreneur qui a confiance en son projet sait tirer ce qu'il y a de positif de cette expérience et considère cette épreuve comme un premier obstacle dans le monde des affaires. Souvenez-vous que dans ce milieu, on doit lutter continuellement et que pour réussir, on ne doit pas se laisser abattre à la première tempête. Il faut persévérer.

Reprenons tout de zéro

Vous

- Avez-vous consacré suffisamment de temps et d'attention à la préparation de votre plan d'affaires?
- Avez-vous les compétences nécessaires?
- Serait-il préférable de laisser cette tâche à un expert? Cela vous coûterait quelques dollars, mais pour en gagner combien?

Le prêteur

- Allez rencontrer le directeur de l'institution financière et demandez-lui de vous expliquer pourquoi il refuse de vous financer. Cet entretien vous fera peut-être prendre conscience d'un point faible dans votre dossier ou d'un aspect de votre future entreprise qui aurait été négligé.
- Vérifiez auprès du bureau de crédit si les informations concernant votre solvabilité sont exactes.

Les sources extérieures

- Votre dossier est complet et votre cote de solvabilité est bonne. Alors faites appel à un autre prêteur. Celui qui a étudié votre dossier n'était peut-être pas expérimenté dans le crédit commercial. Certains directeurs, par manque d'expérience ou parce qu'ils auront confié le dossier à un subalterne non qualifié, rejetteront votre demande alors qu'un autre l'acceptera. La capacité d'évaluer les possibilités futures de l'entreprise varie d'une personne à l'autre. Le marché du crédit est grand, alors magasinez!

♫ Si la première fois tu ne réussis pas, il faut essayer une deuxième fois... ♫

En dernier ressort, vous pouvez en référer à une institution spécialisée dans le crédit à risque telle que la Banque fédérale de développement. La BFD est une société de la Couronne créée pour promouvoir et aider le développement d'entreprises canadiennes. Elle offre une aide financière aux entreprises qui n'ont pu se procurer tous les fonds nécessaires auprès des autres sources. Elle offre aussi des services de placements bancaires et des services de gestion-conseil (consultation, information). Pour en savoir davantage sur ses services, consultez le tableau du chapitre 14, et pour connaître les coordonnées, référez-vous à l'annexe II.

Liste de contrôle

	oui	non
Avez-vous déterminé vos besoins financiers pour démarrer votre entreprise?	☐	☐
Avez-vous établi le montant de votre apport financier?	☐	☐
Avez-vous essayé d'obtenir du financement de vos proches ou de vos relations?	☐	☐
Connaissez-vous tous les organismes financiers qui peuvent vous offrir du financement?	☐	☐
Vous êtes-vous renseigné sur les différents modes de financement?	☐	☐
Existe-t-il un programme de subvention gouvernemental qui pourrait vous aider?	☐	☐
Avez-vous joint à votre plan d'affaires tous les documents financiers qui peuvent informer le prêteur?	☐	☐
Avez-vous consulté plus d'une institution financière?	☐	☐
Avez-vous déterminé les garanties que vous pouvez offrir au prêteur?	☐	☐
Si on a refusé de vous accorder du crédit, avez-vous tenté d'en connaître les raisons?	☐	☐
Avez-vous présenté une autre demande dans une institution financière différente?	☐	☐

Cuisinonde micro-ondes

Comme bien d'autres jeunes entrepreneurs, Nicole Proulx, Réjean Godin et Sylvain Bédard, les trois associés de Cuisinonde micro-ondes, ont leur petite histoire à raconter sur leur recherche de financement pour se lancer en affaires.

Ces trois étudiants en administration aux Hautes Études commerciales (HÉC) ont décidé de créer leur propre emploi en lançant une petite entreprise de vente et de services liés aux fours micro-ondes. Un projet bien structuré qui d'ailleurs a été appuyé par plusieurs professeurs des HÉC. Que peut-on demander de mieux?

À l'été 1985, Nicole Proulx, Réjean Godin et Sylvain Bédard partent à la conquête d'appuis financiers. De par la nature de leur projet, ils ne sont pas admissibles aux programmes d'aide gouvernementaux. Ils visitent donc plus d'une vingtaine d'institutions financières mais à chaque fois, ils essuient un refus catégorique.

Les associés ont appris beaucoup au cours de cette expérience, entre autres, que le prêteur va exiger un endosseur si ceux qui empruntent n'offrent aucune garantie financière en échange du prêt. Ils demandaient aux institutions financières un prêt de 25 000 $ pour lequel ils n'apportaient aucun investissement personnel, voilà pourquoi on manifestait tant de réticences à leur égard.

Ils ont de plus compris les rouages du système de crédit d'une institution financière. Certains banquiers disposent d'un pouvoir de décision personnel sur les demandes de financement (jusqu'à une certaine limite de crédit), alors que d'autres doivent envoyer automatiquement toutes les demandes au siège social.

Toujours résolus à rendre leur projet à terme, les associés ont décidé de tirer leçon de leur apprentissage et d'apporter ainsi certaines modifications à leur dossier: d'une part, ils ont investi personnellement 10 000 $ dans l'entreprise et ont demandé un prêt de 15 000 $; d'autre part, ils ont présenté leur demande auprès d'un banquier qui détenait un pouvoir décisionnel.

Résultat: leur prêt a été accordé et Cuisinondes micro-ondes a vu le jour le 19 septembre 1985.

Source: magazine *Affaires*, novembre 1985.

Chapitre 9

Pour bien se préparer: le plan d'affaires

Le plan d'affaires est à l'entrepreneur ce que le curriculum vitae est au chercheur d'emploi. Lorsqu'on cherche un emploi, on prépare un curriculum vitae qui fait état de nos aptitudes pour un certain type de travail; lorsqu'on se lance en affaires, on doit constituer un dossier de renseignements complet qui rend compte des forces de l'entreprise, de ses besoins et du bien-fondé d'une demande de crédit.

Faire le plan d'affaires de votre entreprise, c'est:

- traduire en chiffres tous vos plans;
                          toutes vos prédictions;
                          toutes vos suppositions;
- démontrer sur papier que votre projet est réaliste;
- prendre conscience des forces et aussi des faiblesses de votre entreprise;
- prouver, à tous les intervenants, que votre entreprise est valable et qu'il sera rentable d'y investir temps et argent.

Bref, le plan d'affaires vous permet d'avoir la situation bien en main.

Préparer un plan d'affaires est une opération de planification souvent considérée comme une tâche ennuyeuse et pénible. Quoi qu'il en soit, pour réussir en affaires, le savoir et le bon vouloir ne suffisent pas: il faut planifier. La planification est un outil de travail que nul ne peut ignorer. Elle permettra à votre entreprise de progresser «logiquement». Elle vous procurera un, deux, trois pas d'avance sur les événements, et vous pourrez, lors de circonstances particulières, prendre des décisions plus judicieuses. La planification exige une analyse sérieuse de votre entreprise et une révision continuelle de vos opérations. Puisque la planification est constituée d'hypothèses, il est primordial de vérifier régulièrement vos opérations et de tenir compte de toutes les possibilités, même les plus farfelues.

> Une bonne base constitue un puissant facteur de croissance et de succès.

Un plan d'affaires, ça fait l'affaire de qui?

De vous...

La première personne à bénéficier d'un plan d'affaires, c'est **vous**. Il vous permettra de mieux maîtriser tous les éléments de votre entreprise et vous aidera dans le contrôle et la direction de vos opérations.

Des autres...

Il y a de fortes chances qu'un jour vous demandiez à une **institution financière** de vous accorder un prêt. Cette dernière vous l'accordera si vous réussissez à lui démontrer que votre entreprise sera bien gérée et qu'elle sera prospère. Le plan d'affaires permet aux autres de faire connaissance avec votre entreprise. Une image vaut mille mots; alors, au lieu d'essayer de vendre votre «salade» avec de belles phrases toutes préparées, présentez un plan d'affaires clair et concis. Vos chances de réussir seront meilleures.

Ce document servira également pour les **gouvernements,** les **futurs actionnaires** et les **fournisseurs.** Mettez-vous dans la peau de ces gens. Avant d'accorder des subventions, les gouvernements désirent connaître le potentiel des entreprises et s'assurer de leur viabilité. Les futurs actionnaires veulent, avant de s'engager, vérifier la rentabilité de l'entreprise et les fournisseurs exigent des garanties de paiement.

Il y a probablement d'autres intervenants qui, un jour ou l'autre, voudront rapidement se faire une idée de votre entreprise et savoir avec qui ils font affaire. Le plan d'affaires constitue donc un document qui vous suivra régulièrement dans les premières années de votre carrière d'entrepreneur.

Le plan d'affaires:
un pedigree de votre entreprise

Un plan d'affaires sérieux, complet, et efficace doit contenir...

Pour une entreprise nouvelle:

- présentation de l'entreprise;
- curriculum vitae des dirigeants;
- bilan personnel des dirigeants;
- plan marketing;
- bilan d'ouverture (pro forma);
- état prévisionnel des résultats (pro forma);
- analyse du seuil de rentabilité;
- budget de trésorerie;
- fonds de roulement nécessaire;
- projet de financement et structure du capital.

Pour une entreprise déjà existante:

- tous les documents énumérés précédemment;
- les dossiers financiers des 2 à 5 dernières années;
- les baux, les hypothèques, les prêts, les taux d'intérêts, etc.

Évidemment, à ce stade-ci, le plan d'affaires vous semble un vrai fouillis. Rassurez-vous, les sections qui suivent sauront vous éclairer sur les dessous d'un plan d'affaires.

Devant ce méli-mélo, suivez le guide!

À l'étape de la constitution de votre plan d'affaires, deux choix s'offrent à vous:

- le réaliser vous-même;
- confier la tâche à un spécialiste.

Tous les éléments d'un plan d'affaires sont abordés ici. Afin d'en faciliter la compréhension, le cas type d'une entreprise manufacturière, qui a obtenu une bourse d'affaires du ministère de l'Industrie et du Commerce du Québec, sera analysé pour chacun des points.

Présentation de l'entreprise

Il s'agit ici d'expliquer, de façon succincte, la raison d'être de l'entreprise, c'est-à-dire sa vocation, le genre d'exploitation, les caractéristiques du/des produits ou des services, bref, de rendre sur papier les informations pertinentes au projet.

- Énoncez les buts et les objectifs que vous poursuivez à court et moyen termes (1 à 3 ans).

- S'il y a lieu, faites un court historique de l'entreprise (Depuis quand existe-t-elle? Où est-elle située? Qui l'a lancée? Si possible, mettez en évidence les étapes de son expansion. N'abordez pas ici l'aspect financier: il sera expliqué dans une autre section du plan d'affaires).

- Spécifiez la forme juridique (entreprise individuelle, société en nom collectif ou en commandite, compagnie).

- Insérez la charte de votre entreprise.

- Annexez l'organigramme de l'entreprise avec le nom et les fonctions de chacun des dirigeants, s'il y a lieu.

- Faites part, s'il y a lieu, des noms et fonctions des personnes qui forment votre conseil d'administration ou de gestion.

- Présentez le calendrier de constitution de votre entreprise en y indiquant les étapes déjà effectuées.

Présentation de l'entreprise

Meublapar inc.
510, place Auclair
Ville Vanier (Québec)
G1M 3G3
Tél.: (418) 687-3923

Société constituée selon la partie 1A de la Loi des compagnies du Québec en date du 8 septembre 1985.

Description du projet:

- fabrication de meubles modulaires ou intégrés;
- spécialisation dans la fabrication sur mesure et non standard;
- choix personnel du matériel;
- répartition efficace de la main-d'oeuvre.

Objectifs poursuivis à court terme:

- aménagement d'un espace de travail adéquat;
- création d'emplois permanents (ouvriers);
- politique d'achat stricte;
- augmentation du chiffre d'affaires;
- accroissement des bénéfices à court terme;
- élargissement du marché potentiel;
- collaboration à l'accroissement de la collaboration du commerce québécois (achat québécois).

Organigramme:

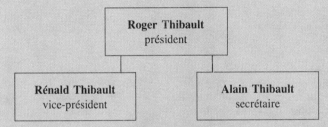

Les fonctions de production et de contrôle de la qualité seront assumées par Roger Thibault et Rénald Thibault. Alain Thibault tiendra principalement les fonctions reliées au marketing et au développement des affaires dans l'entreprise.

Curriculum vitae des dirigeants

Le curriculum vitae des dirigeants est une courte biographie. Il mentionne leurs études, leurs expériences et spécifie leurs fonctions et leur utilité dans l'entreprise.

Curriculum vitae[1]
Nom: Thibault, Alain
Adresse:
Téléphone:
Numéro d'assurance sociale: 000-000-000
Date de naissance: 1958-05-28

Études

Cours universitaire	1979 à 1982
Université Laval	
majeure Relations Industrielles	
mineure Relations Publiques	
Baccalauréat ès arts	

Cours collégial	1976 à 1978
Collège Mérici	
Sciences de l'administration	
Diplôme d'études collégiales	

Cours secondaire	1971 à 1975
École secondaire Cardinal-Roy	1969 à 1970
École secondaire Saint-Malo	
Certificat d'études secondaires	

Expériences de travail

Responsable des achats	1982 (septembre) à
de matériaux de construction;	1983 (janvier)
Surveillant de chantier	
Tiborénove inc.	
(entrepreneur général en construction,	
spécialiste en rénovation)	

Agent d'information	1982 (janvier à mai)
Attitré aux dossiers suivants:	

*   quatrième marathon international
      de Montréal;
*   politique des parcs gouvernementaux
Ministère du Loisir, de la Chasse et
de la Pêche du Québec

---

1. Cet exercice doit être répété pour chacun des dirigeants.

Vendeur   1982 (été)
vente itinérante
Club automobile de Québec

Journalier   1976 à 1982
domaine de la construction   (saisons estivales)
Ateliers de construction Miguyli

Agent de communication   1981 (été)
Élaborer un programme de communications
Camping Claire-Fontaine de Saint-Raymond
Service des loisirs

Centre d'intérêt

Lecture;
Photographie;
Sports (raquetball, squash, ballon volant).

Références

Bilan personnel des propriétaires[2]

Le bilan personnel, c'est la déclaration de tous les biens personnels et avoirs des dirigeants. Soyez assuré que certains intervenants, notamment le personnel des institutions financières, ouvriront grands les yeux sur le bilan personnel, surtout s'il s'agit d'une première expérience dans le monde des affaires. Si le curriculum vitae constitue un critère d'évaluation de la capacité de gérer des dirigeants, le bilan personnel, lui, permet au prêteur de déterminer les autres ressources financières de l'entreprise s'il advenait des difficultés.

---

2. Compte tenu de la confidentialité des renseignements, aucune information personnelle sur les dirigeants n'est fournie ici.

Bilan personnel des propriétaires

Nom:
Adresse:
Tél.:
N° d'assurance sociale:
Date de naissance:

Propriétaire ☐ **Locataire** ☐

Nombre de personnes à charge ☐

ACTIF

Encaisse
_____
_____
_____

Biens
immeubles
_____
_____
_____

Autres
(factions,
obligations,
automobile,
assurance-vie,
etc.)
_____
_____
_____

PASSIF

Prêts
bancaires
_____
_____
_____

Hypothèques
_____
_____
_____

Autres
(cartes
de crédit, etc.)
_____
_____
_____

Plan de marketing

On établit le plan de marketing à partir de l'étude de marché (voir le chapitre 6). Il contient une analyse du marché, du produit ou des services, des prix, des fournisseurs, des réseaux de distribution, de la publicité.

Meublapar inc.
PLAN DE MARKETING
Marché

- La demande potentielle se situe dans le meuble fabriqué sur mesure pour des besoins spécifiques.

- Actuellement, la demande est bonne car il existe peu d'entreprises qui offrent des meubles de fabrication spécialisée.

- Il existe un marché potentiel de plusieurs millions de dollars dans la région de Québec.

- La clientèle visée est surtout: les architectes, les décorateurs, les entrepreneurs, les particuliers.

- Notre marché est présentement local, mais nos efforts sont tournés vers le régional.

- La situation concurrentielle se résume ainsi:
  - Solo
  - Décor PJM
  - Distributeurs de gros manufacturiers
  - Ameublement Buffard.

- La mise en marché est effectuée par Alain Thibault qui visite les architectes, les contracteurs et les promoteurs décorateurs;

- L'objectif de développement est d'accaparer une part du marché du meuble spécialisé dans la région de Québec en atteignant les chiffres de vente suivants:

  1984: 110 000 $
  1985: 250 000 $
  1986: 350 000 $
  1987: 500 000 $

Produit

- Le produit (meubles) est spécifique, non standard et fabriqué sur mesures.

- Dans ce domaine, l'entreprise utilise une technologie «conventionnelle» lui permettant de respecter les règles de l'art.

Prix

- Nos prix sont ceux du marché et ils sont très concurrentiels.

- Le coût des achats représente environ 25 % à 30 % du prix de vente du produit.

Fournisseurs

- Les achats sont effectués chez des grossistes de la région.

- L'entreprise est toujours dépendante des fournisseurs à cause du caractère spécialisé de sa production.

Promotion

- Des expositions seront tenues lors d'occasions propices à raison de deux par année.

- Une publicité locale sera faite dans les médias écrits de masse et spécialisés.

Bilan d'ouverture (pro forma)

Faire un bilan d'ouverture, c'est dresser une liste des ressources de l'entreprise à une date donnée, dire ce qu'elle possède à l'ouverture, ce qu'elle inscrit à son actif et à son passif. Ce bilan permet d'évaluer la situation financière de l'entreprise à une date **spécifique.**

Meublapar inc.
BILAN PRO FORMA
au 31 août

ACTIF

Actif à court terme	1984	1985
Encaisse	100 $	14 481 $
Comptes à recevoir	10 900	19 071
Stocks (voir note 1)	7 000	7 000
Total de l'actif à court terme	18 000 $	40 552 $

Actif à long terme

Immobilisations: valeur nette (voir note 2)		
Matériel et outillage	9 000 $	19 237 $
Mobilier de bureau	---	2 640
Amélioration des locaux	---	3 040
Véhicule	---	5 880
Total de l'actif à long terme	9 000 $	30 797 $
Total de l'actif	**27 000 $**	**71 349 $**

PASSIF

Passif à court terme	1984	1985
Comptes — fournisseurs	5 020 $	3 145 $
Frais courus à payer	3 342	4 000
Impôts à payer	1 977	2 930
Total du passif à court terme	10 339 $	10 075 $

Passif à long terme

Dû aux administrateurs	7 620 $	7 620 $

Avoir des propriétaires

Solde d'ouverture (capital actions)	30 $	25 030 $
Bénéfices non répartis	9 011	28 624
	9 041 $	53 654 $

Total du passif et de l'avoir des propriétaires	**27 000 $**	**71 349 $**

Meublapar inc.
Notes aux états financiers prévisionnels

1. Les stocks évalués au coût sont constitués des matières premières destinées à la fabrication des meubles.

2. Immobilisations

	Coût d'acqui-sition	Amortis-sement accumulé	Valeur nette 1985	1984
Matériel et outillage	25 087	5 850	19 237	9 000
Mobilier de bureau	3 300	660	2 640	—
Amélioration des locaux	3 800	760	3 040	—
Véhicule	8 400	2 520	5 880	—
	40 587 $	9 790 $	30 797 $	9 000 $

État prévisionnel des résultats (pro forma)

Comme il a été expliqué au chapitre 7, l'état prévisionnel des résultats présente les profits et les dépenses estimés de l'entreprise pour une certaine période. Généralement, on réalise cet exercice pour les trois années à venir, sur une base mensuelle pour la première année et annuelle pour les suivantes. Puisqu'il s'agit de prévisions, il faut être prudent ou plutôt, réaliste: il ne faut pas indiquer les performances souhaitées mais bien celles que l'entreprise devrait normalement atteindre.

Meublapar inc.
ÉTAT PRÉVISIONNEL DES RÉSULTATS
Pour l'exercice se terminant le 31 août

	1984	1985	1986
Revenus d'exploitation: ventes	**110 000 $**	**250 000 $**	**350 000 $**
Moins: coût des marchandises vendues (frais variables)	68 412	127 500	182 410
Bénéfice brut	**41 588 $**	**122 500 $**	**167 590 $**
Moins dépenses d'exploitation			
Salaires et contributions d'employeur	15 000	15 725	22 000
Amortissement	—	9 780	9 780
Assurances	1 500	1 500	2 000
Loyer	5 000	6 000	7 000
Publicité	10 000	30 000	40 000
Honoraires professionnels	2 000	2 500	3 000
Intérêts bancaires	—	1 500	1 000
Divers	600	3 000	3 000
Total des dépenses (frais fixes)	34 100 $	70 005 $	87 780 $
Bénéfice net avant impôts	7 488	52 495	79 810
Impôts	1 347	6 824	10 375
Bénéfice net après impôts	**6 141 $**	**45 671 $**	**69 435 $**

Analyse du seuil de rentabilité

Le seuil de rentabilité (appelé aussi point mort) est le moment à partir duquel l'entreprise commence à réaliser des profits.

C'est en fait la quantité de ventes qui doivent être réalisées pour couvrir les dépenses (frais fixes et frais variables).

Le seuil de rentabilité peut être déterminé graphiquement ou à partir d'une formule. Ces deux méthodes ont été expliquées au chapitre 7.

Voici le rappel de la formule:

$$\text{Seuil de rentabilité} = \frac{\text{Frais fixes}}{1 - \text{Frais variables par dollar de vente}}$$

$$\text{Frais variables par dollar de vente} = \text{Frais variables/ventes}$$

Dans le cas de Meublapar inc., la formule du seuil de rentabilité s'applique comme suit pour l'année 1986:

- $182\ 000\ \$ \div 350\ 000\ \$ = .52$
- $\dfrac{87\ 780\ \$}{1 - .52} = 182\ 875\ \$$

	Meublapar inc.		
	1984	1985	1986
Seuil de rentabilité	89 736,84 $	142 867,35 $	182 875 $

Fonds de roulement

Les besoins en fonds de roulement diffèrent d'une entreprise à une autre. Il s'agit de l'argent requis pour financer les activités quotidiennes de l'entreprise et pour payer les dettes à court terme.

Prévoir un fonds de roulement adéquat peut permettre:

- d'acheter les stocks aux meilleures conditions;
- de maintenir les coûts et les prix à un niveau concurrentiel;
- d'être plus exigeant auprès des fournisseurs (par exemple, si vous désirez subitement, mais rapidement, une livraison de stocks);
- de conserver une bonne cote de solvabilité.

Les besoins en fonds de roulement sont déterminés par la différence entre l'actif à court terme et le passif à court terme.

Meublapar inc.
FONDS DE ROULEMENT

1984

Total de l'actif à court terme	18 000 $
Total du passif à court terme	− 10 339
Fonds de roulement	7 661

1985

Total de l'actif à court terme	40 552 $
Total du passif à court terme	− 10 075
Fonds de roulement	30 477

Budget de trésorerie

Le budget de trésorerie, c'est en quelque sorte l'agenda de l'entreprise pour une année. Il indique mensuellement les encaisses et les déboursés et démontre soit un excédent, soit un déficit de trésorerie. Préparer un budget de trésorerie demande une bonne connaissance du fonctionnement de l'entreprise:

- Aurez-vous 15, 30 ou 45 jours pour payer vos fournisseurs après réception de la marchandise?
- Accorderez-vous des ventes à crédit?
- Quelle sera votre politique de perception des comptes-clients?
- Quelles seront vos dépenses périodiques (salaires, loyer, acomptes, etc.), vos dépenses irrégulières (impôts, dividendes, remboursement hypothécaire, etc.)?

Meublapar inc.

BUDGET DE TRÉSORERIE

Pour l'exercice se terminant le 31 août 1985

	Sept. 1984	Oct. 1984	Nov. 1984	Déc. 1984
Ventes (recettes)	25 000	20 000	10 000	10 000
ENCAISSES				
Mois de la vente (30 %)	7 500	6 000	3 000	3 000
2e mois suivant la vente (50 %)	7 500	6 000	12 500	10 000
3e mois suivant la vente (20 %)	3 400	3 000	2 400	5 000
Émission d'actions privilégiées	25 000	—	—	—
Autres recettes	—	—	—	—
	43 400	15 000	17 900	18 000
DÉBOURSÉS				
Achats des matières premières	3 000	6 250	5 000	2 500
Salaires nets	3 325	3 325	3 325	3 325
Déductions à la source	1 425	1 425	1 425	1 425
Frais variables de fabrication	283	590	472	236
Frais fixes de fabrication	1 100	1 100	1 100	1 100
Frais d'administration	1 102	1 102	1 102	1 102
Commissions sur ventes	1 224	1 080	864	1 800
Frais de marketing	4 042	4 042	4 042	4 042
Intérêts et frais bancaires	125	125	125	125
Intérêts à long terme	—	—	—	—
Achats d'immobilisations	25 000	—	—	—
	40 626	19 039	17 455	15 655
Surplus (déficit) de trésorerie du mois	2 774	(4 039)[3]	445	2 345
+ solde du début du mois	—0—	2 774	(1 265)	(820)
Surplus (déficit) de trésorerie à la fin du mois	2 774	(1 265)	(820)	1 525
− niveau minimum requis	5 000	5 000	5 000	5 000
Financement requis ou surplus disponible	(2 226)	(6 265)	(5 820)	(3 475)

---

3. Les parenthèses apparaissant dans le tableau indiquent que la somme est un déficit.

Janv. 1985	Fév. 1985	Mars 1985	Avr. 1985	Mai 1985	Juin 1985	Juil. 1985	Août 1985
10 000	15 000	20 000	25 000	30 000	30 000	30 000	25 000 $
3 000	4 500	6 000	7 500	9 000	9 000	9 000	7 500
5 000	5 000	5 000	7 500	10 000	12 500	15 000	15 000
4 000	2 000	2 000	4 000	3 000	4 000	5 000	6 000
—	—	—	—	—	—	—	—
—	—	—	—	—	—	—	—
12 000	11 500	13 000	19 000	22 000	25 500	29 000	28 500 $
2 500	2 500	3 750	5 000	6 250	7 500	7 500	7 500
3 325	3 325	3 325	3 325	3 325	3 325	3 325	3 325
1 425	1 425	1 425	1 425	1 425	1 425	1 425	1 425
236	236	354	472	590	708	708	708
1 100	1 100	1 100	1 100	1 100	1 100	1 100	1 100
1 102	1 102	1 102	1 102	1 102	1 102	1 102	1 102
1 440	720	720	720	1 080	1 440	1 800	2 160
4 042	4 042	4 042	4 042	4 042	4 042	4 042	4 042
125	125	125	125	125	125	125	125
—	—	—	—	—	—	—	—
—	—	—	—	—	—	—	—
15 295	14 575	15 943	17 311	19 039	20 767	21 127	21 487 $
(3 295)	(3 075)	(2 943)	1 689	2 961	4 733	7 873	7 013
1 525	(1 770)	(4 845)	(7 788)	(8 099)	(5 138)	(405)	7 468
(1 770)	(4 845)	(7 788)	(6 099)	(5 138)	(405)	7 468	14 481
5 000	5 000	5 000	5 000	5 000	5 000	5 000	5 000
(6 770)	(9 845)	(12 788)	(11 099)	(10 138)	(5 405)	2 468	9 481 $

Projet de financement et structure du capital

Il importe de préciser d'où provient le capital de l'entreprise et dans quelle proportion.

Meublapar inc.
PROJET DE FINANCEMENT
ET STRUCTURE DU CAPITAL

Les ressources financières nécessaires pour atteindre les objectifs de développement sont:

- un emprunt à long terme de 25 000 $ pour l'achat d'équipement de production (subvention: Bourses d'affaires);
- une marge de crédit de 10 000 $ pour financer les opérations courantes.

L'entente contractuelle entre les actionnaires est la suivante:

- le degré de propriété et le pouvoir de décision dans l'entreprise sont distribués au prorata des actions détenues de la catégorie «A»:

Alain Thibault	10 actions	33 1/3 %
Rénald Thibault	10 actions	33 1/3 %
Roger Thibault	10 actions	33 1/3 %
	30 actions	100 %

Laissez-vous guider... par les autres

Petits problèmes?

État prévisionnel, fonds de roulement, bilan et quoi encore? Tout ce langage administratif vous insécurise, manque de clarté et, tout compte fait, vous considérez que cette étape est trop importante pour courir le risque d'y faire des erreurs?

Voici deux portes de sortie...

1. Remettez votre «casse-tête» entre les mains d'un spécialiste. Après tout, à chacun son domaine.

La liste des spécialistes dans le domaine des affaires est longue, ce n'est pas le choix qui manque: comptable agréé, conseiller en gestion, conseiller en administration, etc. Toutefois, il est important de choisir quelqu'un en qui vous aurez entièrement confiance. N'hésitez pas à magasiner, car les honoraires professionnels peuvent varier d'un conseiller à un autre. Les finissants en administration des universités offrent souvent des services de cabinets-conseils au sein de leur institution d'enseignement. Ils sont en mesure de vous offrir de bons conseils et à bon prix. Consultez l'annexe IV.

2. Allez chercher les connaissances qui vous manquent. Comment?

*   En suivant un cours de comptabilité. Consultez le chapitre 14 et informez-vous auprès des collèges et des universités de votre localité. Évidemment, cette solution vous demandera d'investir beaucoup de temps et d'énergie.

*   En vous inscrivant à un séminaire de comptabilité. Certains organismes offrent des séminaires (d'une durée de 1/2 journée à 2 jours) traitant de points bien particuliers des affaires (la comptabilité, l'étude du marché, la fiscalité, etc.). Pour plus d'informations, communiquez avec l'un des organismes suivants:

    - une direction régionale du ministère de l'Industrie et du Commerce du Québec;

    - une succursale de la Banque fédérale de développement;

    - la Chambre de commerce de votre localité;

    - un bureau régional de la Commission de la formation professionnelle;

    - le département d'administration des collèges et universités de votre localité.

Référez-vous aux annexes pour connaître les coordonnées de ces organismes.

- En consultant diverses publications. La liste des publications gratuites qui traitent de ces sujets figure à l'annexe V.

- En vous référant à des personnes impliquées dans le milieu. S'il vous manque quelques informations introuvables, parlez-en aux gens d'affaires; ils pourront sûrement vous donner de bons filons. Plus vous serez impliqué dans le milieu, plus vous aurez de chances d'apprendre les «secrets» des affaires. Entretenir des relations n'est pas une perte de temps, c'est souvent de cette façon qu'on découvre le plus de choses.

Voici quelques suggestions

- Le gérant de votre institution financière

Il est important d'entretenir de bonnes relations avec le gérant de son institution financière. Cette personne est très impliquée dans le monde financier et peut vous apporter un jugement de bonne valeur. Soyez quand même bon juge: n'allez pas le rencontrer pour toutes les étapes de votre projet!

- Les Chambres de commerce et les associations sectorielles

Les Chambres de commerce et les associations sectorielles vous fournissent l'occasion de rencontrer des personnes qui vivent les mêmes situations que vous et, par le fait même, des problèmes similaires.

- Vos fournisseurs

Vos fournisseurs connaissent le marché que vous exploitez et ils côtoient vos concurrents... À ne pas oublier!

- Les conseillers du gouvernement

Par l'entremise de ses directions régionales, le ministère de l'Industrie et du Commerce du Québec (MIC) met à votre disposition des conseillers en développement industriel. Ils peuvent vous aider en matière de financement, de gestion, d'informatique, de ressources humaines, de production et de marketing.

De plus, la Banque fédérale de développement (BFD) offre, à un coût abordable, un service de consultation en gestion (CASE) qui regroupe plus de 1 500 retraités qui ont réussi en affaires. Ces spécialistes peuvent discuter avec vous de vos problèmes particuliers et examiner vos besoins. Pour obtenir de plus amples informations, communiquez avec le Service gestion-conseil de la BFD. Consultez votre annuaire téléphonique pour connaître les coordonnées.

Le monde des affaires est grand, et il existe bien des endroits, des personnes, des services et des organismes dans le milieu qui peuvent vous aider. Pour en savoir plus long ou pour compléter vos informations, consultez le chapitre 14.

Liste de contrôle

	oui	non
Avez-vous joint à votre plan d'affaires:		
— la présentation de votre entreprise?	☐	☐
— le *curriculum vitae* des dirigeants?	☐	☐
— le bilan personnel des propriétaires?	☐	☐
— le plan de marketing?	☐	☐
— le bilan d'ouverture (pro forma)?	☐	☐
— l'état prévisionnel des résultats?	☐	☐
— l'analyse du seuil de rentabilité?	☐	☐
— le fonds de roulement?	☐	☐
— le budget de trésorerie?	☐	☐
— le projet de financement de votre entreprise?	☐	☐

Les Industries Jaro inc.

Après avoir agi pendant plusieurs années à titre de collaboratrice dans la compagnie de matériaux de construction de son mari, Bibiane Caya, 50 ans, lance sa propre entreprise. Il s'agit des Industries Jaro inc. qui fabriquent des cabines téléphoniques, des kiosques de stations d'essence et des abris d'attente.

Pourquoi ce type d'entreprise... ce n'est pourtant pas un secteur très convoité par les femmes? Pour Bibiane Caya, il s'agissait tout simplement de saisir un marché prometteur. Lors d'un voyage d'affaires, le couple Caya rencontre un représentant d'Imperial Oil et revient à la maison avec une commande de canopys (petits kiosques pour stations d'essence). La demande pour ce produit devient si grandissante que les comptables de la compagnie de son mari l'encouragent à créer sa propre entreprise. Et c'est parti!

Une étude de marché rassurante, un plan d'affaires bien préparé, l'appui de comptables compétents, l'encouragement de ses proches, voilà les facteurs qui ont permis à Mme Caya de faire face aux difficultés de démarrage.

Bibiane Caya est de la génération des entrepreneurs sans diplôme. Native de Rivière-du-Loup, elle a dû quitter sa ville pour pouvoir étudier jusqu'en douzième année. Toutefois, tout au long de sa carrière, elle a su bénéficier des outils d'apprentissage mis à sa disposition tels des colloques et des séminaires offerts par le ministère de l'Industrie et du Commerce (MIC) et les Hautes Études commerciales (HÉC), des cours de gestion, etc.

Dix ans ont passé. Les Industries Jaro inc. atteignent aujourd'hui un chiffre d'affaires de deux millions et demi de dollars, les immobilisations couvrent une superficie de 2 602 mètres carrés et on y engage environ cinquante employés qui s'affairent soit aux tables à dessin, soit à la vente, soit aux lignes de montage ou au transport. La compagnie fait des affaires d'un océan à l'autre et elle compte parmi ses clients: Bell Canada, Manitoba-Téléphone, BCT Téléphone ainsi que la majorité des grandes compagnies pétrolières.

Source: *Le Journal du Travail*, octobre 1985.

Chapitre 10
Les règles du jeu

Tous les jeux de société ont leurs règlements, le jeu des affaires ne fait pas exception.

Désirez-vous être un bon joueur?

Si oui, prenez connaissance des règles du jeu avant d'entreprendre la partie.

Les règlements du jeu des affaires se regroupent en trois catégories:

- les règlements provinciaux;
- les règlements fédéraux;
- les règlements municipaux.

Tout à fait particulier, ce jeu exige que les joueurs se conforment à certaines obligations avant même que la partie commence. Ainsi, tous les aspirants-joueurs au jeu des affaires doivent s'enregistrer au ministère du Revenu du Québec pour se procurer un numéro d'employeur et un certificat d'enregistrement. Certains doivent aussi se munir d'un numéro de taxes.

Le numéro d'employeur permet d'effectuer les diverses retenues à la source (impôt sur le revenu et contributions au Régime de rentes du Québec) sur le salaire des employés. Si vous êtes très impatient d'entreprendre la partie, rendez-vous au Ministère où l'on vous remettra le formulaire PD-1 (déclaration de renseignements) que vous remplirez sur place; vous recevrez votre numéro d'employeur la journée même. Vous pouvez aussi faire cette démarche par téléphone ou par la poste. Prévoyez un délai de dix jours dans le premier cas et d'environ un mois dans le second.

Le certificat d'enregistrement constitue votre permis de vente. Vous êtes tenu de prélever les taxes exigibles sur les biens de consommation qui doivent être remises au Ministère, le quinze de chaque mois, accompagnées du rapport prescrit. Pour recevoir votre certificat d'enregistrement, vous devez fournir:

- votre numéro d'assurance sociale;
- votre numéro d'enregistrement, si vous avez déjà une raison sociale;

- votre bail de location, si vous louez le commerce d'un autre;
- votre acte de vente, si vous achetez le commerce d'un autre;
- votre copie de charte ou votre numéro de folio-libre, si vous êtes membre d'une compagnie.

Le numéro de taxes permet d'acheter les marchandises destinées à la vente sans payer la taxe.

Vous pouvez vous procurer un numéro d'employeur, un numéro de taxes et un certificat d'enregistrement à l'un des bureaux de Revenu Québec dont vous trouverez les coordonnées à l'annexe I.

Avez-vous la permission de jouer?

Certains types de joueurs doivent obtenir un permis d'exploitation avant de débuter la partie. Ces permis sont accordés par les différents ministères et organismes des gouvernements provincial et fédéral. La majorité sont renouvelables chaque année. Voici la liste des principales catégories d'entreprises dont l'exploitation nécessite un permis.

Entreprises	Ministères ou organismes à contacter pour obtenir un permis d'exploitation
• Agence de location de véhicules automobiles	• Commission des transports du Québec
• Agence de recouvrement	• Office de la protection du consommateur
• Agence de sécurité	• Ministère de la Justice
• Agence de voyage	• Office de la protection du consommateur
• Camping (terrain de)	• Ministère du Tourisme • Ministère de l'Environnement du Québec (pour approbation des plans de surface et des plans d'équipement sanitaire)
• Commerce d'arbres de Noël	• Revenu Canada (douanes et accises)

- Commerce de vente itinérante

- École de conduite

- École de culture physique

- Entreprise d'appareils d'amusement
- Entreprise dans le domaine de la construction
- Entreprise dans le domaine du rembourrage
- Entreprise dans le domaine du bois
- Entreprise dans le domaine du cinéma et de la vidéo
- Entreprise de pêches commerciales

- Entreprise de services ambulanciers
- Entreprise qui vend de l'alcool (bar, taverne, brasserie, etc.)
- Garage

- Garderie

- Hôtel, maison de chambres, auberge, etc.
- Maison de courtage (immeuble)

- Maison de courtage (valeurs mobilières)

- Office de la protection du consommateur
- Régie de l'assurance automobile du Québec (permis d'enseignement pour instructeur ou moniteur, permis d'exploitation)
- Ministère de l'Éducation (permis d'école privée)
- Régie des loteries et courses du Québec
- Régie des entreprises de construction du Québec
- Ministère de l'Industrie et du Commerce du Québec
- Ministère de l'Énergie et des Ressources
- Régie du cinéma

- Ministère de l'Agriculture, des Pêcheries et de l'Alimentation du Québec
- Ministère des Affaires sociales

- Régie des permis d'alcool du Québec
- Régie de l'assurance automobile du Québec
- Ministère de l'Énergie et des Ressources (permis de distribution de produits pétroliers)
- Office des services de garde à l'enfance
- Ministère de l'Industrie et du Commerce du Québec
- Ministère de l'Habitation et de la Protection du consommateur
- Commission des valeurs mobilières du Québec

- Pisciculture

- Piscine publique

- Restaurant, cafétéria, cantine, casse-croûte, etc.

- Ministère du Loisir, de la Chasse et de la Pêche
- Ministère de l'Environnement du Québec
- Ministère du Tourisme du Québec (permis d'exploitation d'établissement de restauration)

Cette liste n'est pas exhaustive. Pour plus d'informations, contactez l'une des directions régionales du ministère de l'Industrie et du Commerce du Québec dont vous trouverez les coordonnées à l'annexe I.

Vous avez maintenant:

- votre numéro d'employeur;

- votre numéro de taxes, s'il y a lieu;

- votre certificat d'enregistrement;

- vos permis spécifiques, s'il y a lieu.

Vous êtes un joueur en règle. Toutefois, avant de débuter la partie, nous vous recommandons fortement de lire les règlements qui suivent; vos chances de gagner seront meilleures.

Le jeu des affaires

Partie I: les règlements provinciaux

Règlement 1

À l'exception de ceux qui doivent obtenir un permis d'exploitation en vertu de la Loi sur les produits agricoles, les produits marins et les aliments, tous les joueurs qui opèrent un commerce de produits alimentaires doivent s'enregistrer au ministère de l'Agriculture, des Pêcheries et de l'Alimentation du Québec. Ce règlement vise la salubrité tant au niveau des lieux de travail qu'au niveau des opérations qui s'y déroulent. Ces joueurs sont susceptibles d'être visités par les inspecteurs du Ministère. Ceux qui auront omis de s'enregistrer dans les deux mois suivant l'ouverture de leur commerce seront pénalisés.

Cet enregistrement n'entraîne aucun frais: les joueurs n'ont qu'à remplir le «Formulaire d'enregistrement pour les commerces de type alimentaire» disponible aux endroits suivants:

Montréal	**Québec**
Ministère de l'Agriculture, des Pêcheries et de l'Alimentation	Ministère de l'Agriculture, des Pêcheries et de l'Alimentation
Direction de la normalisation des aliments	Direction de la normalisation des aliments
201, rue Crémazie Est	200A, chemin Sainte-Foy
Bureau 400	11ᵉ étage
Montréal (Québec)	Québec (Québec)
H2M 1L4	G1R 4X6
Tél.: (514) 873-4182	Tél.: (418) 643-2500

À noter qu'il est possible de s'enregistrer par la poste.

Règlement 2

Les joueurs du secteur agricole qui sont enregistrés au ministère de l'Agriculture, des Pêcheries et de l'Alimentation peuvent bénéficier d'une aide technique ou financière. Pour plus d'informations, communiquez avec l'un des bureaux régionaux du Ministère dont vous trouverez les coordonnées à l'annexe I.

Règlement 3

Tous les joueurs qui font la vente d'articles rembourrés (meubles, vêtements, jouets, etc.) doivent obligatoirement utiliser les étiquettes réglementaires où sont indiqués la composition des matériaux de rembourrage et des tissus de recouvrement et leurs pourcentages de teneur en fibres. Si cette obligation n'est pas respectée, les inspecteurs peuvent interdire la vente de ces produits. Pour plus d'informations, communiquez avec la Direction du commerce du MIC dont vous trouverez les coordonnées à l'annexe I.

Règlement 4

Tous les joueurs ayant des employés (même s'ils n'en ont qu'un) doivent effectuer des prélèvements sur leurs salaires. Ces sommes, appelées «retenues à la source», doivent parvenir au ministère du Revenu du Québec avant le quinze de chaque mois, en même temps que les contributions que l'employeur est tenu de verser au Régime de rentes du Québec et au Régime d'assurance-maladie du Québec. Les sommes retenues sur le salaire des employés sont les cotisations au Régime de rentes du Québec et l'impôt du Québec.

Le Régime de rentes du Québec

Tous les travailleurs âgés de 18 à 70 ans dont les revenus d'emploi sont supérieurs à 2 300 $, en 1985, sont tenus de contribuer au Régime de rentes du Québec. L'employeur prélève les cotisations à la source, sur le salaire de ses employés. Le taux de la retenue est de 1,8 % du salaire compris entre 2 300 $ et 23 400 $. Le ministère du Revenu fournit un guide (TPD-107) qui facilite le calcul des cotisations. À noter que la contribution de l'employeur est égale à la retenue qu'il effectue sur le salaire de ses employés. Pour 1985, la contribution maximale est de 379,80 $, tant pour l'employeur que pour l'employé.

En tant que particulier qui exploite une entreprise au Québec, vous devez, vous aussi, verser des cotisations au Régime de rentes du Québec. Votre contribution à titre de travailleur autonome est basée sur le revenu de votre entreprise. Elle représente annuellement 3,6 % du montant des revenus annuels compris entre 2 300 $ et 23 400 $. Le paiement de vos cotisations s'effectue séparément de celui de vos employés. Vous devrez les verser lorsque vous produirez votre déclaration de revenus, soit au plus tard le 30 avril suivant l'année de l'imposition, ou encore par versements trimestriels avec le formulaire TP-1C. Pour vous aider à établir les montants et les dates de versements de vos cotisations, procurez-vous le formulaire TP-7B disponible dans les bureaux de Revenu Québec dont vous trouverez les coordonnées à l'annexe I.

L'impôt du Québec

Tout employeur doit déduire l'impôt du Québec du salaire de chacun de ses employés et remettre les montants déduits au ministère du Revenu le quinze du mois suivant la retenue. Le formulaire TPD-7A doit être annexé au paiement. Le guide TPD-107 du Ministère peut vous aider à calculer le montant à retenir sur les traitements, les salaires, les commissions et autres revenus de vos employés.

De plus, lorsqu'un nouvel employé entre en fonction, il doit remplir le formulaire TPD-1 qui sert à déterminer les exemptions et les déductions dont vous devrez tenir compte pour établir le montant d'impôt à retenir à la source, sur son salaire. Ce formulaire doit être rempli de nouveau chaque fois que l'employé désire apporter des changements aux exemptions et aux déductions prises en considération dans le calcul de ses retenues à la source.

Le Régime d'assurance-maladie du Québec

Seul l'employeur contribue au Régime d'assurance-maladie du Québec; l'employé n'a aucune cotisation à verser. La contribution de l'employeur équivaut à 3 % du salaire brut de chaque employé. Le montant doit parvenir au ministère du Revenu, joint au formulaire TPD-7A, avant le quinze de chaque mois, soit en même temps que les cotisations au Régime de rentes du Québec et les retenues d'impôt.

Pour toutes informations sur les déductions à la source, contactez le ministère du Revenu aux endroits suivants:

Montréal

Ministère du Revenu
du Québec
Division de la comptabilité
des entreprises
Section déduction à la source
3, Complexe Desjardins
17e étage
Montréal (Québec)
H5B 1A5
Tél.: (514) 873-2611

Québec

Ministère du Revenu
du Québec
Service de la comptabilité des
employeurs
3800, rue Marly
Sainte-Foy (Québec)
G1X 4A5
Tél.: (418) 659-6500

Règlement 5

Tous les employeurs qui exploitent une entreprise, qu'il s'agisse d'une industrie, d'un commerce ou d'une entreprise de services, et qui ont à leur emploi au moins une personne, sont tenus de s'inscrire à la Commission de la santé et de la sécurité du travail (CSST). Cet organisme voit à l'application de la Loi sur les accidents du travail et les maladies professionnelles, qui protège tous les travailleurs québécois, et de la Loi sur la santé et la sécurité du travail, qui prévoit les droits et les obligations des travailleurs et des employeurs en matière de prévention. À défaut de s'y inscrire, l'employeur s'expose à des amendes sévères et peut être tenu responsable des frais reliés à tout accident du travail ou maladie professionnelle dont serait victime un de ses travailleurs.

C'est aux employeurs qu'incombe le financement du fonds d'accidents de la CSST et de la plupart de ses activités; les travailleurs n'ont rien à payer pour bénéficier de la protection de la loi.

Au moment de son inscription à la CSST, l'employeur doit fournir toutes les données nécessaires à sa classification au calcul de sa cotisation. Il doit également s'informer de ses droits et de ses obligations en matière de prévention de même que des procédures à suivre en cas d'accident du travail. La contribution annuelle à la CSST est établie en fonction des activités déclarées par l'employeur et des salaires qu'il prévoit verser au cours de l'année; s'il y a lieu, elle est rajustée l'année suivante.

L'employeur peut aussi bénéficier de la protection de la loi s'il en fait la demande à la CSST; cette protection personnelle est facultative et s'adresse également aux associés ou aux administrateurs de l'entreprise. Pour plus d'informations, contactez la CSST dont vous trouverez les coordonnées à l'annexe I.

Règlement 6

Que vos employés soient syndiqués, régis par un décret ou non, vous devez vous inscrire, en tant qu'employeur, à la Commission des normes du travail. Vous pouvez le faire par téléphone ou sur place. À tous les travailleurs du Québec, la Loi sur les normes du travail accorde des droits fondamentaux et dicte des normes spécifiques tels que le taux du salaire minimum, la durée de la semaine normale de travail, les jours fériés, etc. Pour plus d'informations, contactez l'un des bureaux de la Commission dont vous trouverez les coordonnées à l'annexe I.

Règlement 7

Plusieurs entreprises industrielles, commerciales et de services sont régies par des décrets de convention collective, notamment celles des secteurs suivants: agence de sécurité, bois ouvré, camionnage, coiffure, confection pour hommes ou dames, entretien d'édifices publics, fourrure, garage (automobiles), matériaux de construction, menuiserie, meuble, musique, etc. Des comités paritaires s'occupent de faire observer les décrets. Pour savoir si votre type d'entreprise est régi par un décret, communiquez avec le ministère du Travail aux adresses suivantes:

Montréal	**Québec**
Ministère du Travail	Ministère du Travail
Direction des décrets	Direction des décrets
255, boul. Crémazie Est	425, rue Saint-Amable
6e étage	2e étage
Montréal (Québec)	Québec (Québec)
H2M 1L5	G1R 4Z1
Tél.: (514) 873-5174	Tél.: (418) 643-4415

Règlement 8

Si vous désirez exploiter un commerce de détail, vous devrez respecter l'horaire de travail fixé par la Loi concernant les heures d'affaires des établissements commerciaux. Ainsi, les lundis, mardis et mercredis, il vous sera interdit d'admettre un client avant 8 h 30 et après 18 h. Cependant, vous pourrez demeurer ouvert les jeudis et vendredis jusqu'à 21 h, et les samedis jusqu'à 17 h. De plus, aucun client ne sera toléré dans votre établissement:

- le dimanche;
- les 1er et 2 janvier;
- le lendemain du jour de Pâques;
- le 24 juin ou le 25 juin si le 24 est un dimanche;
- le 1er juillet ou le 2 juillet si le 1er est un dimanche;
- le 1er lundi de septembre;
- le 25 décembre;
- le 26 décembre, avant 13 h;
- ou à toute autre journée déterminée par décret du gouvernement.

Il existe certains types de commerce où la présente loi ne s'applique pas, notamment les établissements commerciaux dont l'activité exclusive est la vente:

- de journaux, de périodiques ou de livres;
- de tabac;
- de repas ou de denrées pour consommation sur place;
- de produits pharmaceutiques, hygiéniques ou sanitaires;
- d'essence, d'huile à moteur ou à chauffage;
- de fleurs;
- d'articles d'artisanat;
- d'antiquités ou d'articles usagés;
- de piscines;
- etc.

Pour connaître la liste complète des exceptions à la Loi sur les heures d'affaires des établissements commerciaux, contactez la Direction du commerce ou l'une des directions régionales du ministère de l'Industrie et du Commerce. Vous pouvez de plus vous procurer le projet de loi 59 (Loi modifiant la Loi sur les heures d'affaires des établissements commerciaux) à l'une des librairies des Publications du Québec, au coût de 1,00 $. Vous trouverez les coordonnées du Ministère et des librairies à l'annexe I.

Règlement 9

Au Québec, les affaires se font en français. Que ce soit pour:

- l'étiquetage des produits;
- l'affichage public;
- la publicité commerciale;
- les raisons sociales;
- les catalogues et autres documents similaires;
- les contrats et autres documents similaires;

la Charte de la langue française vous oblige à transiger en français.

Pour plus d'informations, contactez l'Office de la langue française à l'adresse suivante:

Office de la langue française
Service des communications
Tour de la Bourse
Case postale 316
800, place Victoria
Montréal (Québec)
H4Z 1G8
Tél.: (514) 873-6565

ou l'un de ses bureaux régionaux dont vous trouverez les coordonnées à l'annexe I.

Règlement 10

Vous désirez exploiter une usine et vous aurez une quantité considérable de déchets à déverser. Attention! Avant d'entreprendre toute démarche, vous auriez intérêt à consulter la Loi sur la qualité de l'environnement. Dans certains cas, vous devrez même obtenir un certificat d'autorisation du sous-ministre de l'Environnement. La loi stipule notamment qu'il est interdit de rejeter dans l'environnement un contaminant susceptible de porter atteinte à la vie, à la santé, à la sécurité, au bien-être ou au confort de l'être humain, de causer du dommage ou de porter préjudice à la qualité du sol, de l'eau, de l'air, à la végétation, à la faune ou aux biens.

Pour plus d'informations, contactez Environnement Québec aux adresses suivantes:

Montréal	**Québec**
Environnement Québec	Environnement Québec
5199, rue Sherbrooke Est	917, avenue
Bureau 3860	Monseigneur-Grandin
Montréal (Québec)	Sainte-Foy (Québec)
H1T 3X9	G1V 3X8
Tél.: (514) 253-3333	Tél.: (418) 643-7677

ou l'un des bureaux régionaux du Ministère dont vous trouverez les coordonnées dans votre annuaire téléphonique.

Règlement 11

Avant d'acquérir un terrain pour y établir une entreprise, vous devez vérifier auprès de la municipalité concernée s'il est situé dans une zone résidentielle, commerciale ou agricole. S'il est zoné agricole, vous devrez obtenir un permis d'utilisation de la Commission de la protection du territoire agricole. Le formulaire est disponible dans les hôtels de ville. Faites-le parvenir au siège social de la Commission avec un chèque visé de 20 $, à l'ordre du Ministre des Finances. Pour plus d'informations, contactez l'un des bureaux régionaux de la Commission dont vous trouverez les coordonnées dans votre annuaire téléphonique. Faites parvenir votre formulaire à l'adresse suivante:

> Commission de la protection du territoire agricole
> 200A, chemin Sainte-Foy
> 2e étage
> Québec (Québec)
> G1R 4X6
> Tél.: (418) 643-3314
>   1-800-462-5341 (ailleurs, sans frais)

Règlement 12

Tous les édifices publics doivent satisfaire aux critères de sécurité établis par la loi. Ainsi, si vous désirez acquérir un immeuble, assurez-vous qu'il satisfait aux normes de sécurité. Si vous envisagez la construction d'un édifice, vous devrez, lorsque requis, soumettre les plans au ministère de l'Habitation et de la Protection du consommateur. Pour plus d'informations, contactez l'un des bureaux régionaux du Ministère dont vous trouverez les coordonnées à l'annexe I.

Règlement 13

Toutes les compagnies, à chaque année au plus tard le premier septembre, doivent faire parvenir leur rapport annuel à l'Inspecteur général des institutions financières. Les compagnies enregistrées reçoivent un formulaire au mois de juin. Les autres peuvent s'en procurer un aux bureaux du Ministère. Toute compagnie qui a reçu un avis de déclaration et qui ne se soumet pas à cette exigence est passible de sanctions.

Partie II: les règlements fédéraux

Règlement 1

En vertu de la Loi sur la taxe d'accises, une taxe est prélevée sur la vente ou la consommation de marchandises de fabrication canadienne ou importées au Canada. La Loi prévoit toutefois des exemptions inconditionnelles et des exemptions conditionnelles selon l'usage qui est fait du produit vendu, le statut de l'acheteur, ou d'autres conditions énoncées.

En plus de la taxe de vente, la Loi sur la taxe d'accises impose une taxe d'accises sur certaines marchandises comme les produits du tabac, les bijoux, les articles de jeu ou d'amusement actionnés avec des pièces de monnaie ou des jetons, certaines automobiles ou autres véhicules à moteur. La taxe d'accises représente soit un pourcentage de la valeur des marchandises, soit un montant précis par unité de produit vendu.

La Loi sur la taxe d'accises exige que les fabricants ou les producteurs de marchandises imposables demandent une licence de taxe de vente pour fabricants et une licence de taxe d'accises s'il y a lieu. Sont dispensés de cette obligation les fabricants qui remplissent les conditions pour avoir droit à l'exemption accordée aux petits fabricants. Ces conditions sont indiquées dans le Règlement exemptant certains petits fabricants ou producteurs de la taxe de consommation ou de vente.

Pour plus d'informations sur la taxe de vente et la taxe d'accises, contactez Revenu Canada Douanes et Accises dont vous trouverez les coordonnées à l'annexe II.

Règlement 2

Tous les propriétaires d'une entreprise ayant à leur service un ou plusieurs employés doivent s'enregistrer, à titre d'employeur, à Revenu Canada qui leur fera parvenir les tables fédérales servant à calculer les retenues à la source, soit l'impôt fédéral et l'assurance-chômage. Ces déductions doivent être retenues sur chaque paie des employés et être remises à Revenu Canada le quinze de chaque mois suivant la déduction.

Pour plus d'informations sur les déductions à la source, contactez Revenu Canada Impôt dont vous trouverez les coordonnées à l'annexe II.

Règlement 3

Avant d'entretenir des relations avec les pays étrangers, l'entrepreneur doit se procurer une licence d'exportation ou d'importation selon le cas.

Pour plus d'informations, communiquez avec le ministère d'Expansion industrielle et régionale dont vous trouverez les coordonnées à l'annexe II.

Règlement 4

Si vous utilisez une marque de commerce (un mot, un symbole, un dessin ou les trois à la fois, qui distingue vos produits ou vos services de ceux des autres), il vous est possible de la faire enregistrer et de bénéficier d'un droit d'utilisation exclusif dans tout le Canada. Ce droit est valable pour une période de quinze ans et peut être renouvelé indéfiniment. Vous devez joindre à votre demande d'enregistrement un montant de 150 $. Lors de l'enregistrement, vous devrez verser une somme additionnelle de 200 $. Un bureau spécialisé peut faire cette démarche pour vous. Prévoyez toutefois des frais supplémentaires pour les honoraires. Pour déposer une demande ou pour obtenir de la documentation écrite, communiquez avec le ministère de la Consommation et des Corporations à l'adresse suivante:

> Ministère de la Consommation et des Corporations
> Service des marques de commerce
> Place du Portage, phase I
> 50, rue Victoria
> Hull (Québec)
> K1A 0C9
> Tél.: (819) 994-1507

Règlement 5

Il est possible de faire enregistrer un dessin industriel et d'obtenir le droit exclusif à l'emploi de ce dessin dans tout le Canada. On entend par dessin industriel, la forme, le modèle ou la décoration originale d'un article de fabrication, par exemple, la forme d'une chaise, les motifs d'une tapisserie ou d'un chandail. Ce droit d'utilisation est valide pour cinq ans et renouvelable une seule fois. Les frais d'enregistrement s'élèvent à 160 $. Pour obtenir des informations ou pour déposer une demande d'enregistrement, communiquez avec le ministère de la Consommation et des Corporations à l'adresse indiquée au règlement précédent.

Partie III: les règlements municipaux

Règlement 1

Avant d'instaurer votre entreprise, vous devez vérifier auprès de la municipalité concernée dans quel type de zone votre terrain est situé. Les territoires des municipalités sont divisés par zones et certaines, telles les zones résidentielles, n'admettent pas les entreprises commerciales.

Règlement 2

La construction d'un édifice commercial est régie par un règlement municipal qui impose diverses normes concernant la protection contre les incendies, la sécurité publique, l'hygiène et l'environnement. Avant d'entreprendre des travaux de construction, informez-vous auprès de la municipalité concernée.

Règlement 3

Les entrepreneurs doivent se munir d'un permis d'exploitation délivré par la municipalité où est sise leur entreprise. Ce permis est accordé, moyennant des frais; il est renouvelable annuellement. D'autres permis peuvent être exigés par la municipalité; il serait bon de vous informer.

Règlement 4

Tous les entrepreneurs sont tenus de payer une taxe foncière, une taxe scolaire, une taxe d'affaires et une taxe d'eau à la municipalité où est située leur entreprise. Informez-vous à la municipalité concernée.

Les exigences fiscales du jeu des affaires

Ce tableau fait état des règlements provinciaux et fédéraux auxquels vous devrez, en partie, vous soumettre

Les exigences provinciales

	JANVIER	FÉVRIER	MARS	AVRIL	MAI	JUIN	JUILLET	AOÛT	SEPTEMBRE	OCTOBRE	NOVEMBRE	DÉCEMBRE
LOI DE LA SOCIÉTÉ DES ALCOOLS DU QUÉBEC renouvellement du permis des fabricants utilisant des spiritueux dans leur procédé de fabrication					1							
LOI DES COMPAGNIES déclarations annuelles des renseignements sur les compagnies									1			
LOI SUR L'ASSURANCE-MALADIE remise des contributions de l'employeur pour le mois précédent (Formule TPD-7A)	15	15	15	15	15	15	15	15	15	15	15	15
déclaration annuelle des employeurs concernant les rémunérations payées aux particuliers (Relevé 1 et 2 sommaire)		28										
LOI SUR LES PERMIS renouvellement des permis annuels à l'anniversaire du détenteur: payable 30 jours à l'avance												
LOI DE LA TAXE SUR LES REPAS ET L'HÔTELLERIE déclarations et remises des personnes exploitant des établissements, vendant des repas ou des boissons alcooliques (Formule PR-4)	15	15	15	15	15	15	15	15	15	15	15	15
LOI SUR LES NORMES DU TRAVAIL paiement par les employeurs de l'impôt sur le salaire minimum pour l'année civile précédente			10									

Les exigences provinciales (suite)

	JANVIER	FÉVRIER	MARS	AVRIL	MAI	JUIN	JUILLET	AOÛT	SEPTEMBRE	OCTOBRE	NOVEMBRE	DÉCEMBRE
RÉGIME DE RENTES DU QUÉBEC un quart des contributions annuelles estimatives doivent être remises par les personnes travaillant à leur propre compte, si les contributions dépassent 40 $ (Formule TP-7B et TP-7C)			31			30			30			31
échéance pour les demandes relatives aux contributions employé/employeur pour l'année précédente (Formule)				30								
remise par l'employeur de la contribution employeur/employé pour le mois précédent jusqu'à ce que le plafond soit atteint pour chaque employé (Formule TPD-7A)	15	15	15	15	15	15	15	15	15	15	15	15
déclaration des revenus particuliers pour l'année précédente et remise de tout solde des contributions (Formule TP-1)				30								
LOI DE L'IMPÔT DE LA VENTE AU DÉTAIL déclaration annuelle des détenteurs de permis	15											
déclarations et remises des mandataires — ventes (Formule PV-4) et tabac (Formule PA-4)	15	15	15	15	15	15	15	15	15	15	15	15
rapport des achats (Formule PV-4)	15	15	15	15	15	15	15	15	15	15	15	15
LOI SUR LES IMPÔTS versement d'impôt par les corporations sur les profits et le capital versé (Formule C-8)	31	28	31	30	31	30	31	31	30	31	30	31

Les exigences provinciales (suite)

Exigence	JANVIER	FÉVRIER	MARS	AVRIL	MAI	JUIN	JUILLET	AOÛT	SEPTEMBRE	OCTOBRE	NOVEMBRE	DÉCEMBRE
remise finale de l'impôt par les corporations dont l'exercice correspond à l'année civile (Formule C-8)		28										
versement par les particuliers (sauf les cultivateurs et les pêcheurs) lorsqu'une portion inférieure à 75% de revenu est assujettie à la retenue à la source (Formule TP-7B et TP-7C). Solde exigible le 30 avril suivant			31			30			30			31
paiements par les cultivateurs et les pêcheurs des 2/3 de l'impôt le 31 décembre et le solde, le 30 avril suivant (Formules TP-7B et TP-7C pour cultivateurs et pêcheurs)				30								
déclaration des corporations dont l'exercice correspond à l'année civile (remise finale de l'impôt le 28 février ou le 31 mars) (Formule T-2)						30						
déclaration des revenus des particuliers (salaires, revenu des placements et des régimes de retraite de l'année précédente, impôt sur les dons) (Formulaire détaillé ou formulaire abrégé)				30								
déclaration du revenu des placements payés (50 $ ou plus) (Relevé 3 et rel. 3 sommaire)		28										
déclaration par l'employeur de l'impôt sur le revenu des employés durant le mois précédent (Formule TPD-7A)	15	15	15	15	15	15	15	15	15	15	15	15
déclaration des rémunérations payées à un résident ou à un non-résident lorsque l'impôt ou la contribution au Régime de rentes du Québec est retenue à la source, ou lorsque tout montant est payé à un non-résident lorsque le travail est effectué au Québec (Relevé 1 et rel. 2 sommaire)		28										

Les exigences provinciales (suite)

	JANVIER	FÉVRIER	MARS	AVRIL	MAI	JUIN	JUILLET	AOÛT	SEPTEMBRE	OCTOBRE	NOVEMBRE	DÉCEMBRE
LOI SUR LES ACCIDENTS DU TRAVAIL relevé de la feuille de paie devant être soumis par les employeurs concernés (Formule 101)		28										
Les exigences fédérales												
LOI SUR LA TAXE D'ACCISES rapport annuel (Formule TE-1 ou TE-2)						30						
remise des diverses taxes d'accises (Formule B-93)	31	28	31	30	31	30	31	31	30	31	30	31
LOI DE L'IMPÔT SUR LE REVENU remise finale de l'impôt par les corporations dont l'exercice correspond à l'année civile (Formule T-9), sauf dans les cas des corporations qui ont réclamé la déduction accordée aux petites entreprises au cours de l'année d'imposition courante où la date est le 31 mars		28										
versement d'impôt par les corporations (Formule T9R-C)	31	28	31	30	31	30	31	31	30	31	30	31
versement d'impôt par les particuliers (sauf les cultivateurs et les pêcheurs) lorsqu'une portion inférieure à 75% du revenu est assujettie à la retenue à la source et le solde le 30 avril suivant (Formule T-7B et T-7BR)			31			30			30			31
paiements par les cultivateurs et les pêcheurs des 2/3 de l'impôt le 31 décembre et le solde le 30 avril suivant (Formule T-7B pour les cultivateurs et les pêcheurs)				30								
déclaration des corporations dont l'exercice correspond à l'année civile (remise finale de l'impôt le 28 février ou le 31 mars) (Formule T-2)						30						

Les données de ce tableau proviennent du Calendrier fiscal 1985 publié par le Bureau de Commerce de Montréal.

Pour vous aider...

Pour en savoir davantage sur les règlements gouvernementaux, vous pouvez vous référer au ministère concerné. De plus, le Secrétariat de la petite entreprise du ministère de l'Expansion industrielle et régionale peut vous fournir des renseignements sur les programmes et services fédéraux et vous aider à résoudre un problème portant sur l'application des règlements du gouvernement fédéral. Composez sans frais (613) 995-9197.

Il ne vous reste plus maintenant qu'à jouer le jeu...

Attention: M. Fiscalité ne dort jamais

Ce n'est certes pas le jeu des affaires qui vous a initié à la fiscalité. Il y a belle lurette que vous avez dû faire face à cette réalité. Toutefois, produire une déclaration d'impôt lorsqu'on est en affaires, surtout si l'entreprise est constituée en compagnie, est assez ardu et peut entraîner certaines conséquences.

La plupart d'entre vous préféreront passer les armes à un professionnel. Mais si vous êtes un fiscaliste en herbe, ou si vous désirez tout simplement avoir un aperçu général de la fiscalité commerciale, voici quelques points importants.

Seul ou avec d'autres, en voici les conséquences

En matière de fiscalité, le fait que vous soyez propriétaire unique, associé ou que votre entreprise soit constituée en compagnie a une grande importance.

Si vous êtes propriétaire unique

Vous devrez produire le même type de déclaration de revenus que vous produisiez avant de vous lancer en affaires, soit le formulaire TP-1 au provincial, et T1 au fédéral. Au plus tard le 30 avril suivant l'année de l'imposition, il vous faudra payer l'impôt sur les profits réalisés et joindre à votre déclaration le bilan et l'état des résultats de l'entreprise.

Si vous êtes associé

La société en nom collectif appartenant à plusieurs propriétaires, chacun d'eux est tenu de produire, au plus tard le 30 avril suivant l'année de l'imposition, une déclaration (formulaires TP-1 et T1) qui fait mention de sa part de profits ou de pertes. Des copies du bilan et de l'état des résultats de la société doivent y être annexées.

Si votre entreprise est constituée en compagnie

Dans ce cas, c'est tout autre chose! Votre entreprise a une existence juridique indépendante de la vôtre. Elle est imposable et doit produire sa propre déclaration de revenus dans laquelle elle fait état de ses profits ou de ses pertes. Il existe des formulaires réservés aux déclarations des compagnies. Ce sont, au provincial, le formulaire C-17 et au fédéral, le formulaire T2. La compagnie bénéficie d'un délai de 6 mois après la fin de son exercice financier pour déposer sa déclaration de revenus. Ainsi, par exemple, si l'exercice financier de l'entreprise se termine le 25 novembre 1985, vous devrez produire la déclaration avant le 25 mai 1986. Les actionnaires qui retirent des fonds sous forme de dividendes ou de salaires doivent remplir une déclaration indépendante (formulaires TP-1 et T1) et la remettre au plus tard le 30 avril suivant l'année de l'imposition.

À noter qu'au fédéral, les agriculteurs et les pêcheurs peuvent se procurer le *Guide d'impôt sur le revenu des agriculteurs et des pêcheurs*.

L'exercice financier de votre entreprise, à vous de choisir!

En réalité, il existe 365 choix possibles pour déterminer la date de l'année d'imposition de votre entreprise, du 1er janvier au 31 décembre. La fin de l'exercice financier des entreprises ne correspond pas nécessairement au 30 avril. Vous n'avez qu'à déterminer une date dans l'année. Toutefois, lorsque vous aurez fixé votre choix, vous ne pourrez plus changer d'idée, à moins d'obtenir une autorisation des deux gouvernements. Une demande de changement sera acceptée uniquement si elle est justifiée par des raisons commerciales. Notez que la réduction des impôts n'est pas considérée comme une raison valable... Si vous êtes propriétaire unique ou associé, vous devez inclure vos bénéfices (ou pertes) dans le revenu de l'année civile où l'exercice financier se termine. Par exemple, si votre exercice financier prend fin le 31 juillet 1986, vous devrez inclure vos bénéfices ou votre part de bénéfices dans votre déclaration de l'année civile 1986 et vous devrez déposer cette déclaration au plus tard le 30 avril 1987. Prenez note qu'aucun exercice financier ne peut excéder douze mois.

Un petit filon...

Toutes les entreprises peuvent bénéficier d'une déduction représentant 3 % de leur inventaire au début de leur exercice financier. Pour profiter au maximum de cet avantage, débutez votre exercice financier au moment où vous prévoyez que votre inventaire sera le plus élevé. Notez toutefois qu'une entreprise qui débute n'a pas d'inventaire à son premier exercice financier.

Retardataires... prenez garde!

M. Fiscalité ne tardera pas à venir gruger vos bénéfices si vous oubliez de lui donner de vos nouvelles. Voici le genre de tactiques qu'il utilise pour qu'on se souvienne de lui.

Pour une déclaration provinciale produite en retard

M. Fiscalité impose, dans le cas d'une compagnie, une pénalité représentant 5 % de l'impôt et des taxes impayés au moment où la déclaration doit être produite. Par surcroît, il exige 1 % du montant de l'impôt et des taxes impayés pour chaque mois de retard, jusqu'à concurrence de douze mois.

De plus, à l'expiration de votre délai, on vous réclamera un intérêt quotidien, au taux fixé en vertu de l'article 28 de la Loi sur le ministère du revenu (L.R.Q., chap. M-31) sur tout solde d'impôt, de taxes et de pénalités non payés. Cet intérêt sera effectif à partir de la date d'expiration.

Finalement, un intérêt additionnel de 5 % par année sera exigible sur tout versement ou partie de versement qui n'aura pas été fait ou qui aura été payé en retard.

Pour une déclaration fédérale produite en retard

M. Fiscalité se chargera de vous imposer une pénalité de 5 % du montant total d'impôt impayé à cette date, plus 1 % par mois jusqu'à concurrence de 12 mois de retard. Si, pour quelques raisons que ce soit, vous oubliez de déclarer des revenus, vous serez passible d'une pénalité de 1 % du montant de l'impôt exigible sur ces revenus non déclarés (minimum 25 $, maximum 100 $).

Et si vous étiez privilégié...

Dans le but de favoriser l'expansion des PME, les gouvernements leur accordent plusieurs déductions. En voici les grandes lignes.

Frais et dépenses déductibles

La plupart des mises de fonds et des dépenses permettant de rendre les biens vendables sont déductibles dans le calcul de tout gain ou perte. Elles comprennent certaines dépenses de réparation, les honoraires relatifs à la recherche, les commissions, les honoraires d'un arpenteur, les droits de transfert et les autres dépenses raisonnables directement attribuables à la disposition de ces biens.

Utilisation d'une automobile

Au provincial, pour une automobile utilisée uniquement à des fins d'affaires, la compagnie pourra déduire l'amortissement financier et les intérêts payés ou les frais de location jusqu'à un maximum de 6 400 $, et les autres dépenses reliées à l'utilisation de l'automobile telles que le carburant, les réparations, l'entretien, les assurances et l'immatriculation. Si un particulier utilise son automobile à des fins personnelles et d'affaires, il pourra déduire: une partie de l'amortissement financier, 20 % des frais de location (excluant l'assurance) jusqu'à concurrence de 1 050 $, 20 % des intérêts de l'emprunt contracté pour l'achat de l'automobile jusqu'à concurrence de 500 $, et une somme établie par une grille de calcul fournie par Revenu Québec pour l'utilisation de l'automobile.

Au fédéral, lorsque le véhicule sert uniquement à l'entreprise, il est possible de déduire les frais d'utilisation, l'amortissement financier et les intérêts, s'il y a lieu. On considère comme frais d'utilisation: les permis, les assurances, les réparations dues à l'usure normale, l'essence, l'huile, le graissage, les frais d'entretien, les locations à court et long termes. Dans le cas des frais de réparations majeures dues à un accident, le montant excédant le remboursement d'assurances ou de dommages-intérêts est déductible. Enfin, lorsqu'un particulier utilise son automobile pour affaires et pour des fins personnelles, il ne peut déduire que la fraction des frais encourus pour l'entreprise. Le calcul du montant déductible s'effectue de la façon suivante:

$$\frac{\text{Nombre de kilomètres parcourus à des fins commerciales pendant l'année}}{\text{Nombre total de kilomètres parcourus pendant l'année}} \times \begin{array}{l}\text{Total des frais d'exploitation} + \\ \text{Déduction pour amortissement} + \\ \text{Frais d'intérêts demandés}\end{array}$$

Naturellement, une réclamation pour frais d'automobile doit être raisonnable et être accompagnée de pièces justificatives.

Abattement d'impôt fédéral

Le gouvernement fédéral alloue aux compagnies une déduction de 10 % du revenu imposable gagné au Canada.

Déduction pour inventaire

Les gouvernements offrent aux entrepreneurs, qu'ils soient en société ou non, une déduction pour inventaire de 3 % du stock au début de l'exercice financier.

Déduction accordée aux PME

Au fédéral, une déduction fiscale de 21 % du revenu imposable est généralement accordée aux petites entreprises. Les conditions d'admissibilité sont:

- que l'entreprise soit une corporation privée et sous contrôle canadien;
- qu'elle soit exploitée activement au Canada.

Cette déduction s'applique uniquement sur les premiers 200 000 $ du revenu annuel. Les entreprises qui y sont admissibles peuvent aussi bénéficier d'une déduction au provincial équivalant à 2,5 % du revenu imposable.

De plus, le gouvernement provincial consent un allègement fiscal de 7,5 % aux entreprises admissibles selon le Règlement sur les impôts. Sont considérées comme admissibles les entreprises:

- de fabrication et de transformation des biens aux fins de la vente ou de la location;
- de prospection;
- d'exploitation ou de forage en vue de la découverte de ressources naturelles;
- de construction;
- d'exploitation forestière;
- d'exploitation agricole;
- de pêche;
- de vente de biens à titre d'acte principal;
- de transport;
- etc.

Déduction pour amortissement

Les biens d'équipement et les bâtiments de l'entreprise ne peuvent être considérés comme des frais d'exploitation. Toutefois, le gouvernement fédéral octroie une déduction pour amortissement sur ces biens. Le taux maximal de déduction que la compagnie peut demander varie selon le type de biens qu'elle possède. Les biens amortissables sont classés par catégories et un taux maximal de déduction est déterminé pour chacune d'elles.

Pour une année, l'entreprise peut déduire le montant maximum ou une fraction de ce montant. Elle peut aussi ne rien déduire car cette déduction pour amortissement peut être répartie sur plusieurs années.

Prenons par exemple, la catégorie 3 qui regroupe la plupart des édifices et pour laquelle une déduction pour amortissement d'au plus 5 % est allouée. Si une compagnie fait l'acquisition d'un bâtiment au coût de 60 000 $, elle pourra déduire, pour la première année de l'acquisition, un montant d'au plus 1 500 $[1] et, pour la deuxième année, un montant d'au plus 2 945 $ (60 000 - 1 500 x 5 % = 2 945 $).

Déduction pour les bénéfices de fabrication et de transformation

Cette déduction permet d'abattre le taux d'imposition fédéral des compagnies de 5 % ou 6 %. Les compagnies admissibles à la déduction accordée aux petites entreprises bénéficient d'une déduction de 5 %. Les autres ont droit à une déduction de 6 %. Lors de la déclaration de revenus de votre compagnie, procurez-vous la formule T2S (27) «Calcul des bénéfices de fabrication et de transformation au Canada» auprès de Revenu Canada. Le gouvernement provincial, pour sa part, attribue une déduction d'impôt de 7,5 % pour les bénéfices de fabrication et de transformation.

Crédit pour impôt sur les opérations forestières

Une compagnie qui paye un impôt sur les opérations forestières peut réclamer du gouvernement provincial, pour une même année d'imposition, un tiers de cet impôt. Le formulaire OF-1 «Décla-

---

1. L'année de l'acquisition du bien, la compagnie ne peut réclamer que la moitié du taux maximal prescrit selon le type de biens, soit 1,5 % pour la catégorie 3.

ration concernant les opérations forestières» doit cependant accompagner la déclaration provinciale de la compagnie. Le gouvernement fédéral offre aussi un crédit d'impôt; la réclamation se fait sur le formulaire T2S-TC qui doit être annexé à la déclaration T2.

Crédit d'impôt à l'investissement

L'acquisition de certains biens permet aux entreprises en corporation, en société et aux particuliers qui exploitent une entreprise de bénéficier d'un crédit d'impôt fédéral. Le pourcentage de déduction diffère selon le type de biens et selon la région desservie par l'entreprise. Ainsi, un allègement fiscal de 7 % à 20 % est accordé pour les bâtiments, les machines et le matériel neufs utilisés au Canada dans les domaines de l'agriculture, de la pêche, de la fabrication ou de la transformation de biens destinés à être revendus ou loués. Les taux les plus élevés se rapportent aux biens destinés à une région canadienne économiquement faible. Les dépenses d'exploitation et d'investissement affectées à la recherche scientifique au Canada bénéficient d'un crédit de 35 %. Le coût d'acquisition du matériel de transport admissible, du matériel de construction admissible et de biens certifiés donne droit respectivement à des crédits d'impôt à l'investissement de 7 %, 7 % et 50 %. Un crédit à l'investissement peut être réclamé pour une nouvelle usine, pour le matériel minier, de prospection ou d'exploitation d'un puits de pétrole ou de gaz. Pour être admissible, les biens achetés ou construits doivent être neufs, mais il n'est pas obligatoire qu'ils soient physiquement acquis à la fin de l'année. Le contrat d'achat et le numéro de série constituent la preuve de l'investissement.

Crédit d'impôt pour la recherche et le développement

Le gouvernement provincial concède un crédit d'impôt aux entreprises en corporation, en société et à propriétaire unique du Canada qui ont effectué ou fait effectuer des recherches scientifiques au Québec. Ainsi, 10 % des salaires versés aux employés peuvent être réclamés.

Pour vous aider...

Les différents bureaux de Revenu Québec et de Revenu Canada Impôt offrent des publications traitant de divers sujets reliés à la fiscalité des entreprises. Chaque bureau dispose aussi d'un service d'information téléphonique; vous pouvez en bénéficier pour obtenir des renseignements supplémentaires concernant la fiscalité des entreprises ou pour toutes questions reliées à l'impôt. De plus, un guide est joint à chaque type de formule de déclarations de revenus. Vous trouverez les cordonnées de Revenu Québec à l'annexe I et celles de Revenu Canada Impôt à l'annexe II.

Soyez rusé... en reportant une partie de vos impôts

Le moyen le plus fréquent de reporter de l'impôt est sans aucun doute les régimes officiels de revenu différé tels:

— les régimes enregistrés de retraite (RER);

— les régimes enregistrés d'épargne-retraite (REÉR);

— les régimes de participation différée aux bénéfices (RPDB).

Ces régimes sont avantageux sur le plan fiscal. Le principe est simple: vous contribuez à un régime, ce qui vous permet de déduire les cotisations de votre revenu imposable, qui s'en trouve réduit. Ces sommes d'argent s'accumulent et sont exemptes d'impôt tant et aussi longtemps que vous ne les retirez pas. Mais au retrait, vous devrez payer de l'impôt sur la somme retirée. Le secret: retirez cette somme d'argent une année où vos revenus sont moindres. Vous serez moins imposé.

Chacun ses particularités!

Le régime de retraite (RER)

Le régime de retraite (RER) est constitué par l'employeur (qu'il soit en compagnie ou non) pour garantir une rente de retraite à l'employé bénéficiaire. Les deux parties, l'employeur et l'employé, peuvent y contribuer jusqu'à 3 500 $ par année. Toutefois, pour l'employeur, les modalités sont de 3 500 $ par année, par employé. Ainsi, si votre entreprise regroupe cinq employés et que vous avez établi un RER pour chacun d'eux, vous avez droit à une déduction d'impôt s'élevant à 17 500 $.

Le régime enregistré d'épargne-retraite (REÉR)

Le régime enregistré d'épargne-retraite (REÉR) est administré par le particulier. Chaque année, il peut y verser 20 % de son revenu, jusqu'à un maximum de 5 500 $. Toutefois, s'il participe à un régime de retraite (RER) ou à un régime de participation différée aux bénéfices (RPDB), ses cotisations sont limitées à 3 500 $.

Le régime de participation différée aux bénéfices (RPDB)

Seules les contributions de l'employeur à un régime de participation différée aux bénéfices (RPDB) sont déductibles du revenu imposable. Le maximum est établi à 3 500 $ par année, par employé. Ces fonds assurent un revenu de retraite au salarié. Il peut aussi y verser des cotisations non déductibles. Le montant accumulé est imposable seulement au moment du retrait.

Soyez rusé... en absorbant vos pertes

Les premières années d'exploitation, l'entrepreneur doit souvent assumer des pertes plutôt que des bénéfices. Que ce soit des pertes en capital ou autres, il existe des techniques fiscales, très légales, qui permettent de transformer ces pertes en avantages fiscaux.

Les pertes en capital nettes proviennent de la vente d'un bien immeuble, par exemple un terrain. Ces pertes peuvent diminuer les gains en capital imposables. La moitié des gains nets en capital sont imposables l'année de leur réalisation. Or, si vous subissez des pertes en capital, vous pouvez les soustraire de vos gains en capital imposables: vous absorbez ainsi vos pertes et ne payez plus d'impôt sur vos gains en capital. Si vous n'avez pas réalisé de gains en capital pendant l'exercice en cours, vous pouvez déduire vos pertes des gains en capital imposables des exercices précédents ou, s'il s'agit d'une entreprise nouvelle ou d'une entreprise qui n'a jamais réalisé de gains en capital, vous pouvez les reporter indéfiniment pour les déduire au moment opportun.

Toutefois, si vous opérez une entreprise à propriétaire unique ou une société, vous bénéficiez d'une déduction de 2 000 $ de pertes en capital au fédéral[2] et de 1 000 $, au provincial. Si, par cette déduction, vous n'absorbez pas la somme totale de vos pertes, vous pouvez toujours les reporter sur les trois années d'imposition précédentes ou, indéfiniment, sur les années d'imposition subséquentes.

Quant aux autres pertes, elles peuvent être déduites pour l'une des trois années d'imposition précédentes ou reportées sur les sept exercices financiers suivants. Un particulier ou un associé peut utiliser les pertes autres qu'en capital pour réduire l'imposition sur d'autres revenus personnels gagnés durant l'année. Si, de cette façon, la perte n'est pas entièrement absorbée, elle peut être déduite des bénéfices des trois dernières années ou des sept prochaines. Les pertes qui ne sont pas absorbées deviennent des pertes sèches.

---

2. Le budget fédéral présenté en mai 1985 prévoyait des modifications concernant l'imposition des gains en capital et des pertes en capital des particuliers, pour la disposition des biens acquis après 1984. Au moment d'aller sous presse, ces modifications n'avaient pas encore été sanctionnées. Si vous désirez vous informer sur ces modifications, contactez Revenu Canada Impôt.

Soyez rusé... en fractionnant votre revenu

Le fractionnement des revenus a été une tactique populaire chez les contribuables. Il permettait de réduire son revenu imposable en transférant de l'argent à une autre personne. Malheureusement, M. Fiscalité a mis un frein à cette pratique en imposant des règles dites d'attribution.

En vertu de ces règles, les sommes d'argent recueillies par une telle transaction sont réattribuées à leur propriétaire initial et assujetties à l'impôt tel que prévu. Fini les économies, direz-vous. Pas tout à fait...

Il est encore possible de déjouer quelque peu M. Fiscalité en fractionnant vos revenus entre diverses personnes. Vous pouvez:

- transiger des prêts sans intérêts; ou
- contribuer au Régime enregistré d'épargne-retraite (REÉR) de votre conjoint;
- etc.

Transiger des prêts sans intérêts[3]

Comme toute bonne règle, les règles d'attribution ont des exceptions. Ainsi, un prêt sans intérêts ou consenti à un taux raisonnable, entre deux conjoints (au provincial) et entre deux conjoints ou entre un parent et son enfant mineur (au fédéral), n'est pas considéré comme un transfert par M. Fiscalité. Ces prêts ne sont donc pas touchés par les règles d'attribution. Ainsi, si le taux d'imposition de votre conjoint est inférieur au vôtre, vous pouvez lui faire un prêt sans intérêts. Il (ou elle) peut en retirer des revenus de placement sans payer d'impôt, ou peu, puisque les premiers 1 000 $ ne sont pas imposables.

---

3. Le budget fédéral présenté en mai 1985 prévoyait des modifications au fractionnement du revenu par un prêt sans intérêt. Au moment d'aller sous presse, ces modifications n'avaient pas encore été sanctionnées. Si vous désirez vous informer sur ces modifications, contactez Revenu Canada Impôt.

Toujours en utilisant la tactique du prêt sans intérêts, votre conjoint (ou un enfant mineur) pourrait acheter des actions de votre compagnie. Vous feriez ainsi une bonne transaction:

- les membres de votre famille pourraient retirer des dividendes;
- vous réduiriez votre revenu imposable (puisque ce sont les membres de votre famille qui percevraient les dividendes);
- vous augmenteriez le bénéfice imposable de la compagnie.

Au cas où M. Fiscalité se montrerait curieux ou sceptique, il serait préférable que les deux parties impliquées dans un prêt sans intérêts signent un billet d'entente.

Contribuer au régime enregistré d'épargne-retraite (REÉR) de votre conjoint

La Loi de l'impôt vous permet d'injecter dans un REÉR 20 % de votre salaire annuel, jusqu'à concurrence de 5 500 $. Vous pourriez déposer une partie de cette somme dans le régime enregistré d'épargne-retraite de votre conjoint. Évidemment, ce montant lui appartiendrait. Toutefois, cette somme ne serait imposable qu'au moment du retrait et le taux d'imposition serait moindre puisqu'elle serait divisée entre deux bénéficiaires plutôt qu'un. Par exemple, si en 1984, votre revenu se limitait aux prestations de votre REÉR qui se chiffrait à 20 000 $, vous auriez déboursé environ 1 000 $ d'impôt. Par contre, si vous aviez contribué pour 10 000 $ au REÉR de votre conjoint et pour 10 000 $ au vôtre, chacun de vous aurait payé environ 400 $ d'impôt.

Votre rémunération, en salaire ou... en dividendes

Le type de rémunération que vous choisirez pour vous-même aura peut-être une plus grande incidence sur votre entreprise que vous ne le pensez...

Si vous êtes associé ou propriétaire unique...

Vous devrez, dans votre déclaration de revenus, inscrire votre salaire ainsi que les dividendes perçus: le salaire fait partie intégrante du revenu imposable, tandis que les dividendes bénéficient d'une majoration et d'un dégrèvement fiscal.

Si votre entreprise est constituée en compagnie...

Elle pourra déduire les salaires accordés mais non les dividendes car ceux-ci sont versés à même le bénéfice après impôt.

N'oubliez pas certains détails...

Si votre corporation bénéficie de la déduction accordée aux petites entreprises, n'oubliez pas que cette déduction est valable uniquement pour les premiers 200 000 $. Il serait donc préférable de verser sous forme de salaire l'excédent de cette somme. Puisque les salaires sont déductibles, vous pourriez ainsi ramener vos bénéfices à 200 000 $ et éviter un taux d'imposition élevé (notez toutefois que les salaires doivent être justifiés).

Contrairement au salaire, les dividendes ne constituent pas un revenu gagné et ne peuvent être versés dans un régime enregistré d'épargne-retraite (REÉR) ou au Régime de rentes du Québec. Si vous désirez contribuer pour un montant maximal de 5 500 $ par année à votre REÉR, vous devez gagner au moins 27 500 $ et cette somme ne peut provenir de dividendes.

Soyez rassuré... assurez-vous

Lorsqu'on parle de faillite, et on en parle beaucoup, on insiste sur l'importance d'une bonne gestion des finances, des stocks, du personnel, etc. Mais l'existence de votre entreprise pourrait être compromise par certains événements hors de votre contrôle tels que:

- un incendie;
- la mort d'un associé;

- un vol;
- une mauvaise récolte;
- etc.

Pensez-y! Cela n'arrive pas seulement aux autres.

Il existe presque autant de programmes d'assurances qu'il existe d'entreprises; ils couvrent tous les risques de l'entreprise... ou presque!

En matière d'assurances, il importe de conserver un juste milieu. Sans être «surassuré», il faut protéger ce que vous avez créé.

Toutes les compagnies d'assurances peuvent vous offrir un programme qui couvrira les risques généraux tels que le feu, le vol, le vandalisme, la responsabilité civile. Cependant, même si les contrats vous semblent similaires, il est essentiel de lire le vôtre attentivement, du début à la fin, pour en connaître toutes les modalités et vous assurer qu'il correspond vraiment aux besoins de votre entreprise.

Une foule de petits détails à penser...

- Désirez-vous que vos biens soient assurés à leur valeur comptable, à leur valeur réelle ou à leur valeur à neuf?
- Désirez-vous être protégé contre les dommages matériels en cas d'incendie?
- Devriez-vous assurer vos pertes d'exploitation?
- Devriez-vous assurer tous vos biens dans la même proportion? Par exemple, vous pourriez décider d'assurer vos bâtiments à 80 % et vos stocks à 100 %.
- Votre assurance contre le vol doit évidemment protéger vos biens matériels, mais aussi votre personnel: certains employés risquent d'être victimes d'un vol à main armée...
- Votre entreprise est-elle protégée advenant le décès d'un de vos associés? Dans le cas d'une société en nom collectif, il importe de contracter une assurance sur la vie de chacun de vos associés.

Vous êtes propriétaire unique de votre entreprise et vous croyez qu'une petite assurance-vie suffit... Or, advenant un décès, si vos assurances ne sont pas suffisantes, on devra liquider votre entreprise pour régler votre succession.
Pensez-y!

Une assurance sur mesure

Il existe des programmes d'assurances qui correspondent aux besoins spécifiques de certaines entreprises telles:

- une agence de publicité;
- une boulangerie;
- un bar;
- une entreprise d'embouteillage;
- une terrain de camping;
- une discothèque;
- une galerie d'art;
- un club sportif;
- une ferme;
- etc.

Parlez-en à votre courtier!

N'oubliez surtout pas que les primes d'assurances des corporations sont considérées comme des dépenses aux fins de l'impôt.

Pour obtenir de l'information ou de la documentation sur les assurances, communiquez avec le Bureau des assureurs du Canada, à l'adresse suivante:

Bureau des assureurs du Canada
1001, boul. De Maisonneuve Ouest
Bureau 650
Montréal (Québec)
H3A 3C8
Tél.: (514) 288-6015
Sans frais: 1-800-361-5131

À la merci de dame Nature

Le gouvernement provincial offre aux producteurs agricoles deux types de programmes d'assurances:

- l'assurance stabilisation des revenus agricoles;
- l'assurance-récolte.

L'assurance stabilisation des revenus agricoles

Si vous êtes producteur agricole et que vous exploitez une ferme de type familial, au Québec, vous pouvez adhérer à l'un des régimes d'assurance stabilisation des revenus du gouvernement. Ces régimes vous donnent droit à des compensations financières pour couvrir vos coûts de production et votre salaire lorsque le prix du marché pour votre produit est inférieur au prix garanti. Ils sont subventionnés aux deux tiers. Pour plus d'informations, communiquez avec l'un des bureaux régionaux de la Régie des assurances agricoles dont vous trouverez les coordonnées à l'annexe I.

L'assurance-récolte

Votre revenu de producteur dépend souvent des caprices de dame Nature. Pour rétablir quelque peu la situation, la Régie des assurances agricoles du Québec a mis sur pied des programmes d'assurance-récolte qui peuvent vous aider financièrement lors d'une mauvaise récolte. Les critères d'admissibilité varient selon le type de culture assurée. Pour plus d'informations, contactez l'un des bureaux régionaux de la Régie des assurances agricoles du Québec dont vous trouverez les coordonnées à l'annexe I.

Liste de contrôle

	oui	non
Avez-vous fait la demande de votre numéro d'employeur et de votre certificat d'enregistrement?	☐	☐
Devez-vous vous procurer un numéro de taxes?	☐	☐
Avez-vous obtenu tous les permis nécessaires à l'exploitation de votre entreprise?	☐	☐
Êtes-vous informé des différentes retenues à la source que vous devrez prélever sur le salaire de vos employés?	☐	☐
Êtes-vous inscrit à la Commission de la santé et de la sécurité du travail (CSST) et à la Commission des normes du travail (CNT)?	☐	☐
Si vous désirez exploiter un commerce de détail, connaissez-vous les exigences de la Loi concernant les heures d'affaires des établissements commerciaux?	☐	☐
Le type d'entreprise que vous désirez exploiter est-il régi par un décret?	☐	☐
Si vous désirez exploiter une usine, avez-vous pris connaissance de la Loi sur la qualité de l'environnement?	☐	☐
Connaissez-vous les normes de sécurité qui doivent être respectées dans les édifices publics?	☐	☐
Saviez-vous que vous deviez produire un rapport annuel à l'Inspecteur général des institutions financières?	☐	☐
Devez-vous obtenir une licence de taxe de vente fédérale et une licence de taxe d'accises?	☐	☐

	oui	non
Avez-vous vérifié auprès de votre municipalité, dans quel type de zone votre terrain était situé?	☐	☐
Avez-vous obtenu un permis d'exploitation de la municipalité où est sise votre entreprise?	☐	☐
Selon la constitution juridique de votre entreprise, savez-vous quel type de déclaration de revenus vous devrez produire?	☐	☐
Savez-vous à quelle date vous devrez produire la déclaration de revenus de votre entreprise?	☐	☐
Avez-vous pris connaissance des diverses déductions accordées par les gouvernements?	☐	☐
— En avez-vous discuté avec votre comptable?	☐	☐
Avez-vous pris connaissance des diverses façons:		
— de reporter une partie de vos impôts?	☐	☐
— d'absorber vos pertes?	☐	☐
— de fractionner votre revenu?	☐	☐
Avez-vous discuté avec votre comptable de votre type de rémunération (salaire ou dividendes)?	☐	☐
Avez-vous contracté un programme d'assurances qui correspond à vos besoins?	☐	☐

Vêtements d'enfants Coccinelle inc.

Tout a commencé en 1978, au Salon des artisans de Québec. Cette année-là, Michèle Boulé décide d'exposer des vêtements d'enfants qu'elle confectionne plutôt que des tapisseries de lice comme les années précédentes. Résultat: les 175 vêtements sont vendus en un temps record. Il n'en faut pas plus pour décider Michèle Boulé à créer sa propre entreprise de vêtements pour enfants dont le siège social sera à Saint-Antoine-de-Tilly, au sous-sol de sa résidence.

Après une année d'opération, Suzanne Gosselin se joint à l'entreprise. Les deux associées obtiennent l'incorporation sous la raison sociale: Vêtements d'enfants Coccinelle inc. et chacune contracte un emprunt bancaire de 5 000 $. Un atelier de production est aménagé à Laurier-Station.

L'activité privilégiée des dirigeantes est sans aucun doute la création; toutes deux dessinent les collections. Quant à la gestion, on partage les tâches. Michèle Boulé est responsable de la production, de l'achat des fournitures et des comptes à payer tandis que Suzanne Gosselin se charge de l'administration et des comptes à recevoir.

Pendant trois années consécutives, la compagnie double son chiffre d'affaires à chaque collection qu'elle produit, soit deux fois l'an. En 1985, on prévoit atteindre un demi-million de dollars. Coccinelle inc. compte maintenant 24 employés et réalise annuellement de 25 000 à 30 000 vêtements, portant la griffe d'une des trois collections: *Coccinelle*, *Garçon*, *Mistigris*. On s'apprête de plus à lancer une collection de literie.

La clientèle de Coccinelle inc. regroupe en majorité les boutiques spécialisées et quelques chaînes de magasins comme Au coin des petits et Bambino. La compagnie a également des points de vente en Ontario et au Manitoba.

Malgré son bon roulement, Coccinelle inc. connaît aussi des difficultés. Le problème majeur tient au fait que la compagnie doit financer les matières premières et la main-d'oeuvre longtemps d'avance. L'approvisionnement en tissus en est un autre: le marché canadien n'offre pas autant de variétés de tissus que le marché européen et ce dernier n'est pas accessible à moins de commander des quantités énormes.

Des projets d'avenir pour Coccinelle inc.? Certes. Toutefois, les dirigeantes préfèrent être discrètes à ce sujet, bien qu'elles avouent vouloir réunir sous un même toit l'administration et la production de l'entreprise. Pour le reste... bouche cousue!

Source: revue *Entreprise*, juillet 1985.

Chapitre 11

Votre personnel et votre emploi du temps: deux cartes majeures

1. Le personnel: un atout important

Depuis plusieurs mois, tous vos temps libres sont consacrés à structurer votre projet d'entreprise:

- obtenir le financement nécessaire;
- contacter les fournisseurs;
- acheter les stocks;
- trouver un local;
- etc.

L'ouverture officielle approche, dans un mois tout au plus. Enfin! Toutefois, il vous reste encore des choses à faire, notamment le recrutement du personnel; vous désirez embaucher deux ou trois personnes pour assumer des fonctions bien précises.

Il s'agit là d'une étape qu'il ne faut pas prendre à la légère car dites-vous bien que le succès de votre entreprise dépend, en partie, de votre personnel. Plus vos employés sont en contact étroit avec la clientèle, plus le sort de votre entreprise est entre leurs mains.

La preuve... Lorsque vous vous rendez dans une épicerie, vous remarquez le sourire du caissier (ou de la caissière), vous appréciez le bon service du boucher, et souvent, vous ne savez même pas qui est propriétaire du commerce.

Lorsque vous allez manger dans un restaurant, la bonne cuisine du chef et le service vous inciteront à revenir même si vous ne connaissez pas le propriétaire.

Si vous retenez les services d'une agence de publicité, vous pouvez être très satisfait du travail fourni par l'équipe de production alors que vous n'avez jamais rencontré le président de l'agence.

Évidemment, votre attitude influence grandement le comportement des employés. Vous devrez leur faire ressentir que leur travail, si modeste soit-il, contribue au succès de votre entreprise.

Le premier pas: une structure du personnel

Si vous désirez créer et conserver une équipe de travail compétente et dynamique, vous devez, en premier lieu, établir une structure du personnel. Avant même d'embaucher vos employés, vous devrez définir clairement: Qui fait quoi? Quand? Où? Comment?

Certes, une petite entreprise n'a pas les moyens financiers d'embaucher:

- un spécialiste en comptabilité;
- un spécialiste en personnel;
- un spécialiste dans la vente.

Il est plus avantageux pour vous de recruter des personnes souples, polyvalentes, qui peuvent accomplir des tâches multiples.

Vous devrez déterminer:

- le nombre d'employés dont vous aurez besoin;
- les tâches reliées à chaque poste;
- la nature précise du travail;
- les conditions de travail;
- etc.

Cette démarche vous évitera non seulement une perte de temps, d'argent et d'énergie, mais aussi des mécontentements chez vos employés. De plus, elle vous permettra de bien identifier les aptitudes à rechercher chez le futur employé. Ainsi le candidat embauché conviendra réellement aux besoins de votre entreprise.

Quelles conditions d'emploi votre entreprise peut-elle offrir?

Si vous êtes exigeant vis-à-vis votre personnel, vous devrez en retour lui offrir certaines compensations telles que:

- une politique salariale équitable;
- une ambiance de travail favorable;
- un climat favorisant de bonnes communications;
- des possibilités d'avancement;
- etc.

Vous vous doutez bien que le salaire est un des éléments de motivation au travail. Même avec seulement deux ou trois employés, un entrepreneur a intérêt à établir une politique salariale dès le début de ses opérations. Il sera toujours possible de la réajuster ou de l'améliorer en cours de route.

Quelques indications pour constituer votre politique salariale

Vérifiez le salaire moyen offert par vos concurrents

Renseignez-vous pour connaître le salaire que vos concurrents accordent pour un travail identique. Il est fort probable que la motivation et la production de vos employés s'en ressentiront si vous offrez un salaire de loin inférieur à la moyenne.

Pour connaître l'échelle salariale de vos concurrents, vous pouvez, entre autres:

- surveiller les «offres d'emploi» que ces derniers publient dans les journaux;
- leur téléphoner pour obtenir des informations;
- vous référer aux Chambres de commerce ou aux associations sectorielles (elles ont des études sur les salaires);

- contacter le ministère du Travail où l'on pourra vous donner un aperçu des salaires offerts selon les secteurs d'activités (Québec: 643-4817).

Dans le cadre de votre politique salariale, vous devrez aussi répondre aux questions suivantes:

- Mes employés travailleront-ils à temps plein ou à temps partiel?
- Un calcul des rétributions se fera-t-il sur une base horaire ou hebdomadaire?
- Devrai-je verser des commissions sur les ventes?
- Quel sera le tarif des heures supplémentaires?

Informez-vous sur la réglementation

Évidemment, vous devez tenir compte de la réglementation gouvernementale: le salaire minimum, la paie de vacances, les retenues à la source, les normes du travail, etc. (Les modalités concernant la réglementation gouvernementale ont été expliquées au chapitre 10).

Analysez le poste à combler

Lorsque l'on fixe le salaire d'un employé, on doit tenir compte de la tâche à accomplir, des responsabilités inhérentes au poste, etc.

Bien entendu, l'élément déterminant pour fixer le salaire de vos employés est votre chiffre d'affaires. Si vos profits sont minces au cours des premières années, vous ne pourrez certes pas offrir des salaires concurrentiels. Toutefois, au fur et à mesure que vos profits augmenteront, vous serez en mesure d'en faire bénéficier vos employés.

Offrirez-vous des avantages sociaux?

Vous devrez évaluer si vous serez en mesure d'offrir des avantages sociaux et, si oui, lesquels?

Par exemple: congés de maladie, contribution à une caisse de retraite, assurance collective, etc. Vous devrez aussi déterminer les jours fériés, le nombre de jours accordés pour les vacances annuelles, etc.

Employé modèle recherché

Ce ne sont pas les endroits pour recruter du personnel qui manquent, et ce ne sont pas les candidats non plus. Voilà pourquoi il est important de déterminer à l'avance le profil de l'employé recherché, les aptitudes, les exigences académiques requises, l'expérience.

Où vous adresser?

Les centres d'emploi du Québec et du Canada

Ce service est gratuit. Pour obtenir de bons résultats, il est conseillé de demeurer en communication avec l'agent responsable de votre demande.

Les annonces dans les journaux

Il faut prévoir des frais. N'oubliez pas d'inscrire les exigences et une description précise du poste pour éviter de recevoir un amas de réponses inutiles.

Les services de placement dans les cégeps, les universités, les écoles techniques et de commerce

Ce service ne coûte rien. Vous devrez toutefois prévoir une formation pratique complète du candidat, puisque la plupart des finissants n'ont pas d'expérience de travail. Mais, souvent, ils débordent d'énergie et d'ambition!

Les agences de placement privées

Ce service est plus coûteux. Informez-vous auparavant des tarifs et de la réputation de l'agence. Vous trouverez la liste de ces agences dans votre annuaire téléphonique.

Les personnes recommandées

Plusieurs entrepreneurs recrutent leur personnel à partir de recommandations qu'ils ont eues d'amis et de relations d'affaires.

Mettez toutes les chances de votre côté en vous adressant à plus d'un endroit.

Une première sélection

La sélection d'un candidat ne se fait pas d'une façon subjective et émotionnelle ou au hasard: on recrute un candidat selon des règles précises et logiques.

Selon le type de recrutement que vous aurez privilégié (annonces dans les journaux, recommandations ou autres), le nombre de postulants variera considérablement. Si vous en avez au-delà de vos espérances, faites une première sélection à partir des *curriculum vitae*: rejetez ceux qui ne répondent pas aux exigences du poste et convoquez en entrevue les candidats que vous aurez retenus.

L'entrevue

L'entrevue vous donnera un aperçu de la personnalité et des qualités du candidat. Elle vous permettra d'approfondir des informations inscrites au *curriculum vitae*. Pour vous assurer un meilleur résultat:

- préparez vos questions à l'avance pour obtenir une uniformité entre les candidats;
- établissez un système de pointage;
- effectuez l'entrevue dans un local fermé où l'atmosphère est détendue;
- si possible, demandez à un associé, qui connaît les exigences du poste, de vous assister afin d'éviter les distorsions de jugement;
- essayez de mettre le candidat à l'aise dès le début: par exemple, décrivez-lui votre entreprise de façon générale et précisez la nature et les exigences du poste;
- incitez le candidat à parler, questionnez-le sur ses expériences de travail, ses études, etc.;
- ne vous laissez pas influencer par sa nervosité;
- vérifiez les aptitudes du candidat; s'il s'agit d'un poste en secrétariat, demandez-lui de taper une lettre; pour un poste en comptabilité, soumettez-lui une étude de cas; pour un poste en communication, demandez-lui d'écrire un communiqué.

Après l'entrevue, essayez d'obtenir, auprès d'employeurs précédents ou de personnes-références, des informations supplémentaires sur les candidats que vous aurez retenus. Mais attention! Restez critique, ne vous laissez pas influencer outre mesure par ces personnes. Si deux candidats semblent également qualifiés pour le poste, convoquez-les à une deuxième entrevue.

Pour vous aider... Les programmes de création d'emplois

Informez-vous sur les différents programmes de création d'emplois des gouvernements, vous pourriez faire d'une pierre deux coups:

- recruter du personnel compétent;
- bénéficier d'une aide financière.

Voici les principaux programmes[1].

NOM DU PROGRAMME	UNI-PME
Objectifs	— Favoriser l'intégration de jeunes diplômés dans des fonctions stratégiques permanentes au sein des PME; — stimuler le placement.
Personnes admissibles	— Diplômées de niveau universitaire, collégial professionnel ou de l'Institut de tourisme et d'hôtellerie du Québec depuis moins de 5 ans; — sans emploi.
Employeurs admissibles	— Les entreprises ayant de 5 à 250 employés permanents et oeuvrant dans les secteurs suivants: manufacturier, commerce de gros (20 à 200 employés), production de logiciels, récupération-recyclage, tourisme (établissement hôtelier de 20 à 200 chambres).

---

1. Tous ces programmes sont sujets à changement selon les disponibilités budgétaires. Informez-vous auprès du ministère responsable avant d'entreprendre toute démarche.

Modalités particulières	— L'entreprise doit être légalement constituée, en activité depuis au moins six mois à la date de la demande et avoir son siège social au Québec;
	— les postes créés ne doivent pas remplacer des emplois existants;
	— les emplois créés doivent être dans l'un des secteurs professionnels suivants: comptabilité, administration, génie, informatique;
	— l'entreprise s'engage à maintenir le diplômé en poste pendant une période de douze mois.
Subventions	— La subvention versée à l'employeur couvre 50 % du salaire versé pendant la première année d'embauche jusqu'à concurrence de 7 000 $ pour un diplômé collégial, de 10 000 $ pour un diplômé universitaire de premier cycle et de 12 000 $ pour un diplômé universitaire de deuxième ou de troisième cycle;
	— l'attribution se fait par voie de concours.
Informations	— Adressez-vous à l'une des directions régionales du ministère de l'Industrie et du Commerce[2]. Vous trouverez les coordonnées à l'annexe I.
NOM DU PROGRAMME	OUTILS DE GESTION
Objectifs	— Favoriser l'embauche de diplômés dans des entreprises poursuivant des projets d'amélioration de gestion et d'innovation technologique;
	— stimuler le placement.
Personnes admissibles	— Diplômées de niveau universitaire, collégial professionnel ou de l'Institut de tourisme et d'hôtellerie du Québec depuis moins de 5 ans et dans une discipline qui se rapporte à l'emploi;
	— sans emploi.
Employeurs admissibles	— Les entreprises ayant de 5 à 250 employés permanents et qui oeuvrent dans les secteurs suivants: manufacturier, commerce de gros (de 20 à 200 employés), production de logiciels, tertiaire-moteur technologique, tourisme (établissement hôtelier de 20 à 200 chambres), récupération-recyclage, commissariat industriel, association touristique régionale, regroupement d'entreprises

---

2. Le programme Bourse d'affaires du ministère de l'Industrie et du Commerce constitue aussi un programme de création d'emploi. Pour plus d'informations, consultez le chapitre 2 à la page 36.

	commerciales par franchisage (ou en voie de l'être), association sectorielle de propriétaires de commerce de détail.
Modalités particulières	— La formation des personnes admissibles doit être dans des disciplines pertinentes aux mandats confiés par les entreprises, et particulièrement dans les suivantes: administration, commercialisation, gestion scientifique et technologique;
	— les postes créés ne doivent pas remplacer des emplois existants.
Subventions	— La subvention à l'employeur couvre 20 semaines du salaire de la personne embauchée jusqu'à concurrence des montants hebdomadaires suivants: 220 $ pour un diplômé collégial, 250 $ pour un diplômé de premier cycle universitaire, 270 $ pour un diplômé de deuxième ou de troisième cycle universitaire.
Informations	— Adressez-vous à l'une des directions régionales du ministère de l'Industrie et du Commerce. Vous trouverez les coordonnées à l'annexe I.
NOM DU PROGRAMME	BON D'EMPLOI PLUS
Objectifs	— Faciliter l'insertion des jeunes sur le marché du travail, en leur permettant de participer activement à leur propre recherche d'emploi;
	— stimuler le placement.
Personnes admissibles	— Âgées de moins de 30 ans;
	— ont complété avec succès, depuis au moins un an, une formation de niveau secondaire professionnel, collégial professionnel ou universitaire, et ont une expérience de travail nulle ou inférieure à 6 mois dans le domaine de leur formation;
	— les personnes ayant participé et atteint les objectifs de l'un des programmes suivants sont également admissibles au programme: Travaux communautaires, Rattrapage scolaire et Stages en milieu de travail.
Employeurs admissibles	— Toute corporation, entreprise ou organisme privé en opération continue au Québec depuis au moins 6 mois, excluant les ministères et les organismes des gouvernements du Québec et du Canada, ainsi que les partis et les associations politiques.

Modalités particulières	— Les emplois visés par le programme doivent être à temps plein et correspondre à la formation de la personne candidate;
	— pour les personnes admises en vertu de leur participation à un autre programme, tout emploi est admissible.
Subventions	— La subvention à l'employeur d'une personne détenant un bon d'emploi couvre 25 % du salaire brut de cette dernière jusqu'à concurrence de 8 500 $ pour deux ans;
	— dans le cas d'une personne autochtone, d'une personne handicapée ou d'une femme obtenant un emploi dans un métier non traditionnel, la subvention couvre 30 % du salaire et peut atteindre 10 000 $ pour deux ans.
Informations	— Adressez-vous à l'un des centres Travail-Québec du ministère de la Main-d'oeuvre et de la Sécurité du revenu.
NOM DU PROGRAMME	STAGES EN MILIEU DE TRAVAIL
Objectifs	— Permettre à de jeunes bénéficiaires de l'aide sociale de s'engager dans un processus d'apprentissage et d'acquisition d'expérience professionnelle en participant aux activités d'une entreprise.
Personnes admissibles	— Bénéficiaires de l'aide sociale âgés de moins de 30 ans;
	— détiennent ou non un diplôme d'études secondaires, ou n'ont pas terminé leurs études collégiales, ou encore détiennent, comme dernier diplôme, un diplôme d'études collégiales (DEC) général;
	— ont quitté les études régulières à temps plein depuis au moins un an, sauf dans le cas d'une personne autochtone.
Employeurs admissibles	— Toute entreprise, corporation ou organisme privé en opération continue au Québec depuis au moins 6 mois;
	— tout ministère, organisme ou corporation publique.
Modalités particulières	— Les activités du stage ne doivent pas avoir pour effet de remplacer celles d'un employé de l'entreprise concernée;
	— des activités de nature académique dans des institutions scolaires peuvent compléter au besoin la formation acquise lors du stage en entreprise.

Subventions	— Pour une personne qui n'a pas la charge d'un enfant, un montant de 180 $ par mois s'ajoute aux prestations d'aide sociale;
	— pour la personne qui a la charge d'un enfant, un montant de 100 $ par mois s'ajoute aux prestations, en plus de frais de garde admissibles pouvant aller jusqu'à 10 $ par jour et par enfant;
	— un montant supplémentaire de 100 $ par mois est versé par l'employeur.
Informations	— Adressez-vous à l'un des centres Travail-Québec du ministère de la Main-d'oeuvre et de la Sécurité du revenu.
NOM DU PROGRAMME	SOUTIEN À L'EMPLOI SCIENTIFIQUE
Objectifs	— Favoriser la création d'emplois permanents à caractère scientifique et technique pour les jeunes diplômés dans des entreprises qui exercent des activités de recherche et de développement, de contrôle de qualité ou d'ingénierie de production;
	— stimuler le placement.
Personnes admissibles	— Diplômées universitaires de 1er, 2e ou 3e cycle en sciences de la nature, sciences pures et appliquées, etc., ou détenteur d'un diplôme d'études collégiales (DEC) en techniques biologiques ou physiques, incluant l'informatique;
	— les candidats doivent avoir la citoyenneté canadienne ou le statut d'immigrant reçu et avoir une connaissance suffisante du français.
Employeurs admissibles	— Une entreprise manufacturière employant moins de 500 personnes;
	— une entreprise du tertiaire scientifique, telle que: • un bureau d'études et de services (génie-conseil, informatique, design industriel, etc.); • un laboratoire ou un centre d'essai; • un institut ou un centre de recherche industrielle.
Modalités particulières	— Pour être admissible au programme, l'employeur doit garder à son service la personne embauchée pour une période minimale de trois ans;
	— les postes créés doivent être nouveaux;
	— le candidat ne peut être embauché pour le nouveau poste avant que la demande soit acceptée par le ministère de l'Enseignement supérieur, de la Science et de la Technologie.

Subventions	— Pour chaque emploi admissible créé, l'employeur reçoit une allocation correspondant à 70 % du salaire de base de l'employé pour la première année, et à 30 % du salaire de base (indexé de 5 %) pour la seconde année.
Informations	— Adressez-vous au ministère de l'Enseignement supérieur, de la Science et de la Technologie, dont vous trouverez les coordonnées à l'annexe I.

Laissez la chance aux coureurs

Une fois le candidat choisi, il ne faut pas mettre aux oubliettes la question du personnel. En effet, tout reste à faire:

- l'apprentissage;
- la formation;
- l'évaluation.

Si vous avez investi beaucoup d'énergie dans la sélection de votre candidat, vous devez maintenant vous assurer qu'il parte du bon pied.

Premièrement, donnez-lui toutes les informations relatives à votre entreprise. Faites en sorte qu'il en ait une bonne impression: bonne structure, gestion efficace, etc.

Deuxièmement, facilitez son intégration en le présentant aux autres membres de l'entreprise et en spécifiant, de façon générale, le rôle de chacun.

Troisièmement, prenez tout le temps nécessaire pour lui expliquer clairement, et dans les détails, ses nouvelles tâches. Désignez une personne-ressource qui pourra le superviser et surtout, lui venir en aide au besoin.

Évidemment, vous devez prévoir une période d'adaptation, c'est-à-dire un certain laps de temps avant que l'employé se sente vraiment à l'aise dans ses nouvelles fonctions. Il est important que durant cette période «d'insécurité», il ressente que les personnes autour de lui peuvent l'aider. Démontrez-lui dès le début tout l'espoir que vous mettez en lui. Et rappelez-vous que l'employé idéal est avant tout un employé bien entraîné.

La formation

Les changements technologiques, l'élargissement de vos services, le changement de comportement, peuvent vous obliger à donner une formation supplémentaire à vos employés.

Une formation adéquate peut avoir une grande influence sur le comportement du personnel:

- augmentation du degré de satisfaction au travail;
- motivation accrue;
- roulement du personnel et absentéisme à la baisse;
- etc.

Dans certains cas, la formation peut se limiter à confier des tâches additionnelles à un employé pour le préparer à assumer un poste supérieur. Dans d'autres cas, il s'agit de cours didactiques suivis à l'extérieur de l'entreprise.

Toutefois, n'inscrivez pas vos employés à des cours de formation simplement pour la forme. Il importe de sélectionner ces cours avec précaution afin d'en tirer le maximum de profits.

Par exemple, même si l'informatique est en vogue, évitez de faire suivre des cours dans ce domaine à vos employés si vous n'avez pas les budgets suffisants pour l'achat d'ordinateurs. Non seulement vous allez y perdre de l'argent, mais vous risquez également que vos employés se sentent quelque peu frustrés ou ne comprennent pas trop votre démarche...

Les dossiers du personnel

Une saine gestion du personnel nécessite la constitution d'un dossier pour chaque employé. De toute façon, les gouvernements l'exigent: ils demandent aux employeurs de garder des dossiers clairs et complets sur leurs employés. Certains ministères tels que le ministère du Travail, la Commission de la santé et de la sécurité du travail (CSST) peuvent, en tout temps, vous demander des informations sur vos employés.

Que doivent contenir ces dossiers?

Des informations générales telles que:

- la description des tâches;
- les politiques de l'entreprise;
- les méthodes de recrutement;
- les méthodes d'évaluation.

Ainsi que des renseignements personnels sur les employés:

- les coordonnées;
- le *curriculum vitae* ou la formule de demande d'emploi;
- une description des fonctions;
- le salaire initial et les avancements subséquents;
- les retenues d'impôts et les diverses cotisations;
- tous les documents se rapportant à l'emploi tels que la modification des fonctions, une nouvelle affectation, etc.

Ces dossiers vous permettent de fournir et de repérer rapidement des informations sur vos employés. Toutefois, ils ne seront d'aucune utilité si les renseignements qu'ils contiennent sont périmés. Faites donc une mise à jour de vos dossiers lorsque nécessaire et, souvenez-vous qu'ils sont strictement confidentiels... sauf pour les gouvernements et l'employé lui-même.

L'évaluation

Il est essentiel d'évaluer le travail de vos employés au moins une fois l'an. Cette démarche est autant bénéfique pour vous que pour vos employés:

- vous pouvez ainsi démontrer à votre employé que vous portez un intérêt à son travail et que vous avez remarqué le progrès réalisé;
- vous pouvez discuter avec lui des diverses difficultés rencontrées;

- vous entretenez de bons rapports avec lui;
- l'employé se sent motivé à progresser dans ses fonctions;
- c'est une occasion pour discuter des promotions, des augmentations de salaire, de la formation, etc.

Il vous revient de bien préparer cette rencontre pour qu'elle profite au maximum aux deux parties.

Rappelez-vous toutefois que vous ne devez pas attendre cette rencontre annuelle pour encourager vos employés ou pour discuter avec eux de certains problèmes. Faites part de vos commentaires au jour le jour et profitez des pauses et de toutes les réunions informelles pour entretenir des liens avec vos employés. Ne donnez pas l'image d'un cadre inaccessible qui gère son entreprise dans une tour d'ivoire, mais plutôt celle d'une personne qui apprécie le travail de ses employés et qui accepte de discuter des différents problèmes. Une bonne communication est un élément de succès.

Bonne chance!

Voici quelques points de repère pour constituer une fiche d'évaluation pour vos employés[3].

ÉVALUATION DU RENDEMENT	0	1	2	3	4
• Travail accompli durant la période					
• Degré de précision et de perfection dans le travail					
• Rapidité dans l'accomplissement du travail demandé					
• Maîtrise des méthodes et des techniques en rapport avec le travail					
• Intérêt et soin apportés au travail					
• Facilité d'adaptation					
• Facilité à résoudre les problèmes reliés aux tâches à accomplir					
• Initiative personnelle					
• Capacité de planification du travail					
• Prise de décision et solution des problèmes					
Traits personnels					
• Facilité de communication avec les autres employés ou les clients					
• Collaboration avec les collègues de travail					
• Capacité d'assumer des responsabilités					
• Loyauté et courtoisie					
• Attitude positive (enthousiasme, caractère, etc.)					

---

3. Ce document est tiré de la publication *Comment lancer une petite entreprise* de la Banque fédérale de développement.

ÉVALUATION DU RENDEMENT	0	1	2	3	4
• Ponctualité					
• Autres traits					

0. Ne s'applique pas.

1. Insatisfaisant:
le rendement ne correspond pas aux exigences du poste.

2. Satisfaisant:
le rendement correspond aux exigences.

3. Très bon:
le rendement est supérieur aux exigences.

4. Excellent:
le rendement est supérieur aux exigences du poste et mérite
une attention particulière.

2. Avant qu'il ne soit trop tard... La gestion du temps

La gestion du personnel, la gestion de l'entreprise, l'administration, toutes ces tâches exigent beaucoup de temps. Toutefois, tout le monde, quelle que soit la profession, dispose de 24 heures par jour. La différence provient de la façon dont on utilise ce temps.

Mais comment gérer son temps?
En établissant des priorités avant de passer à l'action.

Minute 1: dressez une liste de vos tâches

Dressez une liste de toutes les choses que vous aimeriez faire et que vous devez faire.

Rayez ensuite ce qui est plus ou moins important.

Parmi les tâches qui restent, établissez un ordre de priorité, de la plus importante à la moindre.

Évitez de tomber dans le piège de remettre à plus tard les tâches difficiles.

À chaque jour, indiquez les tâches complétées et celles non complétées. Quand rien n'a été fait, utilisez un code spécial. À la fin de la semaine, révisez toutes vos listes pour voir ce qui doit être reporté à la semaine suivante.

Minute 2: identifiez les causes de pertes de temps

Pour vous aider à reconnaître ce qui vous fait perdre du temps, tenez un journal de bord et notez-y votre emploi du temps pendant quelques jours.

Enregistrez toutes les interruptions au moment où elles se produisent, même les plus banales. Après quelques jours, vous aurez une idée plus claire de ce qui vous fait perdre du temps.

Une fois que vous aurez identifié «votre problème», vous aurez, à toutes fins pratiques, la moitié de la solution.

Minute 3: pour contrer les envies des «bouffeurs de temps»

Les appels téléphoniques

Ils «mangent» souvent une grosse partie du temps. Faites-les filtrer par quelqu'un d'autre et limitez vos appels personnels. Si vous êtes affairé à une tâche des plus urgentes, ne répondez plus au téléphone et faites prendre les messages.

Les visiteurs inattendus

Si un ami ou un client vous fait une visite à l'improviste, vous devez décider combien de temps vous pouvez lui consacrer. Il se peut même que vous deviez reporter cette rencontre à un moment plus opportun pour vous. Évidemment, s'il s'agit d'un client, tentez de cerner si le motif d'affaires en vaut la peine; peut-être même que vous pouvez déléguer à quelqu'un d'autre ce rendez-vous...
Si vous prenez un peu de retard dans votre travail, n'ayez pas peur de fermer la porte de votre bureau pour quelque temps et ce, à chaque jour; attaquez-vous à votre liste de tâches. Si vous ne pouvez passer à travers vos tâches prioritaires, vous ne pouvez certainement pas vous permettre de recevoir qui que ce soit.

Les réunions

Les réunions non dirigées sont souvent une perte de temps. Prévoyez un ordre du jour et du temps pour chaque point. Ramenez les gens «à l'ordre» lorsqu'ils s'écartent trop du sujet et, quand les points à l'ordre du jour ont été épuisés, faites lever l'assemblée.

Les urgences

Aller d'une urgence à l'autre provoque un impact psychologique dont il faut tenir compte. En effet, la coupure rend souvent la reprise du travail difficile et demande une concentration particulière; soyez-en conscient pour mieux y réagir.

Minute 4: une bonne organisation

Ayez de l'ordre

N'oubliez pas votre liste de priorités; dépouillez votre courrier et classez-le «urgent» ou «peut attendre»; répondez à vos messages et donnez suite aux mémos; maîtrisez l'accumulation de vos documents; dressez pour votre entreprise un programme de gestion des dossiers en procédant de la façon suivante:

1) éliminez les dossiers inutiles;

2) faites périodiquement une mise à jour de vos dossiers et détruisez ceux qui sont périmés (consultez le tableau);

3) à défaut d'indications spécifiques, il serait préférable de consulter votre avocat ou votre comptable avant de prendre la décision de détruire un dossier.

Exigences en matière de conservation des documents[4]: vue d'ensemble

Il est extrêmement difficile de dégager des principes généraux en matière de conservation des documents au Canada. Les règles sont plutôt vagues et elles ont tendance à varier au fédéral et au provincial. Les périodes suggérées ci-dessous se veulent uniquement des indications générales. Il convient de s'adresser à un conseiller avant de mettre en oeuvre un programme de destruction des dossiers.

---

4. Ce tableau est tiré de la brochure *La PME*, volume 2, numéro 2, publiée par Thorne Riddell-Poissant Richard.

Documents à conserver à perpétuité

- Documents relatifs à la mise sur pied et à la direction générale de l'entreprise.
- États financiers.
- Livres-journaux et grands livres.
- Documents relatifs à une caisse de retraite privée.
- Documents relatifs aux titres.
- Documents relatifs au personnel, par exemple: numéros d'assurance sociale, descriptions de tâches, indemnisation des accidents du travail, etc.

Documents à conserver durant une période définie

- Documents relatifs aux sociétés qui ont été dissoutes (6 ans après la dissolution).
- Documents bancaires (6 ans).
- Documents relatifs aux stocks (6 ans).
- Documents relatifs au personnel (diverses périodes selon le genre de document).
- Documents relatifs au Régime des pensions du Canada ou au Régime de rentes du Québec (6 ans).
- Titres annulés (6 ans).
- Registres relatifs à la taxe de vente (diverses périodes selon la juridiction).

Documents à conserver tant que leur destruction n'a pas été approuvée

- Documents relatifs aux déclarations de revenus fédérales et provinciales.

N'hésitez pas à déléguer

Plusieurs dirigeants croient que la vie de leur entreprise peut être menacée s'ils ne prennent pas eux-mêmes toutes les décisions. Une telle attitude peut entraîner une perte de confiance chez les employés. Il faut savoir déléguer des responsabilités.

Assurez-vous toutefois que les personnes à qui vous déléguez des tâches rencontrent les exigences requises.

Pour vous aider...
à trouver la combinaison gagnante

Il n'existe peut-être qu'une seule combinaison gagnante, mais on peut prendre différentes voies pour la trouver.

Le comité de gestion

Un comité de gestion est un groupe structuré de façon informelle dont les membres bénévoles qui le forment, experts en gestion, sont extérieurs à l'entreprise et sont chargés d'analyser et de planifier la gestion de l'entreprise. N'importe quel type d'entreprise, petite, moyenne ou grosse, peut mettre sur pied un comité de gestion. De cette façon, l'entrepreneur peut profiter des idées nouvelles d'experts-conseil tout en demeurant maître de son entreprise.

Le conseil d'administration

Contrairement au comité de gestion, le conseil d'administration implique des contraintes juridiques.

Premièrement, pour former un conseil d'administration, l'entreprise doit être une corporation légalement constituée.

Les membres, qu'on appelle administrateurs, sont parfois rémunérés, parfois non. Les cas varient avec la dimension et les moyens financiers de l'entreprise. Il peut arriver que les dépenses inhérentes aux réunions soient défrayées par l'entreprise, mais dans la plupart des cas, il s'agit d'un travail bénévole. Les membres doivent se réunir selon des conventions définies, rédiger des procès-verbaux et agir dans les meilleurs intérêts de l'entreprise.

Idéalement, le conseil d'administration devrait être composé de personnes qui, par leur formation, spécialisation et expérience, complètent la personnalité du propriétaire gestionnaire. Entouré de gens compétents, il se sentira appuyé dans ses décisions et pourra profiter de l'opinion de ces personnes-ressources.

Pour vous aider à former votre conseil d'administration, la Direction des services aux entreprises industrielles du ministère de l'Industrie et du Commerce (MIC) offre un séminaire d'une durée d'une journée. Vous trouverez les coordonnées de la Direction à l'annexe I. Par ailleurs, la Banque fédérale de développement offre au coût de 35 $, un séminaire de 3 heures intitulé «Conseil d'administration pour une PME». Vous pouvez vous inscrire aux succursales de la BFD.

Les programmes gouvernementaux

Le ministère de l'Industrie et du Commerce du Québec offre aux entreprises, par le biais des programmes «Outils de gestion» et «UNI-PME», les services de diplômés. Pour plus d'informations sur ces programmes, référez-vous aux pages 323 et 324 du présent chapitre.

Les cours et autres types de formation

Il existe, pour vous aider à parfaire votre formation en gestion, plusieurs organismes qui offrent des cours, des séminaires et des colloques, notamment:

- les directions régionales du ministère de l'Industrie et du Commerce;
- le Service de la formation aux adultes de la Direction collégiale du ministère de l'Enseignement supérieur, de la Science et de la Technologie;
- la Commission de formation professionnelle;
- la Banque fédérale de développement;
- la Chambre de commerce du Québec;
- les collèges et les universités;
- l'Institut des banquiers canadiens;
- l'Association des PME du Centre-du-Québec inc.;
- le Centre de formation en gestion;
- le Centre des dirigeants d'entreprises;
- Cose inc.

La documentation

Il existe de la documentation pour vous aider au niveau de l'administration de votre entreprise, en comptabilité ou en gestion. Référez-vous à l'annexe V pour connaître la liste des documents disponibles.

Liste de contrôle

	oui	non
Avez-vous déterminé vos besoins en ressources humaines?	☐	☐
Avez-vous établi une définition de tâches précises pour chaque poste?	☐	☐
Avez-vous évalué les exigences requises pour chaque poste?	☐	☐
Avez-vous défini une politique salariale?	☐	☐
Vous êtes-vous informé de la réglementation gouvernementale en matière de ressources humaines?	☐	☐
Avez-vous préparé vos questions d'entrevue pour choisir votre personnel?	☐	☐
Vous êtes-vous informé sur les différents programmes de création d'emplois?	☐	☐
Avez-vous discuté avec vos collaborateurs de l'idée de former un conseil de gestion ou un conseil d'administration?	☐	☐

L'implication du personnel des Industries F.P.

Chez Industries F.P., l'un des principaux fabricants de chaudières de systèmes de chauffage au Canada, les employés collaborent aux décisions et prennent part aux bénéfices. Après 26 ans d'opération, la compagnie décide, en 1982, de changer ses traditionnelles méthodes administratives pour un système de cogestion et de participation des employés aux profits.

Il s'agit d'un type de gestion strictement départementale. Ainsi, les employés s'en tiennent à leur domaine. Un représentant, choisi pour chaque département, participe aux réunions qui ont lieu sur l'heure du dîner. On y discute des façons d'améliorer la productivité. À cause du programme de participation des employés aux profits, le personnel trouve un intérêt particulier à s'impliquer dans les méthodes de productivité suggérées. À titre d'exemple, en 1983, le programme de participation aux profits a permis à chaque employé de recevoir un montant additionnel équivalent à 15 % de son salaire annuel. «Ainsi, l'argent versé améliore la productivité et le coût du produit s'en trouve donc diminué» explique André L'Espérance, président de la firme. Pour démontrer le succès de ces méthodes de gestion, le président rapporte quelques chiffres: de 1980 à 1983, période de récession, les coûts de main-d'oeuvre de la compagnie ont baissé de 33 % tandis que les salaires ont augmenté de 57 %; quant au volume des ventes, il a progressé de 97 %.

Ce rendement a valu aux Industries F.P. le prix de distinction au concours du prix d'excellence du Canada 1984, dans la catégorie productivité. Cette mention a d'autant plus de valeur que la compagnie était la seule PME québécoise à participer au concours, les autres candidats étant des multinationales.

Source: revue *Entreprise*, octobre 1985.

Chapitre 12

L'informatique: pour ou contre?

Chapitre 2

L'informatique fait maintenant partie du quotidien. Vous réservez une place pour un spectacle, un siège dans un avion, un train ou un autobus et vous voilà en contact avec l'ordinateur. Transactions bancaires, jeux de loterie et même achats dans les grands magasins nous font pénétrer dans le monde de l'informatique.

Aujourd'hui, à votre tour, vous y pensez sérieusement: devez-vous informatiser votre entreprise?

Toute décision demande réflexion

Évidemment, on entend tellement parler des merveilles que l'informatique peut faire qu'on est porté à vouloir l'intégrer de toute évidence. De plus, il est beaucoup moins onéreux aujourd'hui qu'il y a 10 ou 15 ans d'informatiser une entreprise. Il peut être tentant de faire le pas.

Malgré tout, restez sur vos gardes...

Analysez la situation. Certains indices peuvent démontrer qu'il serait avantageux pour votre entreprise d'être informatisée, tels:

- des fichiers de clients lourds à manipuler;
- un contrôle d'inventaire complexe dû à une trop grande variété de stocks;
- de nombreuses livraisons qui exigent beaucoup de paperasserie;
- des opérations financières de plus en plus nombreuses.

C'est donc dans la mesure où le traitement des informations devient fastidieux ou difficile à contrôler manuellement qu'un système informatique peut être rentable pour une entreprise.

Les champs d'application de l'informatique

S'il est mis en application correctement, un système informatique vous rendra bien des services.

Au niveau de la prise de décision, l'informatisation peut aider le propriétaire d'entreprise en lui fournissant des rapports sommaires qui permettent de réfléter, sous une forme abrégée, l'état de l'entreprise au moment où il en a besoin.

Par exemple, le contrôle informatisé de l'inventaire peut réduire les coûts car il facilite la gestion des stocks. Il permet donc de garder moins de marchandises et d'éliminer presque complètement les cas de manque de stocks.

L'informatisation peut aussi améliorer le service à la clientèle en diminuant les délais de livraison, le temps de réponse, et en améliorant le suivi des commandes.

Un meilleur contrôle de la facturation et des recouvrements par le biais d'un système informatisé des comptes à recevoir peut aussi réduire le délai de perception des comptes.

Si vous avez voté pour...

L'acquisition et la mise en place d'un système informatique engendrent quelquefois des difficultés. Pour les éviter, il faut faire un bon choix au niveau de chacun des secteurs suivants:

- **le logiciel**
  - le programme que vous choisirez devra faire efficacement les applications dont vous avez besoin;
- **le matériel**
  - votre système devra être d'une puissance proportionnelle à vos besoins et être compatible avec votre logiciel;
- **le fournisseur**
  - choisissez-en un de bonne réputation qui vous offrira un système à un prix abordable, une formation efficace, un soutien de mise en place ainsi qu'un bon service après-vente.

Voici différentes façons d'informatiser votre entreprise.

- Bâtir votre propre système à partir du matériel et des logiciels disponibles sur le marché. Comme il est rare de trouver un système qui comble les besoins à 100 %, il faudra vous adapter aux lacunes du vôtre ou le faire modifier (chose qui n'est pas toujours possible et généralement coûteuse).

• Vous adresser à un spécialiste qui pourrait choisir, développer ou acheter un système pour vous. Évidemment, comme vous paierez pour ses services, vous devez vous assurer de son sérieux et de sa compétence.

• Embaucher un informaticien, acheter le matériel nécessaire et développer un système unique. Les coûts risquent d'être très élevés mais le produit fini correspondra exactement à vos besoins.

Toutefois, avant de prendre une décision, préparez-vous correctement.

Ce que vous pouvez faire personnellement

La première chose que vous pouvez et même devez faire, c'est de cerner, de façon la plus précise possible, vos besoins réels. Que l'entreprise soit petite, moyenne ou grande, ce n'est pas un travail facile.

Arrêtez-vous et mettez sur papier les applications de l'informatique qui vous seraient utiles. Si vous prenez le temps de bien détailler vos besoins, vous réduirez grandement le risque de vous retrouver avec un système qui ne vous convient pas. Puisque votre comptable est au courant des transactions de votre entreprise, n'hésitez pas à le consulter pour cette étape importante.

C'est lorsque vous aurez défini clairement vos besoins que vous pourrez déterminer si le rapport coût/bénéfice de l'acquisition d'un système informatique sera positif ou non.

Parallèlement à l'identification de vos besoins, il serait bon de vous familiariser avec les différents systèmes informatiques utilisés dans votre catégorie d'activités par:

• des lectures (livres, revues, journaux, etc.);
• des séminaires et des cours;
• des contacts avec d'autres entreprises similaires informatisées.

Prenez aussi le temps de magasiner car il existe de nombreux magasins spécialisés en micro-informatique. Consultez la documentation, posez des questions sur les logiciels qui pourraient correspondre à vos besoins et même, demandez une démonstration. Plus vous en connaîtrez sur ce domaine, plus vous serez en mesure de vous faire une idée assez précise du système qu'il vous faut et de discuter avec des spécialistes en connaissance de cause.

Des conseils d'amis

Pour vous aider à y voir encore plus clair, tenez compte des conseils qui suivent.

- Éliminez les produits qui ne sont pas à grande diffusion (sauf si ces produits sont développés spécifiquement pour répondre aux besoins d'un secteur de l'industrie) et fiez-vous surtout aux compagnies de systèmes informatiques qui se sont acquis une solide réputation.

- Misez plutôt sur les distributeurs compétents, sérieux et qui n'ont pas hésité à vous consacrer du temps.

- Comparez les services de réparation et d'entretien qu'offrent les différents distributeurs. Une maison sérieuse devrait fournir un numéro de téléphone à composer en cas de difficulté. S'il s'agit d'un défaut au niveau du logiciel, assurez-vous qu'il pourra être corrigé. Si les données à traiter sont irremplaçables, prévoyez une copie de sécurité. Certaines compagnies, dans leur service d'entretien, prévoient la livraison immédiate d'un ordinateur équivalent en cas de panne.

- Essayez de prévoir à long terme: après un certain temps, vous voudrez peut-être informatiser d'autres tâches. Assurez-vous que le système que vous aurez choisi pourra remplir ces conditions sans négliger l'application des tâches actuelles, même si celles-ci devaient augmenter.

- Tenez compte du fait que vous devrez vous approvisionner en:
  — papier d'imprimante;
  — rubans-encreurs;
  — barres d'alimentation électrique;
  — disquettes;
  — classeurs;
  — mobilier adapté à votre système informatique.

Évitez les pièges: identifiez les obstacles en cours de route

La route qui conduit à l'informatisation est remplie de nombreux obstacles. Soyez averti en prenant connaissance de ce qui suit.

- Chercher à économiser sur le coût d'achat est rarement rentable. La différence des quelques dollars de plus pourrait vous éviter bien des ennuis qui vous coûteraient plus cher à long terme.

- Acheter le tout dernier modèle de système informatique dont tout un chacun vante les bienfaits n'est pas la solution idéale. Non seulement vous risquez de passer à côté de vos besoins mais vous pourriez également devoir attendre assez longtemps pour que les logiciels (programmes) usuels soient disponibles et fiables.

- Trop se fier aux vendeurs peut être une erreur... Ils donnent l'impression que tous les systèmes informatiques sont en mesure de répondre parfaitement à tous besoins... avant même de les connaître.

- Ne pas vous initier personnellement au domaine de l'informatique est une grave erreur. Que le responsable de votre système soit un de vos employés ou non, sachez que vous pouvez le perdre un jour. Comme c'est lui qui a le contrôle de votre information, vous pourriez vous retrouver dans une situation embêtante.

- Croire qu'un système informatique peut résoudre les problèmes reliés à la gestion est illusoire: l'informatique a comme effet d'augmenter l'ordre ou le désordre existant dans l'entreprise à ce niveau.

- Imaginer qu'on obtiendra des bénéfices immédiats et chiffrables grâce à un système informatique est utopique. L'informatique, en augmentant la productivité, influence le chiffre d'affaires mais de façon indirecte.

- Penser qu'un système informatique est infaillible peut vous causer des déceptions. Tôt ou tard, des ennuis surviendront, que ce soit une panne du système ou une erreur dans le logiciel. Vous devez donc vous y préparer.

- Remettre à plus tard l'implantation de l'informatique au sein de votre entreprise sous prétexte que vous attendez un nouveau modèle plus efficace et moins cher risque de vous faire prendre du retard sur vos concurrents.

- Choisir un logiciel qui ne répondra pas à vos besoins peut faire plus de mal que de bien.

Le logiciel: l'embarras du choix

Le logiciel, c'est en quelque sorte un programme ou un ensemble de programmes qui, inséré dans l'ordinateur, vous permet d'effectuer des opérations précises.

Le choix de votre logiciel doit être judicieux car il constitue la partie maîtresse de l'ensemble de votre système. Comme il existe une grande variété de logiciels sur le marché, vous devez très bien définir vos attentes afin de mieux orienter votre recherche, surtout si vous décidez de bâtir vous-même votre système informatique.

- Commencez par établir une liste détaillée de ce que vous attendez de votre logiciel. Personne d'autre ne peut le faire pour vous.

  Quand vous aurez déterminé les caractéristiques de votre logiciel, faites la distinction entre les plus importantes (besoins essentiels) et les secondaires.

- À l'étape suivante, dressez la liste de toutes les données d'entrée et de sortie pour chacune des applications d'informatique qui correspondent aux besoins essentiels retenus. En somme, il s'agit de déterminer votre volume d'opérations commerciales.

  - Combien de factures recevez-vous ou émettez-vous?

  - Combien de livraisons avez-vous de vos fournisseurs?

  - Combien d'opérations inscrivez-vous dans votre grand livre général par mois?

  - Etc.

- À partir de cela, votre fournisseur de logiciel ou votre conseiller pourra non seulement vous guider dans le choix de votre logiciel mais aussi vous renseigner sur la puissance que devra avoir votre ordinateur pour traiter votre volume d'opérations.

Étudiez donc les logiciels qui sont disponibles, puis fixez votre choix sur quelques-uns d'entre eux. Faites en sorte qu'ils ne vous limitent pas quant au choix du matériel.

Demandez à voir ces logiciels en fonction, de préférence dans un cadre réel qui comporte des applications semblables aux vôtres. S'il n'est pas possible d'obtenir une démonstration, laissez ce logiciel de côté.

Finalement, essayez de ramener à deux ou trois le nombre de logiciels qui seraient le mieux adaptés à vos besoins.

Après le logiciel, le matériel

En ce qui concerne le matériel, la première des choses à faire est d'évaluer ce qu'il vous faut.

- Quelle capacité de mémoire devra avoir le matériel?
- Combien de terminaux et d'imprimantes aurez-vous besoin?
- Etc.

Il vous faudra aussi faire le choix entre des disques souples et des disques rigides. Les disques rigides permettent de mémoriser une plus grande quantité de renseignements et offrent en général un accès beaucoup plus rapide. Ils sont toutefois plus coûteux que les disques souples.

Sachez anticiper. Si votre entreprise grossit, peut-être qu'un jour vous voudrez ajouter de nouvelles applications à votre système. Pensez donc à sa capacité d'extension.

Lorsque vos exigences de base à propos du matériel seront définies, référez-vous à un des nombreux tableaux de comparaisons de matériel que vous pourrez trouver facilement dans les livres et revues qui traitent d'informatique. À partir de ces tableaux, vous serez en mesure d'identifier deux ou trois ordinateurs qui semblent répondre à vos besoins.

Avant d'arrêter votre choix, tenez compte des points suivants.

- Ne choisissez pas des ordinateurs de jeux ou de loisirs mais des ordinateurs de gestion.

- Ne vous fiez pas uniquement au prix.

- Choisissez un ordinateur qui touche un grand nombre d'utilisateurs et qui est soutenu par une bonne organisation. Plus le nombre d'utilisateurs est grand, plus vous pouvez obtenir des conseils et avoir l'assurance que de nouveaux logiciels seront disponibles sur le marché.

- Soyez assuré que le matériel choisi est compatible avec les logiciels qui paraissent sur votre liste.

- Essayez d'obtenir une démonstration du matériel avec le logiciel que vous avez choisi.

Vous voilà donc maintenant avec un choix de deux ou trois types de matériel et de logiciel. Vous avez comparé les prix et vous voudriez faire un choix définitif. Mais vous hésitez. Dans ce cas, vous pourriez demander l'aide de conseillers.

Il vous reste une étape importante à franchir: le choix du fournisseur.

Le logiciel, le matériel... Au tour du fournisseur

Où allez-vous acheter votre matériel et votre logiciel? Voilà une question qui demande également réflexion.

Sachez qu'en ce domaine, il est possible de négocier les prix. Vous pourriez obtenir une réduction de 10 % ou plus sur l'achat de systèmes complets. Mais vous ne l'obtiendrez qu'en la demandant. Faites-vous faire des offres par trois ou quatre magasins.

Votre pouvoir de négociation peut aussi augmenter si vous achetez plus d'un système ou si vous formez un consortium d'achat avec d'autres entreprises. Parlez-en aux autres.

Outre le prix, il y a d'autres facteurs à considérer pour le choix d'un fournisseur. La qualité du soutien au moment de l'installation ainsi que la formation offerte sont très importantes.

L'informatisation aura une grande incidence sur le fonctionnement de votre entreprise: le passage à un système informatisé ne se fait pas sans heurts. Pour vous aider à traverser ces problèmes inévitables, votre fournisseur devra mettre à votre disposition un programme de soutien durant la période de mise en application. Vérifiez si les manuels d'utilisation sont clairs; assurez-vous que le fournisseur offrira un programme de formation.

Dans certains cas, le coût d'achat du logiciel couvre un nombre d'heures non facturables pour l'implantation. Assurez-vous que l'évaluation de ce nombre d'heures est réaliste car les heures supplémentaires vous seront facturées au taux en vigueur.

La question du service après-vente est aussi un facteur de premier ordre. Des fournisseurs de micro-ordinateurs et plus particulièrement de systèmes formés de composants provenant de divers manufacturiers s'occuperont de votre matériel mais à leurs propres locaux. Cette solution n'est pas très pratique. Certains fournisseurs offrent un service de réparation sur place moyennant des frais supplémentaires. D'autres prêteront du matériel équivalent pour le temps de la réparation.

Compte tenu de la variété au niveau du service offert, il est donc bon que vous connaissiez la politique des fournisseurs. Voici d'autres points que vous devrez considérer.

- Quels sont les tarifs de facturation pour le service après-vente?
- Est-ce que les défauts de la programmation sont couverts par une garantie?

Enfin, assurez-vous que le fournisseur que vous choisirez a une bonne réputation et que vous pourrez avoir confiance en lui:

- ne payez pas avant d'avoir la preuve du bon fonctionnement de vos appareils au cours d'une démonstration;

- exigez des factures précises décrivant fidèlement chaque article et portant la date précise.

Pour vous aider...

L'entourage, les firmes-conseils, les conseillers en informatique, les revues spécialisées, voilà quelques-unes des sources d'aide en matière d'informatique.

Pour sa part, la Direction des services aux entreprises manufacturières du ministère de l'Industrie et du Commerce offre des séminaires dans le domaine de l'informatique. Vous trouverez les coordonnées de la Direction à l'annexe I.

Si vous opérez une entreprise de services en communication, le programme d'Aide à l'informatisation des entreprises de communication du provincial est peut-être applicable à votre cas.

Les objectifs de ce programme visent à accroître la productivité des entreprises, leur capacité à soutenir la concurrence et la qualité de leurs services ou de leurs produits.

Parmi les critères d'admissibilité, vous devez:

- être une entreprise ou une association oeuvrant dans les secteurs de la presse écrite, de la radio, de la télévision, de la câblodistribution, des télécommunications, de la télématique, de l'information électronique, de la publicité, de l'informatique et des nouveaux services en communication;

- avoir votre principale place d'affaires au Québec et être sous contrôle majoritairement québécois;

- être en opération au moment de la demande d'aide.

L'aide financière du premier volet du programme, l'accès à l'expertise-conseil, peut atteindre un maximum de 50 % du montant des dépenses admissibles sans toutefois dépasser 25 000 $ par projet. Elle est accordée sous forme de subvention.

L'aide financière du second volet, qui a pour but d'aider les entreprises à supporter les coûts d'acquisition de logiciels ou d'équipements informatiques ainsi que les coûts de création, d'acquisition ou de développement de banques de données, peut atteindre un maximum de 50 % du montant des dépenses admissibles sans toutefois dépasser 50 000 $ par projet.

Si vous désirez présenter une demande d'aide ou obtenir plus d'informations sur le programme, adressez-vous au:

Ministère des communications
Direction des programmes
580, Grande-Allée Est
3e étage, bureau 360
Québec (Québec)
Tél.: (418) 643-1965

Liste de contrôle

	oui	non
Avez-vous analysé soigneusement les indices qui pourraient démontrer qu'il est avantageux d'informatiser votre entreprise?	☐	☐
Avez-vous identifié vos besoins réels?	☐	☐
Vous êtes-vous suffisamment documenté sur les différents systèmes informatiques existants qui pourraient répondre à vos besoins?	☐	☐
Avez-vous pris le temps de magasiner?	☐	☐
Vous êtes-vous assuré de la réputation des fournisseurs présélectionnés?	☐	☐
Offrent-ils un programme de formation?	☐	☐
Avez-vous comparé leur service après-vente?	☐	☐
Avez-vous comparé leurs prix?	☐	☐
Avez-vous demandé à voir fonctionner les 2 ou 3 logiciels que vous avez retenus?	☐	☐
Avez-vous déterminé la puissance du matériel qu'il vous faudra (capacité de mémoire, nombre de terminaux et d'imprimantes, etc.)?	☐	☐
Avez-vous fait le choix entre les disques souples et les disques rigides?	☐	☐
Vous êtes-vous assuré que le logiciel et le matériel seront compatibles?	☐	☐
Avez-vous demandé une réduction sur l'achat d'un système complet?	☐	☐
Avez-vous vérifié si le nombre d'heures prévu pour l'implantation de votre système est suffisant?	☐	☐
Avez-vous vérifié si les éventuels défauts de la programmation sont couverts par une garantie?	☐	☐

L'informatisation des Entreprises Robert Thibert inc.

Installées dans un manoir de Léry, les Entreprises Robert Thibert inc. ont converti une pièce de leur établissement en salle d'informatique.

Distributeurs de plus de 8 000 types d'accessoires décoratifs pour l'automobile, la compagnie utilisait un système informatique mais il ne répondait plus aux besoins. Il donnait accès à la description et au prix du produit sans toutefois mettre l'inventaire à jour. La flexibilité de l'ancien système et sa compatibilité avec le nouveau a permis de sauvegarder l'historique de gestion des stocks, des fournisseurs et des clients et d'éviter un nouvel entraînement du personnel.

Deux micro-ordinateurs de 512K de mémoire connectés à un disque rigide, deux imprimantes et un logiciel bien adapté constituent le nouveau système informatique des Entreprises Robert Thibert inc. Il permet d'effectuer toutes les opérations de comptabilité et de gestion courantes telles la facturation, la mise à jour des états de compte à recevoir et à payer, d'avoir accès aux informations relatives aux représentants, aux territoires de distribution et de vente, de suivre les activités commerciales et les rapports statistiques sur les ventes, les représentants et les zones de distribution, d'imprimer des relevés de prix pour un même produit, etc. En deux heures seulement, il est possible d'obtenir un résumé des activités commerciales mensuelles de la compagnie. Grâce au rapport relatif aux stocks, en dix minutes le propriétaire sait quels produits doivent être immédiatement commandés.

L'informatique n'a pas remplacé le personnel, mais il a permis à l'entrepreneur de doubler son efficacité. Et sans le système actuel, le chiffre d'affaires des Entreprises Robert Thibert inc. serait beaucoup moins élevé. Ça, Robert Thibert, lui-même le reconnaît.

Source: revue *Informatique* et *bureautique*, février 1985.

**QUELQUES ANNÉES
PLUS TARD. . .**

Chapitre 13

En affaires ici...
Pourquoi pas
ailleurs aussi?

Vos débuts dans le monde des affaires vous semblent peu lointains, comme si c'était hier. Pourtant, quelques années se sont écoulées depuis...

Vous vous rappelez:

- les longs moments d'hésitation;
- les difficultés rencontrées;
- les premières rencontres avec le gérant de votre institution financière, avec votre comptable et plusieurs autres personnes-ressources;
- les nombreux efforts et le temps consacrés à la structure de votre projet; malgré tout, vous ne regrettez rien.

Aujourd'hui, votre entreprise est bien établie sur le marché, et vous méritez ce succès. Vous avez maintenant le goût de relever un autre défi: l'exportation. Tout comme se lancer en affaires dans son propre milieu, se lancer à la conquête de marchés étrangers comporte des risques. Puisque la première étape de votre carrière d'entrepreneur a été une réussite, vous ne voulez pas que ce second pas vers l'avant vous fasse reculer de deux autres vers l'arrière.

Ainsi, pour vous aider à partir du bon pied, ce chapitre vous fournira quelques données de base sur l'exportation et vous référera aux organismes qui aident la PME en matière d'exportation.

L'exportation, est-ce pour moi?

À moins que le domaine dans lequel vous évoluez vous ait obligé dès le départ à exporter pour assurer votre rentabilité, règle générale, avant de penser exportation, votre entreprise doit être solidement implantée sur le marché intérieur. De plus, elle doit avoir la capacité d'accéder à de nouveaux marchés. Si votre entreprise répond à ces deux critères, vous aurez de bonnes chances d'étendre vos activités à l'extérieur, sinon, il serait préférable de reporter ce projet à un moment plus opportun.

Si l'exportation m'était contée...

Il y a, au Québec et au Canada, un grand nombre d'entreprises qui ont le potentiel nécessaire pour réussir en exportation. À lui seul, le secteur manufacturier représente 27 % des entreprises exportatrices québécoises. Au cours des dernières années, des milliers d'emplois ont été créés par les petites et moyennes entreprises qui se sont mises à exporter. Aujourd'hui, environ 2 000 entreprises québécoises font de l'exportation. Elles vendent pour approximativement 25 milliards de dollars canadiens de produits et services dans plus de 150 pays.[1]

Évidemment, on ne s'improvise pas exportateur du jour au lendemain! La réussite sur le marché extérieur n'est pas jeu du hasard... Exporter, ça s'apprend!

Le commerce international est une activité fascinante qui requiert de l'imagination, de l'argent, une production suffisante ainsi qu'une bonne connaissance des marchés et des possibilités techniques, commerciales et promotionnelles. L'exportation, c'est sérieux: on ne s'y lance pas à la légère.

---

1. Ces statistiques proviennent de la Direction des études et analyses du ministère du Commerce extérieur.

Les avantages d'aller voir ailleurs

Au point de vue économique, bien des entrepreneurs ont compris que l'exportation est souvent un remède efficace contre les hauts et les bas du marché.

Voyons les principaux avantages que vous pourriez en tirer:

- votre chiffre d'affaires aurait de fortes chances d'augmenter et par conséquent, vos bénéfices aussi;

- vos coûts d'exploitation ainsi que le prix de revient de vos produits pourraient être comprimés par une plus grande capacité de production;

- l'accessibilité à d'autres marchés pourrait vous aider à absorber les coups de ralentissement de l'économie qui affectent vos marchés domestiques.

Il y a des avantages mais...

L'exportation vous attire, mais avant de lui dire «oui», vous devez considérer certains facteurs:

> Par rapport à votre entreprise

- Quel est le degré de compétence de votre personnel en matière d'exportation?
- Quelle est la fraction de votre production disponible pour l'exportation?
- Pourrez-vous toujours assurer un service efficace à votre clientèle actuelle malgré le nouveau marché?
- Combien de capitaux supplémentaires exigera votre entrée sur un marché étranger?

Par rapport aux marchés éventuels

Vendre à l'extérieur a une incidence directe sur le produit:

- la demande des marchés étrangers éventuels doit être activement suscitée;
- le nom du produit doit répondre aux exigences linguistiques du pays importateur;
- l'emballage et le matériel de promotion utilisés doivent plaire à la nouvelle clientèle;
- la qualité, le prix, la livraison et le service doivent être considérés soigneusement;
- le produit ne doit jamais aller à l'encontre des us et coutumes des pays importateurs.

Vous devrez aussi:

- étudier attentivement les conditions économiques du ou des pays importateurs;
- vous assurer que l'information que vous détenez au sujet des marchés est exacte en ce qui concerne:
  - les règlements en vigueur sur les importations;
  - la stabilité politique;
  - la composition de la population;
  - les habitudes d'achat;
  - etc.;
- connaître les termes de vente utilisés dans les pays importateurs et les méthodes de paiement;
- évaluer le crédit de vos clients éventuels.

L'exportation: un nouveau monde!

Plusieurs entrepreneurs auront recours, comme vous, aux services offerts par différents organismes pour se faire aider dans leurs débuts en exportation. Les conseillers vous feront découvrir un nouveau marché, un nouveau pays, un nouveau monde.

Vous devrez vous familiariser avec certains principes, apprendre le langage de l'exportation et faire des choix. Voici, en bref, quelques facettes de ce nouveau monde.

Le marché

Souvent, lorsque notre entreprise est bien implantée dans son marché local, on peut penser que les autres marchés sont semblables et qu'il n'y a rien à apprendre de nouveau! Ou bien les affaires nous occupent à un point tel qu'il nous semble impossible de trouver le temps pour aller à la découverte d'autres marchés! Pourtant, plusieurs points sont à considérer lorsqu'on désire s'implanter à l'étranger.

La principale carence des PME qui désirent exporter, c'est la méconnaissance du marché. Idéalement, l'entrepreneur qui songe à exporter devrait accorder autant d'attention à la connaissance du marché extérieur qu'il l'a fait pour son marché local. Il devrait pouvoir répondre aux questions suivantes:

- Qui sont mes clients?
- Pourquoi achèteraient-ils de moi et non pas d'un autre?
- Qui sont mes concurrents?
- Est-ce que mon produit aura une courte, moyenne ou longue vie?
- Est-ce que son prix est convenable?
- Etc.

Pour bien identifier son marché, il importe de recueillir certaines données:

- les indicateurs économiques de base (population, revenus, production, consommation, etc.);

- la culture et les coutumes locales;
- la langue;
- la vie politique (le type de gouvernement en place, les différents partis politiques, etc.);
- les considérations d'ordre légal et commercial.

Au Canada et aux États-Unis, les données sont récentes et peuvent être comparées rapidement aux données antérieures; pour d'autres pays, particulièrement ceux en voie de développement, les données ne sont pas à jour et sont difficilement comparables. Les organismes internationaux et certaines publications sont alors d'un grand secours.

L'établissement

L'établissement constitue la seconde phase après l'étude de marché. Il existe deux méthodes d'exportation: la méthode directe et la méthode indirecte. Chacune d'elle possède des avantages et des inconvénients. Votre choix sera fonction de l'importance de votre entreprise, du produit à exporter, du mode de distribution et de consommation et de l'effort que vous investirez.

Avec la méthode directe, vous expédiez vous-même les produits à l'acheteur étranger. Cette méthode a l'avantage de faire augmenter les ventes et les bénéfices. Par contre, elle occasionne au début des frais d'exploitation plus élevés.

L'exportation indirecte consiste à passer par un intermédiaire pour acheminer ses produits à l'étranger. Il existe différents moyens, tels faire affaire avec des commissionnaires exportateurs, des agents d'exportation ou encore des négociants d'exportation. Chacun de ces intermédiaires a ses particularités et c'est en vous documentant et en discutant avec des conseillers en commerce extérieur du ministère du Commerce extérieur du Québec ou du ministère de l'Expansion industrielle régionale du fédéral que vous pourrez faire votre choix. Vous trouverez respectivement les coordonnées de ces organismes aux annexes I et II.

La langue du commerce international

Pour éviter toutes controverses consécutives à l'interprétation de certains termes en commerce international, la Chambre de Commerce Internationale (CCI) a institué un nombre de règles minimales, connues sous le nom d'«Incoterms». On compte aujourd'hui 14 Incoterms qui s'appliquent aux relations entre vendeurs et acheteurs. Même si le contrat de vente ne regarde que le vendeur et l'acheteur, les Incoterms précisent les obligations du vendeur à livrer la marchandise au transporteur. Il existe des Incoterms pour chaque moyen de transport utilisé, que ce soit par voie maritime, voie terrestre, voie aérienne ou voies multiples.

Le ministère du Commerce extérieur possède de la documentation relative aux Incoterms. Par ailleurs, la Chambre de commerce du Canada dispose d'une publication intitulée *Incoterms* vendue au coût de 10 $. Vous trouverez les coordonnées de cet organisme à l'annexe III.

Le transport des biens

De nos jours, les produits sont acheminés à l'étranger par train, par bateau, par camion et par avion.

Il existe différents types de transporteurs.

- Le transporteur à titre gracieux a comme responsabilité de prendre un soin raisonnable des biens qui lui sont confiés, rien de plus.

- Le transporteur privé à gages ne peut être considéré comme transporteur public. Il accepte, moyennant rémunération, de transporter des biens, mais quand et pour qui il veut bien. Il devient responsable de la perte ou des dommages causés à la marchandise seulement si cela est dû à sa négligence.

- Le transporteur public accepte de transporter toutes les marchandises et pour tout le monde. Contrairement au transporteur privé, il a les mêmes responsabilités qu'un assureur, ou à peu près. Règle générale, le transporteur public est obligé de transporter tous les biens qui lui sont confiés. Évidemment, outre les obligations à l'égard de l'expéditeur, le transporteur a certains droits qu'il vous faudra connaître.

Le transport international

En matière de transport international, vous devrez vous assurer d'obtenir toute l'information nécessaire sur les tarifs ainsi que sur la base de calcul de ces tarifs. En fonction du type de transport, le prix de la marchandise est calculé en livres, en kilogrammes, en grammes ou au container. Lorsque vous connaîtrez le poids, le volume et la destination de votre chargement, vous devrez déterminer quel est le meilleur moyen de transport pour l'expédier à l'étranger.

L'emballage des produits et l'étiquetage

Un emballage adéquat est un facteur important qui peut faire réduire les frais de transport de petites quantités de marchandises.

Certains types d'emballage (ex.: caisses légères en carton ondulé ou synthétique) sont recommandés. L'exportateur a intérêt à les utiliser afin que la marchandise arrive en bon état car, en certains cas, s'il est prouvé que les dommages sont attribuables à un mauvais emballage, la réclamation peut être refusée.

L'étiquetage de votre produit peut être sujet à certaines modifications afin de répondre aux normes des pays où vous exporterez.

Les documents et tarifs douaniers

Les divers gouvernements, canadien et étrangers, exigent des permis et des papiers spécifiques pour l'exportation et les droits de douanes.

Les spécialistes de différents organismes seront en mesure de vous apporter l'aide appropriée. Vous aurez des informations supplémentaires à ce sujet à la fin de ce chapitre.

Les assurances

Évidemment, vous devrez prendre de bonnes assurances pour vous protéger.

L'organisme tout désigné ici est la Société pour l'expansion des exportations (SEE). La SEE est une société de la Couronne dont le mandat est de faciliter et d'accroître le commerce d'exportation du Canada.

Elle offre des services d'assurances, de garanties et de financement. Comme la SEE est consciente des besoins du petit exportateur, elle n'a fixé aucune valeur minimale aux exportations pour lesquelles on peut demander un appui.

Il est important que l'exportateur communique avec la SEE dès le début de ses opérations d'exportation. Les premiers contacts permettent à la SEE de déterminer l'admissibilité de l'exportateur, de lui faire part de son intérêt à lui fournir du financement et de l'informer sur tous les éléments qui méritent une attention particulière.

Vous trouverez les coordonnées de la SEE à l'annexe II.

Le financement

En tant qu'exportateur, vous devrez penser à la façon dont vous financerez la vente de vos produits à l'étranger. Il existe différentes méthodes qui permettent à l'importateur et à l'exportateur de financer eux-mêmes les ventes à l'exportation:

- le compte ouvert (open account);
- le paiement anticipé;
- l'encaissement (collection);
- la lettre de crédit.

Le compte ouvert
Selon cette méthode, l'exportateur et l'importateur s'entendent pour que l'importateur acquitte sa dette envers l'exportateur d'une façon précise, à une date ultérieure déterminée (généralement à l'inté-

rieur d'un délai de 30 à 120 jours après l'expédition de la marchandise).

Cette méthode est recommandée lorsque l'exportateur a une confiance absolue en l'importateur car l'exportateur perd le contrôle de la marchandise et tombe à la merci de l'importateur.

Le paiement anticipé

Cette méthode consiste à faire payer à l'importateur le prix total de la transaction avant la livraison des marchandises et des documents. Dans ce cas-ci, c'est l'importateur qui doit avoir une bonne confiance en l'exportateur.

L'encaissement

L'encaissement implique plusieurs parties. L'exportateur fournit documents et effets de commerce à une banque qui agit en son nom. Cette banque achemine le tout à une autre banque qui sert d'agent ou de correspondant dans le pays de l'importateur: elle devient la banque d'encaissement.

Si l'importateur respecte les conditions négociées avec l'exportateur, la banque d'encaissement versera les fonds à la banque de l'exportateur qui, à son tour, créditera le compte de l'exportateur. Cette méthode a l'avantage de protéger l'exportateur.

La lettre de crédit (ou crédit documentaire)

Pour qu'une lettre de crédit soit accordée, l'importateur et l'exportateur doivent se mettre d'accord sur les modalités d'un contrat de vente et d'achat, sur le prix du produit, la quantité livrée, le mode de paiement, etc.

C'est l'importateur qui demande à sa banque (banque émettrice) d'émettre une lettre de crédit en faveur de l'exportateur faisant état des détails de l'accord.

L'exportateur recevra le paiement de la banque émettrice à la condition que les documents qu'il présente soient conformes aux termes et conditions stipulés dans la lettre de crédit.

Outre le financement des exportations entre l'exportateur et l'importateur, il existe le financement par l'exportateur et les institutions financières.

Les agents des différentes institutions financières sont en mesure de vous informer sur les formes de financement possibles à court, moyen (5 ans ou moins) ou long (plus de 5 ans) termes pour:

- l'achat des comptes recevables étrangers par une banque;
- l'affacturation;
- l'achat (ou l'escompte) d'effets de commerce acceptés (lettres de change);
- l'achat de droits de tirage en vertu de lettres de crédit;
- le financement par acceptation bancaire;
- le forfaitage;
- le crédit-bail à l'exportation.

Pour vous aider...

Voici les principaux organismes qui pourront vous aider en matière d'exportation.

Le ministère du Commerce extérieur du Québec

La porte d'entrée du ministère du Commerce extérieur (MCE) pour les entrepreneurs qui désirent exporter est la **Direction des services aux entreprises** située à Montréal. Les conseillers en commerce extérieur qui y travaillent sont des professionnels spécialisés dont le rôle est d'accueillir, de conseiller, d'initier et de référer les personnes désireuses d'en connaître plus sur l'exportation et les programmes d'aide qui s'y rattachent. Grâce à leur réseau international, ils peuvent aussi assortir les offres et les demandes québécoises en matière de technologie à celles des sociétés étrangères, et ainsi provoquer des échanges.

Programme d'aide

La Direction de l'aide financière du ministère du Commerce extérieur administre les deux programmes suivants: APEX (Aide à la promotion des exportations) et ACTIM-MCE (Agence pour la coopération technique industrielle et économique).

APEX PROSPECTION, un volet du programme APEX, permet aux entrepreneurs qui désirent exporter de prendre contact avec de nouveaux marchés. Il favorise trois types d'activités:

— la participation à des foires commerciales hors du Québec;

— la prospection et la recherche de marchés qui offrent un bon potentiel pour l'exportation;

— la négociation et la conclusion d'accords industriels entre des entrepreneurs québécois et des firmes étrangères.

APEX PROSPECTION accorde une subvention maximale de 10 000 $ par foire commerciale. Pour les projets de prospection ou d'accords industriels, il est possible d'obtenir jusqu'à 5 000 $ par projet.

Une aide technique et financière est aussi offerte dans le cadre du programme ACTIM-MCE qui permet aux PME françaises et québécoises de se trouver un partenaire outre-Atlantique pour la conclusion d'accords industriels.

APEX MARKETING, un autre volet du programme APEX, a été conçu pour permettre aux entrepreneurs qui ont identifié un marché d'exportation d'en faire l'analyse, d'élaborer et de réaliser une stratégie de marketing. Il peut aussi contribuer à la mise en place d'une structure d'exportation au sein des entreprises. Ce programme comprend deux phases.

• La phase I intéresse l'entrepreneur qui désire réaliser une analyse de marché et élaborer une stratégie de marketing pour un marché précis. L'aide financière accordée par le Ministère peut s'élever à 5 000 $.

• La phase II permet à l'entrepreneur de mettre en place la stratégie de marketing développée. L'aide financière maximale accordée par le Ministère est de 45 000 $.

De plus, le ministère du Commerce extérieur planifie la participation d'entreprises à des expositions et à des missions à l'extérieur du Québec.

Dans le cadre du programme foires et expositions, le MCE facilite la participation d'entreprises (manufacturières, culturelles, consortiums, agents exportateurs mandatés par des entreprises québécoises) à une exposition nationale ou internationale susceptible de leur apporter des débouchés importants pour leurs produits.

En plus de voir à toute cette coordination, le MCE assume, en tout ou en partie, les frais de construction des stands, de location d'espace, de publicité, d'invitations d'acheteurs et de transport d'échantillons. Les frais de déplacement et de séjour sont à la charge de l'entrepreneur.

Chaque année, le MCE organise et réalise différents genres de «missions». Ce programme s'adresse autant aux entreprises manufacturières et culturelles qu'aux consortiums, aux entreprises de services-conseils ou aux agents exportateurs mandatés par des entreprises québécoises. Il existe:

- des missions commerciales: elles ont pour objectif la vente de produits québécois et la négociation d'ententes de distribution;
- des missions d'accords industriels: elles ont pour but d'amener les entreprises québécoises à rechercher la négociation d'accords industriels, telles des ententes sur des transferts de technologie, des licences de fabrication et de vente, des coparticipations, etc.;
- des missions mixtes: ces missions ont un objectif commercial qui englobe la promotion des exportations et la négociation d'accords industriels.

Selon le genre de missions, l'aide financière peut couvrir, en tout ou en partie, les frais d'organisation, de transport des participants et (ou) de leurs échantillons ainsi que de la publicité. Les frais de séjour sont à la charge des participants.

Activités d'information et documentation

Le MCE organise aussi, soit seul, soit avec la participation du monde des affaires, diverses activités d'information, de formation et de perfectionnement pour les exportateurs potentiels ou chevronnés.

Afin de répondre aux besoins de ses clientèles, le ministère du Commerce extérieur publie différents documents dont le *Guide des services offerts à l'exportateur québécois* qui a pour but de lui faire connaître l'ensemble des services et des programmes d'aide disponibles. Ce guide regroupe les principaux organismes des secteurs privé et gouvernemental qui peuvent assister, sous diverses formes, les entreprises québécoises en matière d'exportation.

Le MCE possède aussi un centre de documentation spécialisé dans le domaine de l'exportation. Ce centre est en opération à Montréal et est ouvert à tous.

Rappelons que le MCE compte des conseillers économiques dans plus de 20 délégations ou bureaux du Québec à l'extérieur. Ces représentants apportent leur soutien aux exportateurs québécois à l'étranger.

L'aide du ministère du Commerce extérieur en matière d'exportation est donc très étendue. Pour obtenir plus de renseignements concernant les services offerts ou la documentation disponible sur l'exportation, adressez-vous à ce ministère dont vous trouverez les coordonnées à l'annexe I.

La Société de développement industriel (SDI)

La Société de développement industriel offre le «Programme d'aide à l'exportation». Ce programme en trois volets, Formation de consortiums, Crédit d'implantation et Financement des exportations, vise à aider financièrement les entreprises qui désirent exporter des biens ou des services du Québec.

Pour y être admissible, il faut, entre autres, être une entreprise en opération et avoir vendu des biens ou des services fabriqués au Québec depuis au moins deux ans (sauf pour le volet concernant les consortiums).

Volet I: Formation de consortiums

Ce volet du programme a pour but d'aider les entreprises qui veulent développer leurs exportations, en formant un consortium au sein duquel la SDI devient partenaire.

L'aide financière prend une ou plusieurs des formes suivantes:

• prêt convertible en actions;

• avance à titre d'actionnaire;

• acquisition d'actions.

Volet II: Crédit d'implantation

Ce volet s'adresse aux entreprises qui désirent s'implanter sur de nouveaux marchés à l'extérieur du Québec.

L'aide financière prend notamment la forme d'un prêt sur une période de plusieurs années pour supporter jusqu'à 80 % des dépenses liées aux exportations hors Québec.

Volet III: Financement des exportations

Ce volet a pour but d'aider des entreprises qui requièrent un complément au financement déjà disponible par l'entremise d'organismes privés ou gouvernementaux spécialisés à cette fin.

L'aide financière prend les formes suivantes:

• prêt;

• garantie de remboursement d'un engagement financier;

• acquisition d'actions.

Pour obtenir plus de précisions concernant ce programme, contactez la Société de développement industriel dont vous trouverez les coordonnées à l'annexe I.

Le ministère de l'Expansion industrielle régionale (MEIR)

Ce ministère fédéral est le pendant du ministère du Commerce extérieur du Québec dans le domaine de l'exportation. Les conseillers de chacun des bureaux régionaux du MEIR peuvent vous fournir de l'information et de la documentation.

Entre autres, le MEIR met à votre disposition plusieurs études de marché socio-économiques touchant différents pays et qui sont publiées sous forme de guide. Le MEIR publie également d'autres documents dont la brochure *Aux futurs exportateurs* qui fournit différents conseils, indique la marche à suivre pour exporter et présente les différents programmes d'aide à l'exportation.

En outre, le MEIR produit un bulletin hebdomadaire *CanadExport* par le biais duquel on peut obtenir des informations relatives au monde de l'exportation.

Le MEIR offre aussi le *Programme de développement des marchés d'exportation (PDME)* qui s'adresse à tous les types d'entreprises canadiennes susceptibles d'exporter leurs biens ou leurs services à l'extérieur du Canada.

L'aide financière accordée varie en fonction de la nature de l'activité et peut atteindre 50 % des coûts admissibles.

Pour obtenir de l'information ou de la documentation sur ce programme, contactez l'un des bureaux régionaux du MEIR dont vous trouverez les coordonnées à l'annexe II.

La Corporation commerciale canadienne (CCC)

La CCC est une société de la Couronne qui appartient au gouvernement du Canada. Elle sert de mandataire principal dans les ventes canadiennes intergouvernementales et offre des services connexes en matière d'exportation aux firmes canadiennes en mesure de satisfaire aux exigences des gouvernements étrangers et des organismes internationaux acheteurs.

Les entreprises canadiennes désirant exporter sont admissibles aux services de la CCC.

Forme d'aide

La CCC assume le rôle de contractant principal auprès des acheteurs gouvernementaux étrangers et des organismes internationaux. Par la suite, il négocie des sous-contrats avec les firmes canadiennes.

Les services de la CCC servent à:

- rassurer l'acheteur étranger quant à la capacité technique et financière du fournisseur canadien;
- augmenter les chances de succès du fournisseur canadien par l'engagement et la participation de son gouvernement;
- réduire la complexité des transactions et accélérer les paiements aux fournisseurs.

Sous réserve des conditions des contrats de ventes négociés avec les gouvernements étrangers et les organismes internationaux acheteurs, la CCC peut payer les petites entreprises canadiennes vendeuses dans un délai de 15 jours. Ces entreprises sont celles qui emploient moins de cent personnes ou celles dont le chiffre d'affaires est inférieur à cinq millions de dollars.

Vous trouverez les coordonnées de la Corporation commerciale canadienne à l'annexe II.

Le ministère des Affaires extérieures du Canada (MAE)

Le ministère des Affaires extérieures du Canada offre les services suivants:

- statistiques sur les échanges commerciaux;
- renseignements sur les importations et les exportations de nombreuses marchandises;
- études et analyses;

- informations sur les exigences du gouvernement canadien en ce qui a trait à l'exportation de certains produits;
- émission de licences d'exportation;
- renseignements sur les règlements particuliers des pays étrangers concernant le marquage, l'étiquetage et l'emballage des marchandises;
- renseignements sur les programmes et les services disponibles aux exportateurs actuels ou futurs;
- etc.

Pour connaître tous les services qui sont offerts par cet organisme, écrivez au MAE dont vous trouverez les coordonnées à l'annexe II.

Le Centre de commerce international de l'Est-du-Québec (CCIEQ)

Le Centre de commerce international s'adresse aux gens qui font de l'exportation, de l'importation, ou à ceux qui prévoient en faire. Par le biais de cet organisme, les gens d'affaires de l'Est-du-Québec ont l'avantage de connaître et de s'associer aux réseaux internationaux d'import/export, de compléter leur formation d'exportateurs entre autres par des cours, et d'obtenir des renseignements sur l'ensemble des activités d'importation et d'exportation.

Pour obtenir de plus amples renseignements, communiquez avec le Centre de commerce international dont vous trouverez les coordonnées à l'annexe III.

L'Association des manufacturiers canadiens (AMC)

Un des objectifs de l'Association des manufacturiers canadiens est de favoriser l'augmentation de ses entreprises-membres par l'accroissement de leurs exportations.

Elle offre différents services:

- information sur les marchés extérieurs, les termes commerciaux, la réglementation à l'exportation, l'étiquetage, le marquage, le financement, les assurances-crédit, les exportations, les missions, les licences étrangères, etc.;
- cours sur les techniques administratives de l'exportation;
- etc.

Pour en connaître davantage, contactez l'Association dont vous trouverez les coordonnées à l'annexe III.

Il existe une foule d'autres organismes qui peuvent vous aider en matière d'exportation. N'oubliez pas de compléter vos informations en vous procurant le *Guide des services offerts à l'exportateur québécois* au ministère du Commerce extérieur.

Bon voyage !

Liste de contrôle

	oui	non
Êtes-vous assuré que votre personnel est suffisamment compétent pour que vous puissiez envisager l'exportation?	☐	☐
Avez-vous évalué la fraction de votre production qui serait disponible pour l'exportation?	☐	☐
Avez-vous évalué l'investissement de capitaux qu'exigera votre entrée sur un marché étranger?	☐	☐
Pourrez-vous assurer un service aussi efficace à la clientèle établie malgré les exigences d'un nouveau marché?	☐	☐

Détenez-vous les renseignements nécessaires sur le pays où vous désirez vous implanter:

	oui	non
— la composition de la population?	☐	☐
— les habitudes d'achat de cette population?	☐	☐
— les us et coutumes?	☐	☐
— les exigences linguistiques du pays?	☐	☐
— les indicateurs économiques?	☐	☐
— la vie politique?	☐	☐

Par rapport à votre produit:

	oui	non
— Savez-vous s'il aura une courte, une moyenne ou une longue vie?	☐	☐
— Est-ce que son prix est convenable?	☐	☐
— L'emballage choisi convient-il au mode de transport envisagé?	☐	☐
— L'étiquetage répond-il aux normes du pays importateur?	☐	☐
— Votre produit est-il conforme aux us et coutumes de ce pays?	☐	☐
— La promotion de votre produit plaira-t-elle à la clientèle visée?	☐	☐
— Avez-vous identifié vos concurrents?	☐	☐

	oui	non
Avez-vous fait votre choix entre la méthode directe et la méthode indirecte d'exportation?	☐	☐
Avez-vous pris des informations à propos des «Incoterms»?	☐	☐
Avez-vous pris les informations nécessaires au sujet des permis que vous devrez obtenir?	☐	☐
Vous êtes-vous informé par rapport aux droits de douane?	☐	☐
Avez-vous déterminé le type d'assurances que vous devrez contracter pour bien vous protéger?	☐	☐
Avez-vous choisi votre mode de financement?	☐	☐
Avez-vous tiré le maximum d'informations pertinentes des organismes d'aide?	☐	☐

Parachute: une entreprise qui a conquis le marché extérieur

Harry Parnass, architecte, et Nicola Pelly, designer, ont décidé d'unir leurs efforts en 1977 pour créer une entreprise spécialisée dans la création et la fabrication de vêtements de haute gamme: Parachute.

Connu du milieu des artistes, des musiciens et des jeunes-premiers-qui-parcourent-le-monde, Harry Parnass sait identifier les besoins de sa clientèle: lui procurer un grand lieu de rencontre (en l'occurence, ses boutiques) et des vêtements d'un style très avant-gardiste. Ce mariage d'un produit de grande qualité et d'un espace aménagé selon les attentes des clients permettent à Parachute d'offrir une garantie de satisfaction.

Parachute a conquis le marché extérieur: 90% de ses ventes sont réalisées à l'extérieur du Canada dont 70% aux États-Unis. Six boutiques Parachute situées à Montréal, New York (2 boutiques), Los Angeles, Chicago et Beverly Hills se partagent la plus grande partie des ventes. Les créations Parachute sont également distribuées sous licence dans 156 boutiques en Europe, 35 au Japon, 12 en Australie et à travers l'Amérique.

Harry Parnass croit en l'exportation, et il trouve étrange qu'un grand nombre de Canadiens aient peur d'attaquer le marché des États-Unis. Selon lui, la barrière est entièrement psychologique, même au sein des institutions financières. C'est d'ailleurs à ce niveau qu'il a connu le plus de difficultés pour l'expansion de son entreprise à l'étranger.

Harry Parnass croit également que «nous disposons de tout ce qui est nécessaire pour réussir dns cette voie, une population scolarisée et créative.» Toutefois, il faut cesser d'être conservateur et accepter de changer notre mentalité: «Le problème est simple, ce n'est pas du blé qu'il faut exporter mais des biscuits... pas des textiles, mais des vêtements.»

Source: *Le Devoir économique*, octobre 1985.

Chapitre 14

Mille et un endroits pour vous aider

Ce chapitre regroupe une multitude d'organismes qui peuvent vous apporter une aide:

• technique;

• financière;

• didactique (cours, séminaires, etc.).

Le chapitre est présenté sous forme de tableau. Les organismes y sont répertoriés par ordre alphabétique selon trois divisions:

• organismes du gouvernement du Québec;

• organismes du gouvernement du Canada;

• autres organismes et associations.

Vous trouverez les adresses et les numéros de téléphone de ces organismes en annexes I, II et III. Une liste des universités qui offrent un service de cabinet-conseils constitue l'annexe IV et, finalement, les différentes publications qui peuvent vous aider sont indiquées à l'annexe V.

Faites marcher vos doigts...

Il existe, évidemment, d'autres sources d'aide qui ne sont pas signalées dans le présent chapitre.
Complétez la liste par vous-même en y ajoutant:

• les bibliothèques de votre localité;

• les firmes privées;

• les experts-conseils (comptables, avocats, etc.).

Surveillez aussi les salons, congrès ou colloques se rattachant au domaine des affaires.

Et surtout, parlez aux gens qui vous entourent. Les contacts de bouche à oreille pourraient vous conduire loin...

Organismes du gouvernement du Québec	Aide technique	Aide financière	Séminaires, cours, etc.	Aide diverse	Spécifications
Bureau de la statistique du Québec (BSQ)	X				— répond à toute demande de renseignements de nature statistique (concernant le Québec) ou dirige vers l'organisme approprié.
Bureau d'éthique commerciale (BEC)	X				— fournit un rapport de crédibilité sur les entreprises.
Centre de consultation en gestion touristique			X		— aide les entreprises touristiques à résoudre leurs problèmes de gestion (planification, administration, financement, marketing).
Centre de recherche industrielle du Québec (CRIQ)	X				— aide à répondre aux exigences du marché et de la concurrence en fournissant des informations d'ordre technologique et industriel, en trouvant des solutions aux problèmes de production et en apportant son assistance dans le développement et l'amélioration de produits et de procédés de fabrication.
Commission de formation professionnelle	X			X	— aide à l'identification et à l'analyse des besoins de formation;
		X			— finance des activités de formation à temps plein et à temps partiel: en institution, en entreprise, en alternance institution/entreprise.
Inspecteur général des institutions financières • Service du fichier central des entreprises	X				— offre un service de renseignements généraux sur les compagnies qui font affaire au Québec tels: nom, adresse, administrateurs, années d'existence, etc.

	Aide technique	Aide financière	Séminaires, cours, etc.	Aide diverse	
Institut de tourisme et d'hôtellerie du Québec	X		X		— organise des séminaires en administration (gestion hôtelière, système comptable, gestion du personnel, etc.) ainsi que des cours de service de bar et de restaurant.
Ministère de l'Agriculture, des Pêcheries et de l'Alimentation (MAPA)		X			— offre divers programmes d'aide dans le domaine agricole, des pêches et de l'alimentation.
• Bureaux régionaux	X				— offrent une aide technique aux agriculteurs, informent et conseillent sur les permis, les documents à obtenir, les subventions existantes, etc.;
				X	— documentation disponible: • *Répertoire des programmes d'aide financière aux producteurs agricoles* (pour consultation); • *Répertoire des publications;* • *S'établir sur une ferme au Québec.*
Ministère de la Main-d'oeuvre et de la Sécurité du revenu (MMSR) • Service à la clientèle		X		X	— offre divers programmes de création d'emploi, de maintien et de développement de l'employabilité de même que de soutien et d'aide à l'emploi sous forme de subventions ou autres.
Ministère de l'Éducation (MEQ) • Direction des cours par correspondance			X		— offre plusieurs cours en administration, en commerce, en gestion et en techniques agricoles, ainsi qu'un grand nombre de cours de formation générale.
Ministère de l'Énergie et des Ressources (MÉR)	X	X			— apporte de l'aide technique et offre différents programmes d'aide financière à l'industrie du bois.

	Aide technique	Aide financière	Séminaires, cours, etc.	Aide diverse	
Ministère de l'Enseignement supérieur, de la Science et de la Technologie (MEST)			X		— offre le programme Gestion des affaires à l'intention des propriétaires dirigeants des petites entreprises; propose plus de 20 cours différents (impôts et finance, marketing, lancement d'une entreprise, etc.). Ces cours sont dispensés dans la plupart des collèges du Québec par le Service de l'éducation des adultes (pour obtenir des informations, contactez les collèges de votre région);
		X			— offre le Programme de soutien à l'emploi scientifique dans les entreprises.
Ministère de l'Industrie et du Commerce (MIC) • Directions régionales	X				— les conseillers en développement industriel apportent de l'aide technique pour la préparation des dossiers: finance, gestion, ressources humaines, production, marketing, ou orientent vers les ressources disponibles; — offrent le programme Coopératives de jeunes travailleurs: programme pour aider les jeunes à constituer une coopérative;
		X			— offrent différents programmes d'aide: • programme Bourse d'affaires aux jeunes entrepreneurs: aide financière accordée pour la mise sur pied de nouvelles entreprises par des jeunes ou pour leur intégration dans une entreprise existante; • programme UNI-PME: aide financière pour faciliter l'intégration des jeunes diplômés dans les PME manufacturières;

	Aide technique	Aide financière	Séminaires, cours, etc.	Aide diverse	
					• programme Outils de gestion: aide financière accordée aux employeurs pour favoriser l'embauche de diplômés au sein d'entreprises poursuivant des projets d'amélioration de gestion et d'innovation technologique; — publient gratuitement et sans divulguer l'identité des intervenants dans le bulletin du Ministère *Québec économique* et le journal *Les affaires* les offres et les demandes de transaction des fabricants québécois (vente, acquisition ou proposition de fusion d'entreprises, offre de demande de sous-traitance, etc.); fournissent de l'information aux intéressés sur les transactions.
• Direction de l'entrepreneurship au féminin	X		X		— conseille les entrepreneures sur les différentes étapes de constitution d'une entreprise; — offre des ateliers de travail destinés aux femmes qui ont un projet d'entreprise.
• Direction des biens d'équipement et de consommation	X				— les conseillers industriels peuvent procurer aux entrepreneurs manufacturiers une liste de fournisseurs par secteur.
• Direction des coopératives	X			X	— offre une assistance technique pour former une entreprise coopérative en ce qui a trait aux implications juridiques, aux études préliminaires, à l'assemblée d'organisation, à la mise en place du système comptable, etc.; — documentation disponible: *Guide pour la préparation d'un projet de coopérative.*
• Direction des grands projets, chimie et métallurgie	X				— les conseillers industriels peuvent procurer aux entrepreneurs manufacturiers une liste de fournisseurs par secteur.

	Aide technique	Aide financière	Séminaires, cours, etc.	Aide diverse	
• Direction des services aux entreprises industrielles	X				— conseille les dirigeants d'entreprise dans le domaine du marketing, de la gestion, de la production, de la gestion administrative et financière, de l'informatique, de l'implantation d'une nouvelle entreprise, etc.
			X		— offre des séminaires d'une journée sur les sujets suivants: marketing, gestion de production, prix de revient, informatique, innovation, financement, etc.
• Direction du commerce	X				— offre une assistance technique pour l'achat d'une entreprise commerciale ou d'une franchise, conseille dans la gestion financière ou administrative d'un commerce, informe sur les lois, les permis, fournit une liste de fournisseurs par secteur.
Ministère du Commerce extérieur					— offre un service de consultation aux entrepreneurs qui désirent exporter leurs produits et leur apporte une aide technique;
		X			— organise la participation d'entreprises à des expositions et à des missions à l'extérieur du Québec;
			X		— offre diverses activités d'informations et de formation en matière d'exportation (marchés, techniques, etc.);
				X	— documentation disponible.
Ministère du Tourisme (MTQ) • Administration du crédit touristique (MTQ)		X			— offre divers programmes d'aide financière à l'entreprise touristique pour ses projets d'implantation, d'expansion, de modernisation, de rénovation, etc.
Office de planification et développement du Québec (OPDQ)		X			— offre le Programme expérimental de création d'emplois communautaires (PECEC) (création d'entreprises communautaires).

	Aide technique	Aide financière	Séminaires, cours, etc.	Aide diverse	
Office du crédit agricole (OCA)		X			— offre divers programmes de crédits et de subventions aux agriculteurs et à certaines exploitations agricoles de groupe; — offre à certaines personnes ou groupes un programme de prêts forestiers ayant principalement pour objet la mise en valeur des forêts privées.
Régie des assurances agricoles du Québec (RAAQ)				X	— propose dix régimes d'assurances aux producteurs agricoles.
Revenu Québec (MRQ)	X				— répond à toutes les demandes de renseignements en matière de fiscalité.
Société de développement des coopératives (SDC)		X			— offre divers programmes d'aide financière aux coopératives sous forme de garantie de prêts ou autres.
Société de développement industriel (SDI)		X			— principal comptoir financier du gouvernement du Québec en matière d'aide financière aux entreprises, la SDI administre plusieurs programmes dans les secteurs suivants: manufacturier, tertiaire-moteur, touristique, recherche et innovation, services scientifiques et techniques, exportation. Ses programmes sont adaptés aux fonctions stratégiques de l'entreprise aux diverses phases de leur évolution depuis la recherche et le développement jusqu'à la commercialisation en passant par le financement des opérations et l'expansion.
Société québécoise d'initiative agro-alimentaire (SOQUIA)		X			— SOQUIA s'associe à des entreprises du secteur de l'agriculture, des pêches et de l'alimentation (de transformation ou de

Aide technique	Aide financière	Séminaires, cours, etc.	Aide diverse	
			X	commercialisation) en achetant des actions ordinaires (maximum 50 %). Elle offre, en outre, à ses partenaires: • une collaboration pour obtenir de l'aide de divers organismes; • des conseils en matière de financement, de marketing ou de gestion;
X				• la réalisation d'études de faisabilité et de rentabilité pour des projets de développement; • l'achat d'actions privilégiées; • des prêts d'actionnaires.

Organismes du gouvernement du Canada

Aide technique	Aide financière	Séminaires, cours, etc.	Aide diverse	
	X			**Banque fédérale de développement (BFD)** — offre des prêts à terme; — dans certains cas, la BFD va se porter acquéreur d'actions d'une entreprise (capital-actions) ou va collaborer avec d'autres institutions financières pour obtenir le financement désiré;
	X			— offre un service de liaison financière: il s'agit d'un service de références mettant en rapport les gens d'affaires qui ont des fonds à investir avec des personnes qui cherchent du financement; — service de préparation de demandes de financement: la BFD procède à une analyse de l'entreprise et, en collaboration avec le(s) dirigeant(s), établit un rapport détaillé qui servira aux institutions financières, aux organismes gouvernementaux, etc. lors d'une demande de financement; — par son programme CASE (Consultation aux services des entreprises), la BFD offre un ser-

Aide technique	Aide financière	Séminaires, cours, etc.	Aide diverse
		X	

vice de gestion-conseils aux entreprises. Cette aide porte sur tous les aspects de la gestion des affaires (comptabilité, marketing, production, administration du personnel). L'entreprise ne doit pas compter plus de 75 employés pour recourir à ce service et il n'est pas nécessaire d'être client de la BFD;

— chaque succursale de la BFD opère un service d'information «AIDE» sur les programmes d'assistance gouvernementale destinés aux entreprises, sur les opportunités d'affaires au niveau du capital, des produits et des idées/innovations ainsi que sur les informations reliées aux affaires (études, statistiques, listes, etc.). Ce service informatisé est gratuit;

— service de planification stratégique: aide les entreprises dans leur croissance, leur fournit les outils nécessaires à une bonne prise de décision;

— la BFD dispense des séminaires de gestion aux dirigeants d'entreprises sur plus de 20 sujets différents (tenue de livres, administration du personnel, fiscalité, finance, etc.);

— programme d'autoformation: la BFD offre des cliniques de gestion dans toutes ses succursales. Il s'agit de projection de vidéocassettes accompagnée d'une série d'exercices que le participant peut faire au moment désiré. On aborde divers sujets tels le crédit, le recouvrement, les besoins d'assurances, le contrôle des stocks ou des marchandises, etc.;

— des cours de gestion des affaires sont dispensés dans la plupart des collèges;

Aide technique	Aide financière	Séminaires, cours, etc.	Aide diverse	
			X	— documentation disponible: «Votre affaire, c'est notre affaire» volumes 1 à 4 (série qui traite des divers aspects de la gestion); — les guides d'autoplanification dans l'entreprise: *Comment obtenir du financement; Prévisions et mouvement de trésorerie; L'analyse des états financiers; Évaluer l'achat d'une petite entreprise; Crédit et recouvrement.*
Commission de l'emploi et de l'immigration (CEIC)	X			— offre un service de placement pour aider l'employeur à trouver la main-d'oeuvre dont il a besoin;
			X	— propose divers programmes de création d'emplois, de formation, etc.
Corporation commerciale canadienne (CCC)			X	— offre des services en matière d'exportation.
Ministère de l'Expansion industrielle et régionale (MEIR) • Loi sur les prêts aux petites entreprises		X		— aide les petites entreprises (au revenu annuel brut ne dépassant pas 1 500 000 $) en leur offrant des garanties de prêts pour l'acquisition d'immobilisations. Il s'agit des petites entreprises qui oeuvrent dans une activité industrielle ou commerciale; — aide les entreprises qui désirent exporter leurs produits ou leurs services à l'étranger par le biais de subventions.
Secrétariat de la petite entreprise	X			— fournit de l'information générale et de l'aide sur les règlements et les formalités administratives du gouvernement fédéral.

	Aide technique	Aide financière	Séminaires, cours, etc.	Aide diverse	
Ministère des Affaires extérieures	X	X			— apporte une aide vaste en matière d'exportation.
Revenu Canada — Impôt	X				— répond à toutes les demandes d'information en matière de fiscalité.
Société pour l'expansion des exportations (SEE)		X			— offre des services d'assurances, de garanties et de financement pour les entreprises qui désirent exporter leurs produits.
Statistique Canada				X	— possède les statistiques à l'échelle nationale et locale recueillies auprès de l'État, de l'entreprise et des particuliers; — offre un service de recherche spécialisé.

Autres organismes et associations

	Aide technique	Aide financière	Séminaires, cours, etc.	Aide diverse	
Agence québécoise de valorisation industrielle de la recherche (AQVIR)	X	X			— L'AQVIR est une corporation du gouvernement du Québec qui offre de l'aide financière et technique pour le développement et la démonstration de projets d'innovation.
Association des commissaires industriels du Québec					— les commissaires industriels peuvent: • venir en aide de multiples façons, notamment dans le diagnostic de l'entreprise, dans la préparation de projets d'expansion, de modernisation, d'acquisition d'une autre entreprise, dans la recherche de sous-traitants dans la région, de fabrication de sous licence, de missions visant l'exportation;
	X				• faire des études de marché sommaires; • apporter une aide technique pour monter des dossiers, préparer des demandes de subventions, de permis;

	Aide technique	Aide financière	Séminaires, cours, etc.	Aide diverse	
					• fournir des informations techniques et économiques;
				X	• diriger les gens vers les bonnes sources d'aide.
Association des femmes collaboratrices				X	— fournit de l'information générale;
			X		— offre des cours de formation pour la femme collaboratrice;
	X				— offre également un service de consultation à ses membres.
Association des manufacturiers canadiens	X				— donne des informations sur les étapes à suivre pour démarrer une entreprise manufacturière;
					— informe sur les différents programmes d'aide financière offerts par les gouvernements;
			X		— offre des cours sur les techniques administratives d'exportation;
					— organise divers séminaires.
Association des PME du Centre-du-Québec	X			X	— aide les gens qui veulent se lancer en affaires à plusieurs niveaux: comptabilité, approvisionnement, équipement, locaux ou bâtisses, etc.
Association des professionnels en ressources humaines du Québec			X		— organise des colloques sur la gestion des ressources humaines.
Centre de commerce international de l'Est-du-Québec (CCIEQ)				X	— permet aux gens d'affaires de l'Est-du-Québec de connaître et de s'associer aux réseaux internationaux d'import/export;
					— fournit des renseignements sur l'ensemble des activités d'importation et d'exportation;
			X		— offre des cours en exportation.
Centre de formation en gestion			X		— offre des cours en gestion dans les secteurs suivants:
					• ressources humaines;
					• administration générale;
					• système bureautique et informatique;

Aide technique	Aide financière	Séminaires, cours, etc.	Aide diverse	
				• comptabilité et finance; • communications; • marketing et ventes; • formation des contremaîtres.
		X		**Centre de gestion des ressources humaines** — dispense des cours sur la gestion des ressources humaines.
		X		**Centre des dirigeants d'entreprises** — offre des causeries, sémimaires, colloques, congrès aux membres et aux non-membres.
X				**Centre d'innovation industrielle/Montréal (CIIM)** — aide les inventeurs à évaluer, développer, optimiser, fabriquer et commercialiser leurs nouveaux produits ou procédés;
			X	— informe sur des sujets reliés à l'innovation industrielle.
			X	**Chambres de commerce (du Québec et du Canada)** — guident les gens vers des personnes ressources dans le domaine des affaires;
X				— certaines chambres de commerce offrent de l'aide technique;
				— offre de la documentation sur des sujets variés.
X				**Commission d'initiative et de développement économiques de Montréal (CIDEM)** — aide techniquement les entrepreneurs dans le domaine de l'industrie, du commerce, de l'habitation, des transports, du tourisme et du cinéma; — encourage le développement économique de Montréal et aide donc les gens qui souhaitent se lancer en affaires sur plusieurs points techniques: démarches à suivre, renseignements généraux, etc. Différents imprimés précisant chacun des programmes sont disponibles.
X				**Communauté urbaine de Québec** — peut faire des études de marché préliminaires pour les entreprises manufacturières;

Aide technique	Aide financière	Séminaires, cours, etc.	Aide diverse	
			X	— apporte une aide à divers niveaux; — permet d'obtenir des statistiques du recensement de Statistique Canada pour la région métropolitaine de Québec; — offre de la documentation.
Contact-Jeunesse X				— aide les jeunes de 18 à 30 ans qui désirent se lancer en affaires à plusieurs niveaux: • rédaction, marketing, prix de revient, recherche de parrains, recherche de subventions, etc.
Cose inc.		X	X	— offre des services de conseillers en gestion et de formation dans les secteurs d'activités suivants: management, ressources humaines, production, génie industriel, santé-sécurité, approvisionnement.
Dun & Bradstreet Canada limitée			X	— publie différents rapports et offre plusieurs services aux abonnés.
École nationale d'administration publique (ÉNAP)		X		— offre la possibilité de s'inscrire à des cours ou à des séminaires;
			X	— offre des services de consultation en management et un service de recherche.
Groupe CFC X				— offre des services de consultation et de formation en management et ressources humaines dans les organisations;
		X		— offre des services de formation des cadres et des conseillers sous forme de séminaires publics, de formation personnelle, d'orientation et d'évaluation;
			X	— développe et réalise des mandats d'envergure à l'étranger, impliquant des activités de transfert technologique, d'assistance en management et de développement culturel;

	Aide technique	Aide financière	Séminaires, cours, etc.	Aide diverse	
					— offre aux entreprises des services de formation technique pour des employés affectés à la production, de même que des services reliés au développement du milieu de travail; — dispense également des services en santé et sécurité au travail; — offre des services de formation et de perfectionnement pour le personnel de soutien administratif et des services conseils pour l'amélioration de la productivité et du climat de travail.
Groupe de gestion-conseil (GC)	X				— aide les gens à bâtir des projets de coopératives et à les mettre en branle;
			X		— offre des cours-ateliers de formation.
Hautes Études commerciales (HÉC)	X				— les HÉC opèrent des bureaux de consultation;
			X		— offrent des cours divers, de perfectionnement et des séminaires.
Institut des banquiers canadiens			X		— organise des séminaires, offre des cours magistraux et par correspondance en gestion, en marketing, en finance et en personnel.
Interventions PME	X				— offre différents services: • études de marché; • évaluation de projets; • comptabilité; • etc.
Invention Québec inc.	X			X	— aide les inventeurs québécois et les PME innovatrices à promouvoir leurs inventions et à les mettre en branle.
Jeunes entreprises du Québec inc.	X				— aide les jeunes à fonder une entreprise temporaire (durée d'un an) dans le but de les initier au monde des affaires. À la fin de

	Aide technique	Aide financière	Séminaires, cours, etc.	Aide diverse	
					l'année, la compagnie est liquidée. (S'adresse aux jeunes de secondaire V et de collège I, II et III quelquefois).
Office de l'expansion économique (CUM)	X				— fait des études de marché sommaires;
					— étudie les dossiers;
					— aide les gens à constituer leur dossier d'entreprise et leurs demandes de subventions;
				X	— conseille les futurs entrepreneurs;
					— fournit des statistiques sur les secteurs industriels.
Relève PME (1984) inc.				X	— peut, en remplissant certaines conditions d'admissibilité, vous permettre de vous joindre à une PME.
Télé-Université			X		— offre le cours «Bâtir une entreprise» et des cours divers:
					• administration;
					• gestion;
					• économie;
					• informatique;
					• etc.
Université du Québec à Montréal (UQAM)			X		— offre le Programme de formation de l'homme et de la femme d'affaires.
Universités	X				— plusieurs universités ont des cabinets-conseils qui offrent différents services:
					• études de marché;
					• gestion;
					• évaluation de projets;
					• comptabilité;
					• etc.
					(Voir la liste en annexe V);
			X		— offrent divers cours dans le domaine de l'administration.

Annexes

ANNEXE I

Organismes du Gouvernement du Québec

- #### Bureau de la statistique du Québec (BSQ)

Montréal

Centre d'information et de documentation
1410, rue Stanley
3e étage
Montréal (Québec)
H3A 1P8
Tél.: (514) 873-4722
Sans frais: 1-800-463-4090

Québec

Centre d'information et de documentation
117, rue Saint-André
Québec (Québec)
G1K 3Y3
Tél.: (418) 643-5116

- #### Centre de recherche industrielle du Québec (CRIQ)

Montréal

8475, rue Christophe-Colomb
Case postale 2000
Succursale Youville
Montréal (Québec)
H2P 2X1
Tél.: (514) 383-1550

Québec

333, rue Franquet
Case postale 9038
Sainte-Foy (Québec)
G1V 4C7
Tél.: (418) 659-1550
Sans frais: 1-800-463-3390

Pour des renseignements d'ordre technique ou industriel:

- Est-du-Québec: (418) 659-1550
- Ouest-du-Québec: (514) 383-1550

- #### Commission de formation professionnelle

Bureaux régionaux

Abitibi – Témiscamingue

101, 11e Rue *
Noranda (Québec)
J9X 9Z9
Tél.: (819) 764-6115

282, 1re Avenue Est
Amos (Québec)
J9T 1H3
Tél.: (819) 732-3373

258, 2e Rue Est
Bureau 201
La Sarre (Québec)
J9Z 2H2
Tél.: (819) 333-2331

1265, 7e Rue
Val-d'Or (Québec)
J9P 3R9
Tél.: (819) 825-3144

35, rue Sainte-Anne
Case postale 998
Ville-Marie (Québec)
J0Z 3W0
Tél.: (819) 629-3202

Bas-Saint-Laurent – Gaspésie – Îles-de-la-Madeleine

350, boulevard Arthur-Buies Ouest *
Rimouski (Québec)
G5L 5C7
Tél.: (418) 723-5677

326, rue Lafontaine
Rivière-du-Loup (Québec)
G5R 3B1
Tél.: (418) 862-9801

---

* Bureau principal. Les autres bureaux ne sont ouverts qu'une partie de la semaine.

235, avenue Saint-Jérôme
Bureau 204
Matane (Québec)
G4W 3A7
Tél.: (418) 562-6771

Édifice Hudiclair
368, boulevard Perron
Carleton (Québec)
G0C 1J0
Tél.: (418) 364-3324

158, rue de la Reine
Case postale 1460
Gaspé (Québec)
G0C 1R0
Tél.: (418) 368-1661

Édifice Cyr
Rue Principale
Case postale 807
Cap-aux-Meules
Îles-de-la-Madeleine (Québec)
G0B 1B0
Tél.: (418) 986-5934

Cantons-de-l'Est

639, rue Vingt-Quatre-Juin *
Sherbrooke (Québec)
J1E 1H1
Tél.: (819) 569-9761

Côte-Nord

550, boulevard Blanche *
Baie-Comeau (Québec)
G5C 2B3
Tél.: (418) 589-3777

45, 2e Avenue
Case postale 47
Forestville (Québec)
G0T 1E0
Tél.: (418) 587-4055

1087, de la Digue
Havre-Saint-Pierre (Québec)
G0G 1P0
Tél.: (418) 538-2522

Place Saint-Louis
2, rue Élie-Rochefort
Port-Cartier (Québec)
G5B 2N2
Tél.: (418) 766-4225

144, rue Principale Nord
Case postale 220
Sacré-Coeur (Québec)
G0T 1V0
Tél.: (418) 236-4777

Édifice Concorde
350, rue Smith
Bureau 36
Sept-Îles (Québec)
G4R 3X2
Tél.: (418) 962-7888

Place Daviault
Case postale 367
Fermont (Québec)
G0G 1J0
Tél.: (418) 287-5111

Laurentides – Lanaudière

1385, boulevard Firestone *
Joliette (Québec)
J6E 2W4
Tél.: (514) 756-1081

795, rue Mélançon
Saint-Jérôme (Québec)
J7Z 4L1
Tél.: (514) 436-1171

Mauricie – Bois-Francs

500, rue Des Érables *
Cap-de-la-Madeleine (Québec)
G8T 5J1
Tél.: (819) 379-1314

---

* Bureau principal. Les autres bureaux ne sont ouverts qu'une partie de la semaine.

40, boulevard Bois-Franc Nord
Victoriaville (Québec)
G6P 6S5
Tél.: (819) 758-3436

Édifice Surprenant
Bureau 133
430, rue Saint-Georges
Drummondville (Québec)
J2C 4H4
Tél.: (819) 477-4816

212, 6e Rue
Case postale 812
Shawinigan (Québec)
G9M 6W2
Tél.: (819) 537-9749

Montréal-métropolitain

5350, rue Lafond *
Montréal (Québec)
H1X 2X2
Tél.: (514) 374-3510

Montréal-Sud

700, boulevard Casavant Est *
Case postale 488
Saint-Hyacinthe (Québec)
J2S 7B8
Tél.: (514) 773-7463

700, rue Denison Ouest
Granby (Québec)
J2G 4G3
Tél.: (514) 378-9861

Les Galeries du Centre
245, rue Richelieu
Bureau 8
Saint-Jean-sur-Richelieu (Québec)
J3B 6X9
Tél.: (514) 347-3606

2725, boulevard de la Mairie
Tracy (Québec)
J3R 1C2
Tél.: (514) 742-5651

157, rue Victoria
Bureau 100
Valleyfield (Québec)
J6T 1A5
Tél.: (514) 373-9966

Outaouais

245, boulevard Cité-des-Jeunes *
Hull (Québec)
J8Y 6L2
Tél.: (819) 771-7487

Québec

1010, rue Borne *
Québec (Québec)
G1N 1L9
Tél.: (418) 687-3540

325, rue de l'Église
Case postale 1470
Donnacona (Québec)
G0A 1T0
Tél.: (418) 285-2631

2, route Trans-Canada
Bureau 3
Lévis (Québec)
G6V 6W8
Tél.: (418) 835-1922

25, boulevard Taché Ouest
Montmagny (Québec)
G5V 2Z9
Tél.: (418) 248-0163

Saguenay – Lac-Saint-Jean

210, avenue des Oblats *
Chicoutimi (Québec)
G7J 2B1
Tél.: (418) 549-0595
Sans frais: 1-800-463-9641

775, boulevard Saint-Luc
Alma (Québec)
G8B 2K8
Tél.: (418) 662-7639

* Bureau principal. Les autres bureaux ne sont ouverts qu'une partie de la semaine.

- **Commission de la santé et de la sécurité au travail (CSST)**

Bureaux régionaux

Baie-Comeau

595, boulevard Laflèche
Baie-Comeau (Québec)
G5C 1C4
Tél.: (418) 589-6921

Baie-James

La Grande 3
Baie-James (Québec)
J0Y 2W0
Tél.: (0) 638-8978

Case postale 690
Radisson
J0Y 2X0
Tél.: (0) 638-8978

Chicoutimi

Place du Fjord
901, boulevard Talbot
Chicoutimi (Québec)
G7H 6P8
Tél.: (418) 696-5200

Gaspé-Harbour

205, boulevard York
1er étage
Case postale 2488
Gaspé-Harbour (Québec)
G0C 1S0
Tél.: (418) 368-5510

Granby

78, rue Court
Granby (Québec)
J2G 4Y5
Tél.: (514) 378-7971

Hull

15, boulevard Gamelin
Hull (Québec)
J8Y 6N5
Tél.: (819) 778-8600

Joliette

432, rue de Lanaudière
Joliette (Québec)
J6E 7X1
Tél.: (514) 759-8080

Laval

1700, boulevard Laval
Laval (Québec)
H7S 2G6
Tél.: (514) 668-7400

Longueuil

25, boulevard Lafayette
Longueuil (Québec)
J4K 5B7
Tél.: (514) 679-8390

Montréal

Complexe Desjardins
2, place Desjardins
Tour de l'Est
27e étage
Case postale 3
Succursale Desjardins
Montréal (Québec)
H5B 1H1
Tél.: (514) 873-3990

New-Richmond

200, boulevard Perron Ouest
New-Richmond (Québec)
G0C 2B0
Tél.: (418) 392-5091

Québec

1, parc Samuel-Holland
Québec (Québec)
G1S 4R7
Tél.: (418) 643-5860

Radisson

Case postale 690
Radisson (Québec)
J0Y 2X0
Tél.: (0) 638-8978

Rimouski

180, rue des Gouverneurs
Rimouski (Québec)
G5L 8G1
Tél.: (418) 722-3717

Rouyn

33, rue Gamble Ouest
Rouyn (Québec)
J9X 2R3
Tél.: (819) 762-4391

Saint-Félicien

913, boulevard Sacré-Coeur
Case postale 1016
Saint-Félicien (Québec)
G0W 2N0
Tél.: (418) 679-5463

Saint-Jérôme

1000, rue Labelle
Saint-Jérôme (Québec)
J7Z 5N6
Tél.: (514) 431-4000

Sept-Îles

Au Grand Passage
690, boulevard Laure
Bureau 20
Sept-Îles (Québec)
G4R 4N8
Tél.: (418) 962-7031

Sherbrooke

1335, rue King Ouest
Sherbrooke (Québec)
J1J 2B8
Tél.: (819) 821-5000

Sorel

26, place de l'Entraide
Sorel (Québec)
J3P 7E3
Tél.: (514) 743-2727

Thetford-Mines

122, rue Notre-Dame Nord
Thetford-Mines (Québec)
G6G 2J8
Tél.: (418) 338-0181

Trois-Rivières

1055, boulevard des Forges
2e étage
Bureau 200
Trois-Rivières (Québec)
G8Z 4J9
Tél.: (819) 372-3400

Val-d'Or

900, 5e Avenue
Val-d'Or (Québec)
J9P 1B9
Tél.: (819) 824-2724

Valleyfield

7, rue Baie
Valleyfield (Québec)
J6S 1X3
Tél.: (514) 371-8911

- **Commission des normes du travail (CNT)**

Bureaux régionaux

Baie-Comeau

986, rue Leventoux
Case postale 2095
Baie-Comeau (Québec)
G5C 2S8
Tél.: (418) 589-9931

Hull

717, boulevard Saint-Joseph
Case postale 144
Succursale A
Hull (Québec)
J8X 6M8
Tél.: (819) 771-6259

Jonquière

3950, boulevard Harvey Est
Jonquière (Québec)
G7X 8L6
Tél.: (418) 547-6689

Lévis

2, place Tanguay
Lévis (Québec)
G6V 6W8
Tél.: (418) 833-6194

Matane

235, avenue Saint-Jérôme
Bureau 301
Matane (Québec)
G4W 3A7
Tél.: (418) 562-2010

Montréal

Complexe Desjardins
2, place Desjardins
Case postale 730
Montréal (Québec)
H5B 1B8
Tél.: (514) 873-7061

Québec

210, boulevard Charest Est
Québec (Québec)
G1K 3H1
Tél.: (418) 643-4940

Rouyn

33, rue Gamble Ouest
Rouyn (Québec)
J9X 2R3
Tél.: (819) 762-0867

Sherbrooke

1335, rue King Ouest
Sherbrooke (Québec)
J1H 1R4
Tél.: (819) 565-0441

Trois-Rivières

140, rue Saint-Antoine
Bureau 202
Trois-Rivières (Québec)
G9A 5N6
Tél.: (819) 374-4661

- **Inspecteur général des institutions financières**

Montréal

Service des compagnies
800, place Victoria
Étage de la Promenade
Montréal (Québec)
H4Z 1G3
Tél.: (514) 873-5234

Québec

Service des compagnies
800, place D'Youville
6e étage
Québec (Québec)
G1R 4Y5
Tél.: (418) 643-3625

Service du fichier central des
entreprises
800, place D'Youville
4ᵉ étage
Québec (Québec)
G1R 4Y5
Tél.: (418) 643-5253

• **Institut de tourisme et
d'hôtellerie du Québec**

401, rue De Rigaud
Montréal (Québec)
H2L 4P3
Tél.: (514) 873-4163

• **Ministère de l'Agriculture,
des Pêcheries et de
l'Alimentation (MAPA)**

Bureaux régionaux

337, rue Moreault
Rimouski (Québec)
G5L 1P4
Tél.: (418) 722-3615
         722-3620

1900, 9ᵉ Avenue
Charny (Québec)
G6W 6E5
Tél.: (418) 832-2977

Édifice Verdier
1115, avenue du Palais
Case postale 459
Saint-Joseph-de-Beauce (Québec)
G0S 2V0
Tél.: (418) 397-6825

460, boulevard Louis-Fréchette
Case postale 1090
Nicolet (Québec)
J0G 2J0
Tél.: (819) 293-4535
         293-5871

4260, boulevard Bourque
Rock Forest (Québec)
J1N 1E6
Tél.: (819) 563-3383

3230, rue Sicotte
Case postale 40
Saint-Hyacinthe (Québec)
J2S 7B2
Tél.: (514) 773-3924

214, rue Principale
Châteauguay (Québec)
J6J 3H2
Tél.: (514) 692-8288

390, rue Principale
Buckingham (Québec)
J8L 2G7
Tél.: (819) 986-8541

180, boulevard Rideau
Bureau 320
Noranda (Québec)
J9X 1N9
Tél.: (819) 764-3287

867, boulevard l'Ange-Gardien
Case postale 1040
L'Assomption (Québec)
J0K 1G0
Tél.: (514) 589-5781

91, boulevard Saint-Louis
Cap-de-la-Madeleine (Québec)
G8T 1E5
Tél.: (819) 375-4761
         375-8342

801, chemin Pont-de-Taché Nord
Alma (Québec)
G8B 5W2
Tél.: (418) 662-6486

• **Ministère de l'Éducation
(MEQ)**

Direction des cours par correspondance
600, rue Fullum
4ᵉ étage
Montréal (Québec)
H2K 4L1
Tél.: (514) 873-2210
Sans frais: 1-800-361-4886

• Ministère de l'Énergie et des Ressources (MER)

Direction de l'industrie du bois
200-B, Chemin Sainte-Foy
3e étage
Québec (Québec)
G1R 4X7
Tél.: (418) 643-6440

Bureaux régionaux

Abitibi – Témiscamingue

60, avenue Bernatchez
Rouyn (Québec)
J9X 4Z4
Tél.: (819) 762-2366

Bas-Saint-Laurent – Gaspésie – Îles-de-la-Madeleine

405, boulevard Saint-Germain Ouest
Rimouski (Québec)
G5L 3N5
Tél.: (418) 722-3788

Côte-Nord

625, boulevard Laflèche
Baie-Comeau (Québec)
G5C 1C5
Tél.: (418) 589-9915

Estrie

1335, rue King Ouest
Bureau 300
Sherbrooke (Québec)
J1J 2B8
Tél.: (819) 566-1190

Montréal

1255, carré Phillips
Bureau 505
Montréal (Québec)
H3B 3G1
Tél.: (514) 873-2140

Outaouais

170, rue de l'Hôtel-de-Ville
7e étage
Hull (Québec)
J8X 4C2
Tél.: (819) 770-3487

Québec

1995, boulevard Charest Ouest
Québec (Québec)
G1N 4H9
Tél.: (418) 643-4680

Saguenay – Lac-Saint-Jean

3950, boulevard Harvey Est
Jonquière (Québec)
G7X 8L6
Tél.: (418) 547-6681

Trois-Rivières

100, rue Laviolette
2e étage
Trois-Rivières (Québec)
G9A 5S9
Tél.: (819) 374-6251

• Ministère de l'Enseignement supérieur, de la Science et de la Technologie (MESST)

Montréal

Complexe Desjardins
3, place Desjardins
26e étage
Tour Nord
Case postale 215
Succursale Desjardins
Montréal (Québec)
H5B 1B3
Tél.: (514) 873-8066

Québec

875, Grande-Allée Est
Édifice H
3e étage
Québec (Québec)
G1R 4Y8
Tél.: (418) 643-3008

• **Ministère de l'Habitation et de la Protection du consommateur (MHPC)**

Bureaux régionaux

Abitibi – Témiscamingue

1, 9e Rue
Pavillon Laramée
2e étage
Noranda (Québec)
J9X 2A9
Tél.: (819) 764-5185

Bas-Saint-Laurent – Gaspésie – Îles-de-la-Madeleine

337, rue Moreault
Rimouski (Québec)
G5L 1P4
Tél.: (418) 722-3624

Côte-Nord

456, rue Arnaud
Sept-Îles (Québec)
G4R 3B1
Tél.: (418) 962-6521

Estrie

740, rue Galt Ouest
Sherbrooke (Québec)
J1H 1Z3
Tél.: (819) 565-0646

Laval – Laurentides

1535, boulevard Chomedey *
Laval (Québec)
H7V 3R2
Tél.: (514) 687-8283

Mauricie – Bois-Francs

100, rue Laviolette *
Trois-Rivières (Québec)
G9A 5S9
Tél.: (819) 378-6181

Montérégie – Richelieu

10, rue Wolfe
Longueuil (Québec)
J4J 2C6
Tél.: (514) 651-0585

Montréal – Lanaudière

255, boulevard Crémazie Est *
Montréal (Québec)
H2M 1L5
Tél.: (514) 873-6600

Outaouais

170, rue de l'Hôtel-de-Ville
Hull (Québec)
J8X 4C2
Tél.: (819) 770-3860

Québec

800, place D'Youville *
Québec (Québec)
G1R 5K7
Tél.: (418) 643-1686

Saguenay – Lac-Saint-Jean

3950, boulevard Harvey
Jonquière (Québec)
G7X 8L6
Tél.: (418) 547-6666

---

* Ce bureau fait la vérification des plans.

- **Ministère de la Main-d'oeuvre et de la Sécurité du revenu (MMSR)**

Bureaux régionaux

Abitibi – Témiscamingue

Service à la clientèle
1, 9ᵉ Rue
3ᵉ étage
Noranda (Québec)
J9X 2B1
Tél.: (819) 762-6526

Bas-Saint-Laurent – Gaspésie – Îles-de-la-Madeleine

Service à la clientèle
205, rue York
Bureau 321
Case postale 1219
Gaspé (Québec)
G0C 1R0
Tél.: (418) 368-5521

Service à la clientèle
337, rue Moreault
Bureau 10
Rimouski (Québec)
G5L 7B7
Tél.: (418) 722-3758

Côte-Nord

Service à la clientèle
625, boulevard Laflèche
Bureau 498
Baie-Comeau (Québec)
G5C 1C5
Tél.: (418) 589-7455

Estrie

Service à la clientèle
355, rue King Est
Sherbrooke (Québec)
J1G 4M3
Tél.: (819) 569-9236
      ou   652-1513

Laurentides – Lanaudière

Service à la clientèle
85, De Martigny Ouest
Bureau 4.16
Saint-Jérôme (Québec)
J7Y 3R8
Tél.: (514) 438-1268

Mauricie – Bois-Francs

Service à la clientèle
100, rue Laviolette
1ᵉʳ étage
Case postale 1838
Trois-Rivières (Québec)
G9A 5M4
Tél.: (819) 379-4422

Montérégie – Richelieu

Service à la clientèle
100, place Charles-Lemoyne
Bureau 274
Longueuil (Québec)
J4K 2T4
Tél.: (514) 651-7110

Montréal

Service à la clientèle
6161, rue Saint-Denis
Bureau 11
Montréal (Québec)
H2S 2R5
Tél.: (514) 873-4280

Service à la clientèle
1125, rue Ontario Est
Montréal (Québec)
H2L 1R2
Tél.: (514) 872-2620

Nouveau-Québec

Service à la clientèle
Case postale 90
Radisson (Baie-James)
J0Y 2X0
Tél.: 9-0   638-8631
      (demandez l'aide du téléphoniste)

Outaouais

Service à la clientèle
17, rue de l'Hôtel-de-Ville
Bureau 4110-A
Hull (Québec)
J8X 4C2
Tél.: (819) 770-5010

Québec

Service à la clientèle
4765, 1re Avenue
2e étage
Charlesbourg (Québec)
G1H 2T3
Tél.: (418) 643-4981

Service à la clientèle
1995, boulevard Charest Ouest
Sainte-Foy (Québec)
G1N 4H9
Tél.: (418) 643-6072

Saguenay – Lac-Saint-Jean

Service à la clientèle
930, Jacques-Cartier
Chicoutimi (Québec)
G7H 2A9
Tél.: (418) 549-9272

- **Ministère de l'Industrie et du Commerce (MIC)**

Directions régionales

Abitibi – Témiscamingue

180, boulevard Rideau
Bureau 220
Noranda (Québec)
J9X 1N9
Tél.: (819) 762-0865

Bas-Saint-Laurent – Gaspésie – Îles-de-la-Madeleine

337, rue Moreault
Rimouski (Québec)
G5L 1P4
Tél.: (418) 722-3577

Rue de l'Église
New-Carlisle (Québec)
G0C 1Z0
Tél.: (418) 752-2220

Côte-Nord – Nouveau-Québec

Centre commercial Laflèche
625, boulevard Laflèche
Baie-Comeau (Québec)
G5C 1C5
Tél.: (418) 589-5715

Estrie

740, rue Galt Ouest
Bureau 303
Sherbrooke (Québec)
J1H 1Z3
Tél.: (819) 565-0205

Laurentides – Lanaudière

Édifice administratif
85, rue De Martigny Ouest
Bureau 3.7
Saint-Jérôme (Québec)
J7Y 3R8
Tél.: (514) 436-6331

Mauricie – Bois-Franc

Édifice Capitanal
100, rue Laviolette
3e étage
Trois-Rivières (Québec)
G9A 5S9
Tél.: (819) 379-6776

Édifice Provincial
62, rue Saint-Jean
Victoriaville (Québec)
G6P 4E9
Tél.: (819) 752-9781

Montérégie – Richelieu

Édifice Montval
201, place Charles-Lemoyne
Longueuil (Québec)
J4K 2T5
Tél.: (514) 873-4446

Montréal – Laval

Place Mercantile
770, rue Sherbrooke Ouest
19e étage
Montréal (Québec)
H3A 1G1
Tél.: (514) 873-5581

1435, boul. Saint-Martin Ouest
Bureau 505
Laval (Québec)
H7S 2C6
Tél.: (514) 668-6535

Outaouais

Édifice Jos-Montferrand
170, rue de l'Hôtel-de-Ville
6e étage
Hull (Québec)
J8X 4C2
Tél.: (819) 771-6239

Québec

860, place D'Youville
6e étage
Québec (Québec)
G1R 3P6
Tél.: (418) 643-8993

68, rue du Palais-de-justice
Montmagny (Québec)
G5V 1P5
Tél.: (418) 248-3331

11535, 1re Avenue
Bureau 504
Saint-Georges Est (Québec)
G5Y 2C7
Tél.: (418) 228-9537

Saguenay – Lac-Saint-Jean

Édifice Marguerite-Belley
3950, boulevard Harvey
2e étage
Jonquière (Québec)
G7X 8L6
Tél.: (418) 547-9336

• **Direction de l'entrepreneurship au féminin**

Québec

710, place D'Youville
8e étage
Québec (Québec)
G1R 4Y4
Tél.: (418) 643-3859

• **Direction des coopératives**

Montréal

Place Mercantile
770, rue Sherbrooke Ouest
8e étage
Montréal (Québec)
H3A 1G1
Tél.: (514) 873-7151

Québec

710, place D'Youville
7e étage
Québec (Québec)
G1R 4Y5
Tél.: (418) 643-5232

• **Direction des services aux entreprises industrielles**

Montréal

Place Mercantile
770, rue Sherbrooke Ouest
10e étage
Montréal (Québec)
H3A 1G1
Tél.: (514) 873-3372

Québec

710, place D'Youville
8e étage
Québec (Québec)
G1R 4Y4
Tél.: (418) 643-5061

• **Direction du commerce**

Montréal

Place Mercantile
770, rue Sherbrooke Ouest
10ᵉ étage
Montréal (Québec)
H3A 1G1
Tél.: (514) 873-5942

Québec

710, place D'Youville
8ᵉ étage
Québec (Québec)
G1R 4Y4
Tél.: (418) 643-5045

• **Ministère du Commerce extérieur (MCE)**

Montréal

Direction des services aux entreprises
Place Mercantile
770, rue Sherbrooke Ouest
6ᵉ étage
Montréal (Québec)
H3A 1G1
Tél.: (514) 873-5575

• **Ministère du tourisme (MTQ)**

Québec

Administration du crédit touristique
4, Place Québec
Bureau 408
Québec (Québec)
G1R 4X3
Tél.: (418) 643-7792

• **Office de la langue française (OLF)**

Siège social

Tour de la Bourse
800, place Victoria
Case postale 316
16ᵉ étage
Montréal (Québec)
H4Z 1G8
Tél.: (514) 873-4460

Bureaux régionaux

Abitibi – Témiscamingue

Pavillon Laramée
1, 9ᵉ Rue
4ᵉ étage
Noranda (Québec)
J9X 2B1
Tél.: (819) 762-6571

Bas-Saint-Laurent – Gaspésie – Îles-de-la-Madeleine

337, rue Moreault
Rimouski (Québec)
G5L 1P4
Tél.: (418) 722-3508

Cantons-de-l'Est

195, rue Belvédère Nord
Sherbrooke (Québec)
J1H 4A7
Tél.: (819) 569-9707

Côte-Nord

Centre commercial Laflèche
625, boulevard Laflèche
Bureau 300
Baie-Comeau (Québec)
G5C 1C5
Tél.: (418) 589-7842

Laurentides – Lanaudière

85, rue de Martigny Ouest
4ᵉ étage
Saint-Jérôme (Québec)
J7Y 3R8
Tél.: (514) 432-1393

Mauricie – Bois-Francs

100, rue Laviolette
3ᵉ étage
Trois-Rivières (Québec)
G9A 5S9
Tél.: (819) 376-4433

Montréal

Complexe Desjardins
Niveau de la place
Bureau 170
Case postale 70
Succursale Desjardins
Montréal (Québec)
H5B 1B2
Tél.: (514) 873-5456
           873-0841

Outaouais

Édifice Jos-Montferrand
6ᵉ étage
170, rue de l'Hôtel-de-Ville
Hull (Québec)
J8X 4E2
Tél.: (819) 770-7713
           771-7202

Québec

900, place D'Youville
2ᵉ étage
Bureau 200
Québec (Québec)
G1R 3P7
Tél.: (418) 643-1908

Saguenay – Lac-Saint-Jean

Édifice Marguerite-Belley
3950, boulevard Harvey
Jonquière (Québec)
G7X 8L6
Tél.: (418) 547-6608

- ### Office de planification et de développement du Québec (OPDQ)

Secrétariat du Programme
expérimental de création d'emplois
communautaires (PECEC)
1305, chemin Sainte-Foy
Bureau 305
Québec (Québec)
G1S 4N5
Tél.: (418) 643-6009

Bureaux régionaux

Abitibi – Témiscamingue

180, boulevard Rideau
Rouyn-Noranda (Québec)
J9X 1N9
Tél.: (819) 762-3561

Bas-Saint-Laurent – Gaspésie – Îles-de-la-Madeleine

337, rue Moreault
Rimouski (Québec)
G5L 1P4
Tél.: (418) 722-3566

Côte-Nord

625, boulevard Laflèche
Bureau 352
Baie-Comeau (Québec)
G5C 1C5
Tél.: (418) 589-4345

456, avenue Arnaut
1ᵉʳ étage
Bureau 211
Sept-Îles (Québec)
G4R 3B1
Tél.: (418) 962-5351

Estrie

740, rue Galt Ouest
Local 104
Sherbrooke (Québec)
J1H 1Z3
Tél.: (819) 565-8155

Laurentides – Lanaudière

85, rue de Martigny Ouest
Local 2.15
Saint-Jérôme (Québec)
J7Y 3R8
Tél.: (514) 432-3880

Montérégie

100, place Charles-Lemoyne
Local 285
Édifice du Métro
Longueuil (Québec)
J4K 2T4
Tél.: (514) 670-8522

Montréal

440, boulevard Dorchester Ouest
Montréal (Québec)
H2Z 1V7
Tél.: (514) 873-5511

Outaouais

170, rue de l'Hôtel-de-Ville
Hull (Québec)
J8X 4C2
Tél.: (819) 771-1044

Québec

1060, rue Conroy
Bloc 2
1er étage
Québec (Québec)
G1R 5E6
Tél.: (418) 643-4957

Saguenay – Lac-Saint-Jean

50, boulevard Harvey
Jonquière (Québec)
G7X 8L6
Tél.: (418) 547-5789

Trois-Rivières

100, rue Laviolette
4e étage
Trois-Rivières (Québec)
G9A 5S9
Tél.: (819) 379-6617

- **Office du crédit agricole du Québec (OCA)**

1020, route de l'Église
Bureau 500
Sainte-Foy (Québec)
G1V 4P2
Tél.: (418) 643-2610

Consultez votre annuaire téléphonique pour connaître la liste des bureaux régionaux de l'Office du crédit agricole du Québec.

- **Publications du Québec (Les)**

Hull

Place du Centre
200, promenade du Portage
Hull (Québec)
J8X 4B7
Tél.: (819) 770-0111

Montréal

Complexe Desjardins
Niveau de la Promenade
Montréal (Québec)
H3B 1B8
Tél.: (514) 873-6101

Québec

Édifice «G»
Aile Saint-Amable
Rez-de-chaussée
1056, rue Conroy
Québec (Québec)
G1R 5E6
Tél.: (418) 643-3895

Galeries de la Capitale
5401, boulevard des Galeries
Québec (Québec)
G1K 1N9
Tél.: (418) 643-4296

Place Laurier
2700, boulevard Laurier
3e étage
Sainte-Foy (Québec)
G1V 2L8
Tél.: (418) 651-4202

• **Régie des assurances
agricoles du Québec
(RAAQ)**

Bureaux régionaux

1671, avenue Du Pont Nord
Alma (Québec)
G8B 5G2
Tél.: (418) 662-5682

302, 6e Rue Ouest
Amos (Québec)
J9T 2T5
Tél.: (819) 732-5952

112, MacLaren Est
1er étage
Buckingham (Québec)
J8L 1K1
Tél.: (819) 986-1997

91, boulevard Saint-Louis
Cap-de-la-Madeleine (Québec)
G8T 1E5
Tél.: (819) 375-1609

314, rue Sacré-Coeur
Charlemagne (Québec)
J5Z 1X4
Tél.: (514) 581-7171

113, rue Saint-Georges Ouest
Lévis (Québec)
G6V 4L2
Tél.: (418) 833-5363

365, rue Saint-Jean
Bureau 114
Longueuil (Québec)
J4H 2X7
Tél.: (514) 873-2343
           873-4224

81, place du 21 Mars
Case postale 430
Nicolet (Québec)
J0G 1E0
Tél: (819) 293-2026

337, rue Moreau
Rez-de-chaussée
Rimouski (Québec)
G2L 1P4
Tél.: (418) 722-3586

3100, boulevard Laframboise
Bureau 102
Saint-Hyacinthe (Québec)
J2S 4Z4
Tél.: (514) 773-6619

2, place du Marché
Saint-Jean-sur-Richelieu (Québec)
J3B 2P4
Tél.: (514) 346-8780

111, rue Verreault
Case postale 548
Saint-Joseph-de-Beauce (Québec)
G0S 2V0
Tél.: (418) 397-6884

1574, rue King Ouest
Sherbrooke (Québec)
J1J 2C3
Tél.: (819) 569-6393
          563-3229

- ## Revenu Québec (MRQ)

Bureaux régionaux

Hull

17, rue Laurier
Hull (Québec)
J8X 4C1
Tél.: (819) 770-1768

Jonquière

3950, boulevard Harvey
Jonquière (Québec)
G7X 8L6
Tél.: (418) 542-3523

Montréal

Complexe Desjardins
3, place Desjardins
Case postale 3000
Succursale Desjardins
Montréal (Québec)
H5B 1A4
Tél.: (514) 873-2611

Québec

3800, rue Marly
Sainte-Foy (Québec)
G1X 4A5
Tél.: (418) 659-6500

Rimouski

337, rue Moreault
Centre administratif
Rimouski (Québec)
G5L 1P4
Tél.: (418) 722-3572

Rouyn

180, boulevard Rideau
Centre administratif
Rouyn (Québec)
J9X 1N9
Tél.: (819) 764-6761

Sept-Îles

456, rue Arnaud
Sept-Îles (Québec)
G4R 3B1
Tél.: (418) 968-0203

Sherbrooke

112, rue Wellington Sud
Sherbrooke (Québec)
J1H 5C7
Tél.: (819) 563-3034

Trois-Rivières

225, rue Des Forges
2e étage
Trois-Rivières (Québec)
G9A 2G7
Tél.: (819) 379-5360

Vous pouvez communiquer avec le bureau de Revenu Québec le plus près de chez vous sans frais. Faites le «0» et demandez Zénith Revenu Québec.

- ## Société de développement des coopératives (SDC)

Bureaux régionaux

Chicoutimi

930, rue Jacques-Cartier Est
Bureau 504-B
Chicoutimi (Québec)
G7H 2B1
Tél.: (418) 545-6161

Hull

227, rue Saint-Joseph
Hull (Québec)
J8Y 3X5
Tél.: (819) 777-8485

Montréal

501, rue Sherbrooke Est
Bureau 302
Montréal (Québec)
H2L 1K7
Tél.: (514) 521-4771

Québec

430, chemin Sainte-Foy
Québec (Québec)
G1S 2J5
Tél.: (418) 687-9221

Rimouski

162, rue Lavoie
Rimouski (Québec)
G5L 5Y7
Tél.: (418) 724-5833

Rouyn

32, rue Principale
Bureau 201
Rouyn (Québec)
J9X 4N9
Tél.: (819) 762-0605

Sherbrooke

Faculté d'administration
Université de Sherbrooke
Bureau 315
Sherbrooke (Québec)
J1K 2R1
Tél.: (819) 821-7366

Trois-Rivières

1055, boulevard des Forges
Bureau 180
Trois-Rivières (Québec)
G8Z 4J8
Tél.: (819) 376-6168

• Société de développement industriel (SDI)

Bureaux régionaux

Jonquière

Centre administratif
3950, boulevard Harvey
1er étage
Jonquière (Québec)
G7X 8L6
Tél.: (418) 547-2697

Montréal

Place Mercantile
770, rue Sherbrooke Ouest
9e étage
Montréal (Québec)
H3A 1G1
Tél.: (514) 873-4375

Québec

1126, chemin Saint-Louis
Bureau 700
Québec (Québec)
G1S 1E5
Tél.: (418) 643-5172

Rimouski

Galerie G.P.
92, 2e Rue
Bureau 204
Rimouski (Québec)
G5L 8B3
Tél.: (418) 722-3582

Sherbrooke

740, rue Galt Ouest
Bureau 101
Sherbrooke (Québec)
J1H 1Z3
Tél.: (819) 565-1224

Trois-Rivières

100, rue Laviolette
3e étage
Trois-Rivières (Québec)
G9A 5S9
Tél.: (819) 379-3012

Victoriaville

Édifice Provincial
62, rue Saint-Jean-Baptiste
Victoriaville (Québec)
G6P 4E3
Tél.: (819) 752-4521

- **Société québécoise d'initiatives agro-alimentaires (SOQUIA)**

Québec

2, parc Samuel-Holland
Bureau 284
Québec (Québec)
G1S 4S5
Tél.: (418) 643-1580

ANNEXE II

Organismes du Gouvernement du Canada

- **Banque fédérale de développement(BFD)**

800, Square Victoria
Case postale 190
Bureau 4600
Montréal (Québec)
H4Z 1C8
Tél.: (514) 283-3657

Consultez votre annuaire téléphonique pour connaître la liste des bureaux régionaux de la BFD.

- **Commission de l'emploi et de l'immigration (CEIC)**

Consultez votre annuaire téléphonique pour connaître la liste des bureaux de la Commission de l'emploi et de l'immigration (CEIC).

- **Corporation commerciale canadienne (CCC)**

112, rue Kent
Place de Ville
Tour B
17e étage
Ottawa (Ontario)
K1A 1E9
Tél.: (819) 997-5714
       (613) 996-0034

- **Ministère de l'Expansion industrielle et régionale (MEIR)**

Alma

170, rue Saint-Joseph Sud
Bureau 203
Alma (Québec)
G8B 3E8
Tél.: (418) 668-3084

Drummondville

Place du Centre
150, rue Marchand
Bureau 502
Drummondville (Québec)
J2C 4N1
Tél.: (819) 478-3333

Montréal

800, place Victoria
37e étage
Case postale 247
Montréal (Québec)
H4Z 1E8
Tél.: (514) 283-8185

Québec

Édifice John-Munn
112, rue Dalhousie
Québec (Québec)
G1K 4C1
Tél.: (418) 648-4726

Rimouski

180, rue des Gouverneurs
3e étage
Rimouski (Québec)
G5L 8G1
Tél.: (418) 722-3282

Sherbrooke

1335, rue King Ouest
Bureau 303
Sherbrooke (Québec)
J1J 2B8
Tél: (819) 565-4713

Trois-Rivières

Immeuble Pollack
2e étage
225, rue des Forges
Trois-Rivières (Québec)
G9A 2G7
Tél.: (819) 374-5544

Val-d'Or

Place du Québec
888, 3e Avenue
Bureau 302
Val-d'Or (Québec)
J9P 5E6
Tél.: (819) 825-5260

• Ministère des Affaires extérieures (MAE)

Direction des services d'information
du Canada
125, promenade Sussex
Ottawa (Ontario)
K1A 0G2
Tél.: (613) 996-9134
Sans frais: 1-800-267-8376

• Revenu Canada — Douanes et accises

Bureaux régionaux

Montréal

400, place D'Youville
7e étage
Case postale 6092
Succursale A
Montréal (Québec)
H3C 3H3
Tél.: (514) 283-6200

Québec

410, boulevard Charest Est
7e étage
Case postale 2117
Terminus postal
Québec (Québec)
G1K 7M9
Tél.: (418) 648-4376

Bureaux de districts

Chicoutimi

282, avenue Sainte-Anne
2e étage
Chicoutimi (Québec)
G7J 2M4
Tél.: (418) 543-7988

Montréal-Centre

400, place D'Youville
8e étage
Case postale 6092
Succursale A
Montréal (Québec)
H3C 3H3
Tél.: (514) 283-2905

Montréal-Est

Place Crémazie
50, boulevard Crémazie Ouest
7e étage
Montréal (Québec)
H2P 2T4
Tél.: (514) 382-2434

Montréal-Ouest

Place Crémazie
50, boulevard Crémazie Ouest
7e étage
Montréal (Québec)
H2P 2T4
Tél.: (514) 382-2700

Sherbrooke

50, rue Couture
Bureau 330
Case postale 1177
Sherbrooke (Québec)
J1H 5L5
Tél.: (819) 565-4910

Trois-Rivières

225, rue des Forges
Bureau 200
Trois-Rivières (Québec)
G9A 2G7
Tél.: (819) 375-5745

• **Revenu Canada — Impôt**

Bureaux régionaux

Chicoutimi

55, rue Racine Est
Chicoutimi (Québec)
G7H 1P9
Tél.: (418) 545-1912

Montréal

305, boulevard Dorchester Ouest
Montréal (Québec)
H2Z 1A6
Tél.: (514) 283-5300
Appels interurbains: Zénith 0-4000

313, boulevard Saint-Martin Ouest
Laval (Québec)
H7T 2A7
Tél.: (514) 283-5300

5245, boulevard Cousineau
Saint-Hubert (Québec)
J3Y 7Z7
Tél.: (514) 283-5300

Québec

165, rue de la Pointe-aux-Lièvres Sud
Québec (Québec)
G1K 7L3
Tél.: (418) 648-3180
Sans frais: 1-800-463-4421
        1-800-463-4413

Rimouski

411, rue Sirois
Rimouski (Québec)
G5L 8B2
Tél.: (418) 722-3111

Rouyn

11, rue du Terminus Est
Rouyn (Québec)
J9X 3B5
Tél.: (819) 764-5171
Sans frais: Zénith 0-4000

Sherbrooke

50, rue Couture
Sherbrooke (Québec)
J1H 5L8
Tél.: (819) 565-4888
Sans frais: 1-800-567-6184

Trois-Rivières

1055, boulevard des Forges
Trois-Rivières (Québec)
G8Z 4J8
Tél.: (819) 373-2723

• Société pour l'expansion des exportations (SEE)

800, place Victoria
Bureau 2724
Case postale 124
Tour de la Bourse
Montréal (Québec)
H3Z 1C3
Tél.: (514) 878-1881

• Statistique Canada

Montréal

Bureau régional de Montréal
Complexe Guy-Favreau
200, boulevard Dorchester Ouest
4e étage
Tour Est
Montréal (Québec)
H2Z 1X4
Tél.: (514) 283-5725
Sans frais: 1-800-361-2831

Ottawa

Service central de renseignements
Édifice R.H. Coats
Parc Tunneys
Ottawa (Ontario)
K1A 0T6
Tél.: (613) 990-8116

ANNEXE III

Autres organismes et associations

- **Agence québécoise de valorisation industrielle de la recherche (AQVIR)**

Case postale 303
Succursale Desjardins
Montréal (Québec)
H5B 1B3
Tél.: (514) 873-3395

- **Association des commissaires industriels du Québec (ACIQ)**

261, rue Saint-Jacques
Bureau 500
Montréal (Québec)
H2Y 1M6
Tél.: (514) 845-8275
Sans frais: 1-800-361-8470

- **Association des femmes collaboratrices**

14, rue Aberdeen
Saint-Lambert (Québec)
J4P 1R3
Tél.: (514) 672-4647

- **Association des manufacturiers canadiens**

1080, côte du Beaver Hall
Bureau 904
Montréal (Québec)
H2Z 1S8
Tél.: (514) 866-7774

- **Association des PME du Centre-du-Québec**

2965, 1re Avenue
Québec (Québec)
G1L 3P2
Tél.: (418) 627-5459

- **Association des professionnels en ressources humaines du Québec**

1253, avenue du Collège McGill
Bureau 192
Montréal (Québec)
H3B 2Y5
Tél.: (514) 879-1636

Bureau d'éthique commerciale

Montréal

2055, rue Peel
Bureau 460
Montréal (Québec)
H3A 1V4
Tél.: (514) 286-9281

Québec

475, rue Richelieu
Québec (Québec)
G1R 1K2
Tél.: (418) 523-2555

- **Centre de commerce international de l'Est-du-Québec**

17, rue Saint-Louis
Québec (Québec)
G1R 4R5
Tél.: (418) 694-1005

- **Centre de formation en gestion**

1400, rue Sauvé Ouest
Bureau 279
Montréal (Québec)
H4N 1C5
Tél.: (514) 337-0496

- **Centre de gestion des ressources humaines**

169, rue Champlain
Valleyfield (Québec)
J6T 1X6
Tél.: (514) 373-4030

- **Centre des dirigeants d'entreprise**

1250, boulevard Saint-Joseph Est
Montréal (Québec)
H2J 1L8
Tél.: (514) 526-2874

- **Centre d'innovation industrielle/Montréal (CIIM)**

6600, chemin de la Côte-des-Neiges
Bureau 500
Montréal (Québec)
H3S 2A9
Tél.: (514) 340-4647

- **Chambre de commerce du Canada**

1080, côte du Beaver Hall
Bureau 1630
Montréal (Québec)
H2Z 1T2
Tél.: (514) 866-4334

- **Chambre de commerce du Québec**

500, rue Saint-François-Xavier
Montréal (Québec)
H2Y 2T6
Tél.: (514) 844-9571

Consultez votre annuaire téléphonique ou la Chambre de commerce du Québec pour connaître les chambres de commerce locales.

- **Commission d'initiative et de développement économiques de Montréal (CIDEM)**

155, rue Notre-Dame Est
Montréal (Québec)
H2Y 1B5
Tél.: (514) 872-6010

- **Communauté urbaine de Montréal**

Office de l'expansion économique
Service de la recherche
Place Mercantile
770, rue Sherbrooke Ouest
Bureau 1210
Montréal (Québec)
H3A 1G1
Tél.: (514) 280-4242

- **Communauté urbaine de Québec**

Service de promotion industrielle
399, rue Saint-Joseph Est
Québec (Québec)
G1K 8E2
Tél.: (418) 529-8771

- **Contact-Jeunesse**

275, rue de l'Église
Bureau 512
Québec (Québec)
G1K 6G7
Tél.: (418) 641-0802

- **Cose inc.**

534, rue Sherbrooke Est
Montréal (Québec)
H2L 1Kl
Tél.: (514) 288-6811

- **Dun & Bradstreet Canada limitée**

Québec

1275, boulevard Charest Ouest
Case postale 2088
Québec (Québec)
G1K 7N7
Tél.: (418) 681-3522

Montréal

870, boulevard de Maisonnneuve Est
7e étage
Montréal (Québec)
H2L 4T1
Tél.: (514) 285-4800

- **École nationale d'administration publique (ÉNAP)**

Chicoutimi

930, rue Jacques-Cartier Est
Bureau 412B
Chicoutimi (Québec)
G7H 2B1
Tél.: (418) 545-5301

Hull

165, rue Wellington
Hull (Québec)
J8X 2J3
Tél.: (819) 771-6095

Montréal

4835, rue Christophe-Colomb
Montréal (Québec)
H2J 3G8
Tél.: (514) 522-3641

Québec

945, avenue Wolfe
Sainte-Foy (Québec)
G1V 3J9
Tél.: (418) 657-2485

- **Groupe CFC**

Montréal

Case postale 1086
Succursale postale
Place du Parc
Montréal (Québec)
H2W 2P4
Tél.: (514) 286-8212

Ottawa – Hull

116, promenade du Portage
Hull (Québec)
J8X 2K1
Tél.: (819) 776-3737

Québec

897, chemin Sainte-Foy
Québec (Québec)
G1S 2K7
Tél.: 687-3737

Trois-Rivières

1818, rue Bonaventure
Trois-Rivières (Québec)
G9A 2A9
Tél.: (819) 373-7030

- **Groupe de gestion-conseil (GC)**

Amos

Groupe-conseil coopératif de
l'Abitibi-Témiscamingue
1111, route 111 Est
Amos (Québec)
J9T 1H2
Tél.: (819) 727-9401

Baie-Comeau

Groupe-conseil de la Côte-Nord
625, boulevard Laflèche
Baie-Comeau (Québec)
G5C 1C5
Tél.: (418) 589-5781
        589-5782

Chicoutimi

Groupe de gestion-conseil en
coopération de Chicoutimi
930, rue Jacques-Cartier Est
Local B-508
Chicoutimi (Québec)
G7H 2B1
Tél.: (418) 545-5449

Gaspé

Groupe-conseil de la Gaspésie
et des Îles-de-la-Madeleine
Commission scolaire de la Péninsule
102, rue Jacques-Cartier
C.P. 2003
Gaspé (Québec)
G0C 1R0
Tél.: (418) 368-6117

Hull

Groupe de gestion-conseil en
coopération de l'Outaouais
Division des ressources techniques
765, boulevard Saint-Joseph
Hull (Québec)
G8Y 4B7
Tél.: (819) 777-4003

Maria

Groupe-conseil de la Gaspésie
et des Îles-de-la-Madeleine
461 D, boulevard Perron
C.P. 1328
Maria (Québec)
G0C 1Y0
Tél.: (418) 759-3157

Montmagny

Groupe de gestion-conseil en
coopération de la Côte-Sud
116, avenue de la Gare
Montmagny (Québec)
G5V 2T3
Tél.: (418) 248-8073

Montréal

Groupe-conseil des coopératives de
travail de Montréal
3535, chemin de la Reine-Marie
Bureau 222
Montréal (Québec)
J3V 1H8
Tél.: (514) 340-6055

Québec

Groupe de gestion-conseil en
coopération de Québec
1433, 4e Avenue
Québec (Québec)
G1J 3B9
Tél.: (418) 648-6169

Rimouski

Coopérative de travail d'Atena
125, rue de l'Évêché Ouest
Rimouski (Québec)
G5L 4H4
Tél.: (418) 722-8535

Rouyn

Groupe-conseil coopératif de
l'Abitibi-Témiscamingue
32, avenue Principale
Rouyn (Québec)
J9X 4N9
Tél.: (819) 762-9764

Saint-Grégoire

Groupe-conseil Mauricie/Bois-Francs
4825, rue Bouvet
Bureau 105
C.P. 298
Saint-Grégoire (Québec)
G0X 2T0
Tél.: (819) 233-3074
             233-3075

Saint-Jérôme

Groupe-conseil de travail de Montréal
190, rue Parent
Bureau 206
Saint-Jérôme (Québec)
J7Z 1Z6
Tél.: (514) 431-1591

Sherbrooke

Coopérative de développement
de l'Estrie
225, rue King Ouest
Bureau 249
Sherbrooke (Québec)
J1H 1P8
Tél.: (819) 563-1911

Thetford-Mines

Groupe de gestion-conseil en
coopération de l'Amiante
108, rue Notre-Dame Nord
Thetford-Mines (Québec)
G6G 2V8
Tél.: (418) 338-4011

Victoriaville

Corporation de développement
communautaire des Bois-Francs
6, rue de l'Exposition
Victoriaville (Québec)
G6P 4W1
Tél.: (819) 758-5801

- **Hautes études commerciales (HÉC)**

(Voir section des universités à l'annexe IV)

- **Institut des banquiers canadiens**

1981, avenue du Collège McGill
Bureau 675
Montréal (Québec)
H3A 2X2
Tél.: (514) 282-9480

- **Interventions PME**

118, rue Radisson
4e étage
Trois-Rivières (Québec)
G9A 2C4
Tél.: (819) 378-0084

- **Invention Québec inc.**

4101, rue Jarry Est
Montréal (Québec)
H1Z 2H4
Tél.: (514) 728-4561

- **Jeunes entreprises du Québec inc.**

187, rue Saint-Catherine Est
2e étage
Montréal (Québec)
H2X 1K8
Tél.: (514) 285-8944

- **Office de l'expansion économique (CUM)**

Service de la recherche
Place Mercantile
770, rue Sherbrooke Ouest
Bureau 1210
Montréal (Québec)
H3A 1G1
Tél.: (514) 280-4242

- **Relève PME (1984) inc.**

580, Grande-Allée Est
Bureau 320
Québec (Québec)
G1R 2K2
Tél.: (418) 529-8485

- **Télé-Université**

Beauce

Service universitaire
11785, 2e Avenue
Saint-Georges Est (Québec)
G5Y 1V9
Tél.: (418) 228-8484
Sans frais: 1-800-463-1615

Montréal

4835, rue Christophe-Colomb
Bureau 0087
Montréal (Québec)
H2J 4C2
Tél.: (514) 522-3540
Sans frais: 1-800-361-6808

Québec

Bureau du registraire
214, avenue Saint-Sacrement
Québec (Québec)
G1N 4M6
Tél.: (418) 657-2262
Sans frais: 1-800-463-4722

- **Université du Québec à Montréal (UQAM)**

Programme de formation de l'homme
et de la femme d'affaires
Case postale 8888
Succursale A
Montréal (Québec)
H3C 3P8
Tél.: (514) 282-4267

ANNEXE IV

Universités qui offrent un service de cabinet-conseils

- **Hautes études commerciales**

Bureau de consultation des étudiants
5255, rue Decelles
Montréal (Québec)
H3T 1V6
Tél.: (514) 340-6286

- **Université Concordia**

Bureau de consultation auprès des
petites entreprises
1560, boulevard de Maisonneuve Ouest
Bureau 216-1
Montréal (Québec)
H3G 1M8
Tél.: (514) 848-2735

- **Université de Sherbrooke**

Centre d'entreprises
Faculté d'administration
2500, boulevard de l'Université
Sherbrooke (Québec)
J1K 2R1
Tél.: (819) 821-7363

- **Université du Québec à Hull**

Centre PME
283, boulevard Alexandre-Taché
Case postale 1250
Succursale B
Hull (Québec)
J8X 3X7
Tél.: (819) 776-8271

- **Université du Québec à Rimouski**

Centre d'assistance aux moyennes et
petites entreprises (CAMPE)
300, avenue des Ursulines
Bureau 320-C
Rimouski (Québec)
G5L 3A1
Tél.: (418) 724-1569

- **Université Laval**

Bureau de consultation en gestion
(BDG)
Bureau 302
Faculté des sciences de l'administration
Cité universitaire (Québec)
G1K 7P4
Tél.: (418) 656-2926

ANNEXE V

Quelques publications qui peuvent vous aider...

Banque de Montréal

— *Guide pratique de la petite entreprise*:

    no 1 *Les cycles de l'entreprise;*

    no 2 *Comment se faire aider;*

    no 3 *Sources de capital;*

    no 4 *Comment établir un plan d'action;*

    no 5 *Mini-glossaire des termes financiers;*

    no 6 *La planification des mouvements de trésorerie;*

    no 7 *Comment évaluer le rendement de l'entreprise;*

    no 8 *Comment gérer votre encaisse;*

    no 9 *Comment faire équipe avec votre banquier;*

    no 10 *La proposition de financement*
              — Partir du bon pied.

— *Plan d'action.*

— *Budget de trésorerie.*

Ces publications sont disponibles gratuitement dans toutes les succursales de la Banque de Montréal.

Banque fédérale de développement (BFD)

— La série «Votre affaire, c'est notre affaire»
volumes 1 à 4.

— Les guides d'autoplanification dans l'entreprise:

    • *Comment obtenir du financement;*

    • *Prévisions et mouvements de trésorerie;*

    • *L'analyse des états financiers;*

    • *Évaluer l'achat d'une petite entreprise;*

    • *Crédit et recouvrement.*

— Le journal *Profit.*

Ces publications sont disponibles gratuitement dans toutes les succursales de la Banque fédérale de développement.

Banque Royale

La série «Vos affaires»:
- *Comment financer votre entreprise;*
- *La clef du succès: une bonne gestion;*
- *Exportation-Importation: perspectives de profits;*
- *Gestion du crédit et recouvrement;*
- *Le marketing;*
- *Publicité et promotion des ventes;*
- *S'établir à son compte;*
- *Planification et budgétisation;*
- *Le contrôle des coûts directs et l'établissement des prix;*
- *Comment contrôler vos investissements en stocks;*
- *La préparation et l'analyse des états financiers;*
- *Évaluation et contrôle des investissements;*
- *Les ressources du passif;*
- *La vérification de gestion;*
- *L'utilisation rationnelle du temps;*
- *Planifier sa succession.*

Ces publications sont disponibles gratuitement dans toutes les succursales de la Banque Royale.

Gouvernement du Québec

— *Le Guide du commerçant* (no 21011-2) en vente dans les librairies des Publications du Québec au coût de 2,50 $.

— *Guide des programmes d'aide offerts aux entreprises québécoises* (no 21031-0) en vente dans les librairies des Publications du Québec au coût de 5,95 $.

Index